Dietz Lange

Glaube in fremder Zeit

Dietz Lange

Glaube in fremder Zeit

Mohr Siebeck

Dietz Lange, geboren 1933; Studium der Ev. Theologie in Tübingen, Göttingen, Chicago und Zürich; 1964 Promotion in Zürich und Ordination in Bochum; 1973 Habilitation für Systematische Theologie in Göttingen; 1977–98 Professor dort; seit 1988 Prediger an St. Marien in Göttingen.

ISBN 978-3-16-158301-8 / eISBN 978-3-16-158302-5
DOI 10.1628/978-3-16-158302-5

Die Deutsche Nationalbibliothek verzeichnet diese Publikation in der Deutschen Nationalbibliographie; detaillierte bibliographische Daten sind über *http://dnb.dnb.de* abrufbar.

Das Buch wurde von Gulde Druck in Tübingen aus der Garamond gesetzt und auf alterungsbeständiges Werkdruckpapier gedruckt und von der Buchbinderei Nädele in Nehren gebunden.

Printed in Germany.

Inhalt

Hinführung

Es besteht weitgehende Einigkeit darüber, dass der christliche Glaube in unserer Zeit nicht mehr selbstverständlich ist. Von dieser Feststellung sind allenfalls bestimmte abgeschiedene traditionelle Milieus ausgenommen. Die Einigkeit darüber stützt sich nicht nur auf die negative Statistik der Kirchenmitgliedschaft, sondern vor allem auf die pluralistische Verfasstheit der gegenwärtigen westlichen Gesellschaften. Die entscheidende Frage lautet, wie man dieses Phänomen zu deuten habe. Hier gehen die Meinungen weit auseinander. Auf der einen Seite steht die konservative Klage über einen fortschreitenden Verfall der einst christlich geprägten abendländischen Kultur, die sich nun orientierungslos auf einen Abgrund zubewege. Auf der anderen Seite hören wir den liberalen Lobpreis des autonom gewordenen Menschen, der nach langen Irrwegen der Autoritätshörigkeit erst in der Moderne das christliche Freiheitsideal verwirklicht und damit eine „Welt des Christentums" ermöglicht habe.

Der mit den hier vorliegenden Texten unternommene Deutungsversuch scheint auf den ersten Blick der pessimistischen Variante zuzuneigen. „Fremde Zeit" klingt ausgesprochen nostalgisch und erinnert zudem verdächtig an die bissigen Gedichtzeilen, mit denen einst Horaz den Greis definiert hat als „difficilis, querulus, laudator temporis acti / se puero, castigator censorque minorum", starrsinnig, nörgelnd, ein Lobredner der vergangenen Zeit, / da er selbst noch ein Knabe war, Sittenrichter und Tadler der Jugend" (De arte poetica, Vers 173f.). Doch wer aus meiner Generation, der persönlich eine glückliche Jugend gehabt haben mag, kann vergessen, dass diese „gute alte Zeit" in Deutschland auch die Zeit der Konzentrationslager und des Zweiten Weltkrieges war? Analog war die „gute alte Zeit", da das Christentum noch die selbstverständliche Religion des Abendlandes war, auch die Zeit der Ketzerverbrennungen, des Bündnisses von Thron und Altar, der Duldung kolonialer Ausbeutung und des Rassismus in der Kirche. Umgekehrt ist die Zeit, da die Menschenrechte Geltung erlangt haben, die christlichen Konfessionen friedlich zusammenleben und häretische Meinungen frei geäußert werden können, auch die Zeit des wachsenden Populismus, verbreiteter Banalisierung des Religiösen und besonders im protestantischen Christentum einer handfesten Identitätskrise.

Offenkundig sind die simplen Schemata einer optimistischen Beurteilung ebenso verfehlt wie die pessimistischen. Die „fremde Zeit" im Titel dieses Buches soll besagen, dass der christliche Glaube seinem Wesen nach *niemals* selbstverständlich gewesen ist, also einem konservativen Konformismus ebenso widerstreitet wie einem liberalen. Allenfalls ist die Fremdheit der Zeit für das Christentum in der Gegenwart greifbarer als in manchen anderen Epochen der Geschichte.

Den Hintergrund sowohl der konservativen als auch der liberalen Version theologischer Zeitdeutung bilden die beiden großen Herausforderungen des neuzeitlichen Christentums, an denen es sich bis heute abarbeitet. Das ist zum einen die historische Bibel- und Dogmenkritik und zum anderen die Entstehung einer säkularen und pluralistischen Gesellschaft. Ihnen gelten die beiden ersten Abhandlungen dieses kleinen Buches. Damit sind zwei elementare Fragen an das Christentum aufgeworfen: Wie lässt sich intern seine Identität aufweisen? Was bedeuten extern die neuen Verhältnisse für seine Geltung gegenüber anderen Religionen? Zusammen mit den dramatischen sozialgeschichtlichen und politischen Umbrüchen der Neuzeit sind sie es gewesen, die zum Verlust der Selbstverständlichkeit des Christlichen geführt haben. Sie waren es auch, die als abgründige Bedrohung der Glaubensgewissheit empfunden wurden und verbreitet bis heute so empfunden werden. Das ist bei dem Zusammenbruch eines lange gewohnten Zustandes nur allzu verständlich. Das Thema der Glaubensgewissheit ist darum das dritte Thema dieses Bandes.

Die drei Problemkreise werden meistens je für sich behandelt. Das ist wegen der Fülle der Gesichtspunkte, die sich mit jedem von ihnen verbinden, begreiflich und in gewissem Maß auch notwendig. Freilich bringt dieser Sachverhalt den Nachteil mit sich, dass die Wechselbeziehungen und Überschneidungen zwischen ihnen oft nicht genügend zur Geltung kommen. Demgegenüber soll die hier folgende Skizze auf eben diese Zusammenhänge aufmerksam machen, in der Hoffnung, damit den Erkenntnisstand ein wenig zu verbessern.

Dieses Vorhaben wird freilich nicht gerade erleichtert durch den völlig unterschiedlichen Diskussionsstand. Das Thema „Wort Gottes und menschliche Sprache“ ist heiß debattiert worden, seit die historisch-kritische Bibelexegese im 17. Jahrhundert ihren Anfang nahm. Es ist bis zum heutigen Tag keineswegs erledigt, sondern nach wie vor Gegenstand zum Teil erbitterter Kontroversen, deren Fronten von fundamentalistischen bis zu antichristlichen Positionen reichen. Dementsprechend uferlos ist die einschlägige Literatur.

„Säkularisierung – Pluralismus – christliche Identität" ist dagegen ein Thema neueren Datums. Zwar lässt sich das Wort séculariser für eine Enteignung von Kirchenbesitz bereits im 16. Jahrhundert nachweisen, doch umfassende Theorien über Säkularisierung als Verweltlichung – mit zunächst *positiver* Bewertung – sind erst seit dem 19. Jahrhundert ausgebildet worden. Und erst seit den sechziger Jahren des vorigen Jahrhunderts ist der Begriff fest mit dem Phänomen des Pluralismus verbunden worden. Die darüber geführte Debatte ist in vollem Gange und alles andere als abgeschlossen.

„Gewissheit und Vergewisserung" schließlich stellt ein elementares Problem alles religiösen Glaubens dar. Es steht deswegen im Hintergrund jeglicher religiösen Rede und jeder theologischen Abhandlung und dient im vorliegenden Text als Klammer für die beiden anderen Kapitel. Der Begriff der Gewissheit wird freilich erstaunlich selten explizit zum Gegenstand der Erörterung oder gar einer formellen Begriffsanalyse gemacht. Das wird unter anderem damit zusammenhängen, dass dieses Wort überwiegend ein Bestandteil der Alltagssprache ist und weniger häufig als philosophischer oder theologischer Fachterminus fungiert. Dies wiederum beruht vielleicht auf der Überzeugung vieler Gesprächsteilnehmer, entweder dass religiöse Gewissheit ein zu persönliches Thema für eine wissenschaftliche Debatte sei, oder dass ihr leicht bestimmte Interessen und Vorurteile anhafteten, die man im Interesse der Sachlichkeit ausschließen müsse. Andererseits aber ist die Frage der Gewissheit für den von der neuzeitlichen Entwicklung betroffenen Glauben nun einmal von schlechthin fundamentaler Bedeutung. Deshalb spielt sie auch in dem nicht selten schwierigen Verhältnis zwischen wissenschaftlicher Theologie und Gemeindefrömmigkeit eine zentrale, wiewohl auch hier oft unausgesprochene Rolle. Es geht dabei nur auf der Oberfläche darum, ob man bestimmter Fakten oder eines Topos kirchlicher Lehre „gewiss" sein könne, sondern viel elementarer um die Frage: Wie kann man der Transzendenz gewiss sein? Diese Frage hat sich zwar in Gestalt des Theodizeeproblems schon lange vor dem Beginn der Neuzeit als Anfechtung persönlicher Gewissheit oder auch rationaler philosophischer Reflexion aufgedrängt, wie das Buch Hiob auf der einen und die antike griechische Aufklärung auf der anderen Seite zeigen. Aber im ersten Fall wusste man den Zweifel an Gottes Güte durch den noch selbstverständlich geltenden Gottesglauben aufzufangen, im zweiten blieb die radikale Kritik aus dem gleichen Grund Episode. Als solche Selbstverständlichkeit grundsätzlich in Frage stellend ist das Gewissheitsproblem spezifisch modern. Das ist so, obwohl man seine Wurzeln bis zu Luther zurückverfolgen kann, wie unten zu zeigen sein wird.

Bei allen diesen Themen handelt es sich um geschichtliche Phänomene, die stetem Wandel unterworfen sind. Das gilt erst recht von ihrer Beurteilung. Die Darstellung kann davon nicht absehen. Dann aber bedeutet die Entscheidung für eine gemeinsame Behandlung aller drei Aspekte in einem einzigen schmalen Band, dass eine strikte Auswahl des heranzuziehenden historischen Materials unumgänglich ist. Ich werde mich zum einen besonders auf solche Äußerungen konzentrieren, die im weiteren Zusammenhang mit der bis heute nachwirkenden Kulturkrise des frühen 20. Jahrhunderts stehen, und zum anderen mein Augenmerk vornehmlich auf die gegenwärtigen Debatten richten. Außerdem werde ich mich vielfach auf Luther beziehen, dessen einschlägige Äußerungen am Anfang der zu beschreibenden Entwicklungen stehen und trotz ihrer zeitgeschichtlichen Bedingtheit für den heutigen Protestantismus nach wie vor relevant sind. Beim Thema „Wort Gottes" verstehen sich darüber hinaus Bezugnahmen auf biblische Texte von selbst.

Die unvermeidliche Folge dieses Verfahrens ist eine Beschränkung der vielfältigen Perspektiven. Ich hoffe jedoch, dass die Übersichtlichkeit relativ knapper Abhandlungen und eine konzentrierte Darstellungsweise diesen unleugbaren Nachteil dadurch kompensieren werden, dass sie Beziehungen zwischen unterschiedlichen Diskursen sichtbar machen, die sonst leicht übersehen werden,

Alle hier besprochenen Themen klingen in unterschiedlicher Ausführlichkeit schon in meiner 2001 erschienenen Glaubenslehre an. Doch hat der in Theologie, Philosophie und Soziologie geführte Diskurs in der seither vergangenen Zeit so viele neue Gesichtspunkte hervorgebracht, dass ich an etlichen Punkten über den damals erreichten Stand hinausgelangt bin. Hinzu kommt in den letzten Jahren der Ertrag meiner ausgiebigen Beschäftigung mit der weithin vergessenen Ausnahmegestalt

Nathan Söderbloms, dessen Klarsicht und Weitblick ihm auch in der heutigen Diskussionslage Gehör verschaffen sollten.

Im Übrigen teile ich die Sicht derjenigen Zeitgenossen, welche die Theologie an einer Wegscheide angekommen sehen, die in vieler Hinsicht eine Neuorientierung erforderlich macht. Das gilt nicht nur für den hier angesprochenen Themenkomplex, sondern z.B. auch für die rasant fortschreitende Digitalisierung und ihre drastischen Folgen für das gesellschaftliche und politische Leben. Für das alles wird es notwendig sein, abgelebte theologische „Parteigrenzen“ zu überschreiten, manche bereits abgeschriebene Stimme unter den veränderten Bedingungen noch einmal anzuhören, vor allem aber sich in unbekanntes Terrain vorzuwagen. Dieses kleine Buch möchte dazu einen Beitrag leisten.

Es bleibt noch übrig, Dank zu sagen. Von der ersten Abhandlung habe ich einen Teil im Frühjahr 2015 vor dem Löwensteiner Kreis vorgetragen. Dem Referat folgte damals eine lebhafte Diskussion, die mich veranlasste, einige Aspekte noch einmal neu zu überdenken. Die beiden übrigen Kapitel sind eigens für dieses Buch konzipiert worden. Des Weiteren gilt mein Dank der Vereinigten Evangelisch-Lutherischen Kirche Deutschlands, die einen namhaften Druckkostenzuschuss bereitgestellt hat.

Göttingen, im März 2019 Dietz Lange

Wort Gottes und menschliche Sprache

I. Wort Gottes in der neueren Theologie

1. Das Problem

Für Religionen, die durch den Glauben an einen Gott oder an Götter konstituiert sind, gilt es als selbstverständlich, dass ihre Existenz auf göttliche Initiative zurückgeht. Ihre Lehren wie ihre Rituale stammen demnach von einer Gottheit, die sich in menschlicher Gestalt oder durch eigene Boten wie Priester und Propheten an die Menschen gewandt hat. Diese berufen sich auf eine göttliche Anordnung, die sie legitimiert. Auch im Christentum spielt jene Vorstellung eine zentrale Rolle. Nachdem im alten Israel die Propheten sich durch den sog. Prophetenspruch „So spricht der Herr" ausgewiesen hatten und auch das Gesetz als wörtlich von Gott erlassen verstanden worden war, hat Jesus göttliche Autorität unmittelbar für sich selbst beansprucht. Das kommt insbesondere an den Stellen zum Ausdruck, wo er nicht nur wie ein Rabbi gegen Kollegen, sondern sogar gegen ein altes Schriftwort die Worte sprach: „Ich aber sage euch". (Dass jemand in der ältesten Christenheit so etwas „erfunden" hätte, halte ich nach wie vor für extrem unwahrscheinlich.) Die Tatsache, dass er nichts Schriftliches hinterlassen hatte, führte im Christentum später auf Grund der Notwendigkeit seiner Institutionalisierung dazu, dass sich eine Theorie göttlicher Inspiration für die inzwischen entstandene Sammlung im Gottesdienst gelesener Schriften (Kanon) ausbildete, in Analogie und in Ergänzung zu dem entsprechenden Verständnis des Alten Testaments im Judentum. So galt die Bibel in der christlichen Kirche – oder sollte man sagen: in den christlichen Kirchen – viele Jahrhunderte lang als authentisches Wort Gottes, in den Kirchen des Ostens und Roms ergänzt durch verbindliche amtliche Auslegungen.

2. Historische Kritik

Das änderte sich gründlich, sobald man anfing, die Bibel historisch-kritisch zu interpretieren. Deutliche Anzeichen einer grundsätzlichen Wandlung des alten Bildes finden sich schon lange vorher, nämlich bei Luther. Dieser hat ja bekanntlich mit seiner Interpretation des Jakobusbriefs und der Apokalypse eine – nicht historische, aber theologische – Bibelkritik vollzogen. Damit ging er de facto von der Voraussetzung aus, dass das biblische Wort nicht einfach identisch sei mit dem göttlichen Wort, sondern dem übergeordneten Kriterium untergeordnet werden müsse, was „Christum treibet". Solche Kritik konnte er bis zu dem Satz steigern: „Wenn die Gegner die Schrift gegen Christus in Feld führen, so führen wir Christus gegen die Schrift ins Feld."[1] Auch wenn man für die letztere

[1] Vgl. M. Luther, Thesen für die Promotionsdisputation von Hieronymus Weller und Nikolaus Medler (1535), WA 39/I (44–53), 47,19f. (= These 49): „Quodsi adversarii scripturam urserint contra Christum, urgemus Christum contra scripturam".

Formulierung das Genus berücksichtigt, zu dem sie gehört – es handelt sich um eine Disputationsthese –, so besteht doch kein Grund, sie deshalb als vereinzelte Überspitzung zu relativieren. Sie gibt nämlich Luthers Grundüberzeugung wieder, dass der Gesamtsinn der Schrift sich in Christus konzentriert: „Tolle Christum e scripturis, quid amplius in illis invenies?“[2] Sie besitzt deshalb auch allein um Christi willen Autorität, nicht etwa deshalb, weil die Kirche sie zum Kanon bestimmt hat.[3] Ja, eigentlich beansprucht sie Autorität gar nicht als geschriebenes Buch (so unentbehrlich sie als solches auch ist), sondern als geschehene Verkündigung, denn das Evangelium ist seinem Wesen nach freies, mündliches Wort.[4] So war es schon bei Christus selbst, der als Wort Gottes, d.h. hier: als zweite Person der Trinität, mündlich das vortrug, was Gott den Menschen sagen wollte.[5] Das tut er, vermittelt

---

[2] De servo arbitrio (1525), WA 18, 606,29. So der Sache nach bereits in der 1. Psalmenvorlesung (1513/15) WA 3, 46,17–20 bzw. 55, 2/I, 62,15–18. Vgl. hierzu und zum Folgenden: G. Ebeling, Lutherstudien, Bd. I, Tübingen 1971, 60f. sowie A. Beutel, In dem Anfang war das Wort. Studien zu Luthers Sprachverständnis (HUTh 27), Tübingen 1991, 235–252. 311–344 und die dort angegebene Literatur.

[3] Vgl. De captivitate Babylonica ecclesiae praeludium (1520), WA 6, 560,31–561,18.

[4] Vgl. z.B. Enarrationes epistolarum et evangeliorum, quae postillas vocant (1521), WA 7, 526,14–16: „... Euangelium vivae et liberrimae voci in auras effusae committitur, ideo plus energiae habet ad convertendum.“

[5] Vgl. Predigt über Joh 1,1–14, in: ders., Kirchenpostille 1522 (180–247), 183,13–15,188,6–8; Reihenpredigten über Joh 16–20 (1528), WA 28, 169,30–170,18 (zu Joh 17,18f.); Das XIV. und XV. Capitel S. Johannis gepredigt und ausgelegt (1537), WA 45, 589,25–37 u.ö.

durch die Bibel, in der Kraft des Geistes Gottes bis heute. So wirkt er im Menschen durch oratio, meditatio und tentatio hindurch den Glauben und ermächtigt ihn, diese Botschaft als Gottes Wort weiterzugeben: Das Wort Gottes ist schöpferische Macht.[6] Dies fällt für Luther mit der traditionellen Überzeugung zusammen, dass die Urgestalt dieser Verkündigung, die in der Heiligen Schrift dokumentiert ist, auf den Heiligen Geist als ihren eigentlichen Autor zurückgehe[7], oder anders: dass Gott die biblischen Autoren erleuchtet und ihnen die Sprache dazu in den Mund gelegt habe.[8] In dieser Form motivierte die christologische Konzentration der Autoritätsbegründung die Unbeugsamkeit, mit der Luther im Abendmahlsstreit gegen Zwingli auf dem biblischen Wortlaut bestand.[9] Es ging hier ja um die Gegenwart Christi im Abendmahl. Die Spannung, in der diese Aussage zu der Kritik an einzelnen biblischen Autoren steht, wird nicht aufgelöst. Dass die Argumentationsmittel dabei formal noch die

---

[6] Vgl. Auslegung des 109. (110.) Psalms (1518), WA 1 (689–710), 695,33–41; Eine treue Vermahnung zu allen Christen, sich zu hüten vor Aufruhr und Empörung (1522), WA 8 (676–687), 683,13–17. Vgl. N. Slenczka, Das Evangelium und die Schrift. Überlegungen zum „Schriftprinzip“ und zur Behauptung der „Klarheit der Schrift bei Luther“, in: ders., Tod Gottes und das Leben der Menschen, Göttingen 2003 (39–64), bes. 51 f. 54 f. 57.

[7] Vgl. Assertio omnium articulorum (1520), WA 7 (94–151), 97,1–3.

[8] Vgl. Ein unterrichtung wie sich die Christen ynn Mosen sollen schicken (1527), WA 24, 3,11–23; 4,25–32. Dass Gott nicht selbst mit menschlicher Zunge „spricht“, ist für Luther selbstverständlich.

[9] Vgl. besonders seine Schrift Das diese wort Christi (Das ist mein leib etc.) noch fest stehen widder die Schwermgeister (1527), WA 23, 64–283.

überkommene Autoritätsauffassung spiegeln, ist jedoch ihrer materialen Begründung gegenüber zweitrangig. Auf derselben Ebene ist Luthers Interpretation des Alten Testaments zu sehen. Die Selbstverständlichkeit, mit der er es christologisch verstand, war zwar durch die Tradition vorgegeben. Aber die Leidenschaft, mit der er diese Interpretation insbesondere in der heftigen Polemik der späten Judenschriften vertrat[10], erklärt sich nur durch sein eigenes christologisches Verständnis der Schrift als ganzer.

Die christologische Konzentration geht einher mit dem Wandel im Verständnis des Glaubens: von einer Billigung kirchlich autorisierter Lehre (von Luther fides historica genannt) hin zu dem persönlichen Vertrauen, aus dem als einem den Christen gemeinsamen dann erst die Kirche entsteht. Das erinnert bereits an Schleiermachers berühmte Definition des Unterschieds zwischen römischem Katholizismus und Protestantismus, wonach der erstere das heilbringende Verhältnis zu Christus von der Zugehörigkeit zur kirchlichen Institution abhängig mache, während der Protestantismus die Sache genau umgekehrt bestimme.[11]

Doch das ist natürlich ein Vorgriff. In der Wirkungsgeschichte von Luthers Schriftverständnis hat sich bald sein Insistieren auf der normativen Funktion der Bibel in den Vordergrund geschoben. Das ist aus der doppelten Frontstellung gegen das katholische Traditionsverständnis sowie gegen das „innere Licht“ der Schwärmer und (im

---

[10] Vgl. D. WENDEBOURG, Ein Lehrer, der Unterscheidungen verlangt (ThLZ 140/2015, 1034–1039), bes. 1038–1043.

[11] F.D.E. SCHLEIERMACHER, Der christliche Glaube, ²1830/31, § 24.

Abendmahlsstreit) gegen Zwingli historisch begreiflich. Zwar dürften jene christologische Konzentration und die aus ihr resultierende Sachkritik an bestimmten biblischen Schriften dazu beigetragen haben, den Boden für die spätere historische Kritik zu bereiten. Vorerst jedoch ging die theologische Entwicklung nach Luther in die entgegengesetzte Richtung, nämlich auf die Ausbildung einer keinerlei Lücke lassenden Verbalinspirationslehre. Da Luther in der zweiten Fassung seiner Vorreden zum Neuen Testament die kritischen Urteile gemildert hatte, haben die orthodoxen Theologen wohl sogar gemeint, letztlich in seinem Sinn zu handeln, als sie seine Vorreden 1626 aus den gängigen Bibelausgaben entfernten.[12]

Die zentrale Bedeutung des Schriftprinzips in den konfessionellen Streitigkeiten ist zumindest eine Teilerklärung für die Heftigkeit, mit der dieses Prinzip in seiner orthodoxen Fassung gegen die historische Kritik verteidigt wurde und zum Teil noch heute wird, bis hin zu der heutzutage geradezu trotzig wirkenden Formel „Worte des lebendigen Gottes“ im Anschluss an eine Schriftlesung in manchen evangelischen Gottesdiensten. Der Trotz richtet sich (bewusst oder unbewusst) gegen die Voraussetzung historischer Bibelkritik, wie sie Schleiermacher herausgearbeitet hat, dass die Bibel genau wie jedes andere sprachliche Erzeugnis nach den Grundsätzen der allgemeinen Hermeneutik auszulegen sei. Das impliziert ja, dass sie als Sammlung menschlicher Worte zu verstehen ist, die durchaus maßgebliche *Zeugnisse* vom „Wort

---

[12] Vgl. P. ALTHAUS, Die Theologie Martin Luthers, 1962, 82f.; W.G. KÜMMEL, Luthers Vorreden zum Neuen Testament, in: Reformation und Gegenwart (MThSt 6), Marburg 1968 (12–23), 12f.

Gottes", nicht aber das „Wort Gottes" selbst sind. Die theologische Debatte verschärfte sich erheblich, als David Friedrich Strauß 1835 in seinem *Leben Jesu* einen großen Teil des Stoffes der Evangelien als „mythisch" – wir würden heute sagen: als Sagen oder Legenden – erwies, obwohl er jedenfalls zu dieser Zeit den christlichen Glauben gar nicht angreifen wollte.

Es ist nicht verwunderlich, dass das Problem in der Folgezeit auch von der durch Wilhelm von Humboldt auf eine wissenschaftliche Grundlage gestellten Sprachphilosophie aufgegriffen wurde. Schon 1851 stellte Jacob Grimm die kritische Frage, ob Gott denn tatsächlich „rede". Er würde dafür doch menschliche Organe wie einen Mund, Stimmbänder usw. benötigen, und er müsste auch in einer bestimmten konkreten Nationalsprache reden. Umgekehrt, wenn er selbst in wirklichen Worten rede, brauche er doch keinen Boten, der an seiner Stelle spreche. Grimm zieht daraus die Schlussfolgerung, die Behauptung, dass Gott in einem konkreten, sprachlichen Sinn rede, sei eine „Sage".[13]

Die leise Ironie in Grimms Worten zeigt, wie selbstverständlich die Praxis historischer Bibelinterpretation zu seiner Zeit bereits war. Sie hat im Laufe der Zeit den Blick für die sachlichen Unterschiede nicht nur zwischen Altem und Neuem Testament, sondern auch zwischen den einzelnen Schriften innerhalb jeder der beiden Sammlungen geöffnet, auch für Widersprüche zwischen ihnen und für sachliche Irrtümer. Das ist der Hintergrund für David

[13] Vgl. J. Grimm, Über den Ursprung der Sprache. Berlin [1851], [5]1862, 28f.

Friedrich Strauß' in seinem zweiten Werk vorgetragene Invektive gegen die protestantischen Orthodoxen, sie würden „dieselbe Idololatrie mit der Bibel als gedrucktem und gebundenem Buch [treiben] wie [die Katholiken] mit der Hostie".[14]

Die kritische Einsicht in die Problematik der traditionellen theologischen Rede vom Wort Gottes hat sich mit dem Siegeszug der kritischen Exegese in der Theologie weithin durchgesetzt. Besonders drastisch formuliert Emanuel Hirsch sie in seiner *Christlichen Rechenschaft*: „Daß Gott, bei sich oder zu andern, spricht, ist ein ebenso grober Anthropomorphismus, wie daß er mit Pfeilen schießt oder mit Hammern wirft." Er fährt dann zwar fort: „Darüber, was mit solchen Gleichnissen gemeint ist ..., ist damit noch nicht geurteilt."[15] Doch so viel steht ihm fest, dass alle Religion als geschichtliche Erscheinung, die christliche eingeschlossen, Menschenwerk ist.[16] In einem späteren Stück desselben Werkes mit der Überschrift „Das Wort" (§§ 73–81) kommt er auf das Problem zurück. Er hebt hier nachdrücklich hervor, dass Gottes Wort so wie Gott selbst nicht etwas äußerlich Vorfindliches und damit Verfügbares sein könne (auch nicht in Gestalt der Reden des geschichtlichen Jesus!), weil die Frömmigkeit damit einen gesetzlichen Charakter bekäme. Deshalb gelte: „Nur indem uns der lebendige Gott die Begegnung mit ihm zu seinem eignen gegenwärtig göttlichen, unsre

---

[14] D.F. Strauss, Die christliche Glaubenslehre, Bd. 2, Tübingen/Stuttgart 1841, 505.

[15] E. Hirsch, Christliche Rechenschaft 1 (= Werke III/1), Berlin/Schleswig-Holstein 1978, 196f. (§ 50 Merke 1).

[16] Vgl. E. Hirsch (wie Anm. 15), 203f.

menschliche Subjektivität bestimmenden Worte macht, wird es wahr, daß Gott in Jesus, seinem Wort und seiner Geschichte, offenbar ist".[17] Hirsch hält demnach den Begriff des Wortes Gottes für unverzichtbar, versteht ihn aber als Metapher für die Glauben schaffende Gottesbegegnung. Dass dabei das Glaubenszeugnis des Neuen Testaments für die geschichtliche Vermittlung des Zugangs zu der Person Jesu unentbehrlich ist, versteht sich von selbst.

3. Die Dialektische Theologie und ihre Folgen

Solche Klarheit galt – und gilt vielen bis heute – als Ausdruck eines überholten liberalen Subjektivismus. Diesen hat die so genannte Dialektische Theologie, deren bedeutendster Repräsentant Hirschs großer Antipode Karl Barth gewesen ist, für die Grundlagenkrise von Theologie und Kirche verantwortlich gemacht. Die liberale Theologie der Vorgängergeneration, der er anfangs selber angehangen hatte, erschien ihm als fauler Kompromiss mit dem Zeitgeist. Sie sei damit Teil eines umfassenderen Irrweges von Theologie und Kirche seit der Aufklärung, die sich von den Grundlagen des Glaubens entfernt und gemeinsame Sache mit den Vertretern einer autonomen Vernunft und mit den politisch und gesellschaftlich Herrschenden gemacht hätten. Diese Verfehlung sei mit dem Ausbruch der Weltkatastrophe des Ersten Weltkrieges evident geworden. Demgegenüber müsse man zu den biblisch-reformatorischen Wurzeln zurückkehren. Weder

[17] Hirsch, aaO, Bd. 2, 11.

die selbstmächtige Vernunft noch auch das fromme Selbstbewusstsein, sondern das Wort Gottes müsse wieder zum Maßstab theologischen Denkens werden. Das meint Barth mit dem berühmt gewordenen Satz aus der Einleitung zur 2. Auflage seines Römerbriefkommentars: „Kritischer müssten mir die Historisch-Kritischen sein".[18] Es genüge nämlich nicht, mit der historisch-kritischen Exegese zu erfassen, „was da steht" (so wenig er diese ablehnen wolle), sondern man müsse darüber hinaus zum Verstehen vordringen, d.h. zum „Messen aller ... Wörter ... an der Sache, von der sie ... offenbar reden". Darum „muß die Beziehung der Wörter auf das Wort in den Wörtern aufgedeckt werden", d.h. auf das heute zu mir redende Wort Gottes (XIIf.).

Barth hat darin nicht weniger als eine kopernikanische Blickwende gesehen: weg von allen am religiösen Subjekt orientierten Gestalten des Christentums, insbesondere den pietistischen und liberalen, und hin zu einer theozentrischen Orientierung an dem vom religiösen Subjekt gänzlich unabhängigen, schlechthin freien Gott. Diese Blickwende – auch als die Kehre von der Religion zum Glauben bezeichnet – markiert den Beginn der im 20. Jahrhundert so einflussreichen Wort-Gottes-Theologie.

Barth hat seinen Neuansatz als Lehre vom Wort Gottes in seiner Kirchlichen Dogmatik genauer ausgearbeitet.[19] Das Wort Gottes hat danach eine dreifache Gestalt. Ausgangspunkt ist die Verkündigung. Diese ist gewiss zu-

---

[18] K. Barth, Der Römerbrief, (^{2}1921) 2. Abdruck München 1923, XII. Die folgenden Seitenzahlen nach dieser Ausgabe.

[19] K. Barth, Die kirchliche Dogmatik, Bd. I/1+2, Zürich 1932. 1940. Danach die Seitenzahlen im Text.

nächst Menschenwort. Aber sie „ist auch mehr … Sie ist, nämlich wann und wo es Gott gefällt, Gottes eigenes Wort“ (73). Sie ist dies, „indem diese menschliche Rede ihm dient“ (52). Dasselbe gilt von der Bibel (120). Das eigentlich geoffenbarte Wort Gottes selbst aber ist allein Christus; er ist das Fleisch gewordene Wort (Joh 1,1).

Man muss also nach Barth innerhalb des Begriffs Wort Gottes differenzieren: Bibel und Verkündigung können anscheinend nur in einem abgeleiteten Sinn so genannt werden. Die Verkündigung gründet in der Schrift, und diese „*bezeugt* die geschehene Offenbarung“ (114). Nicht auf Grund einer Verbalinspiration, sondern „kraft dieses ihres Inhalts (scil. Jesus Christus) imponiert sich die Schrift“ (111). Christus allein ist Gottes Wort selbst, „der redende Gott“ (141). Seiner werden wir nur in doppelter Indirektheit inne; das ist das bleibende Geheimnis Gottes. Als Person (nicht als Persönlichkeit, sondern als zweite Person der Trinität) bleibt Christus „freies Subjekt“, „der Herr der Wörtlichkeit seines Wortes“ (143).

Das letzte Zitat zeigt freilich, dass der Begriff des Wortes Gottes, wiewohl er metaphorisch auf Christus als Person bezogen wird, zugleich auch nichtmetaphorisch, also als sprachliches Wort verstanden werden soll. So heißt es denn im gleichen Zusammenhang: „Gott offenbart sich in Sätzen“, nämlich in den Worten der Propheten und Apostel (142). Als Zeugnis von der Christusoffenbarung ist die Bibel deshalb eben doch einfach Gottes Wort (I/2, 523–598). Das soll ein analytischer Satz sein (I/2, 595): „Die Schrift wird als Gottes Wort daran erkannt, dass sie Gottes Wort ist.“ Dies sei der eigentliche Sinn der Lehre vom Zeugnis des Heiligen Geistes (I/2, 597). Das impliziert, dass die „Sätze" der Offenbarung nicht im geläufigen Sinn des Wortes geschichtlich und damit relativ und irrtumsfähig sind. Vielmehr eignet ihnen eine „*prinzipielle* Geschichtlichkeit", nämlich die Eigenart des Kommens Gottes in die Welt, das als solches nicht abhängig sein kann von den geschichtlich kontingenten Verhältnissen, auf die es trifft. Das bezieht sich an der soeben angeführten Stelle auf das Gebot Gottes (II/2, 762). Dessen „prinzipielle Geschichtlichkeit" soll es ermöglichen, dass es uns Heutigen genauso gilt, wie es einst in der Bibel aufgeschrieben wurde (ebd. 795). Durch dieses Geschehen wird uns eindeutig klar, was wir in diesem Augenblick zu tun haben (652).

Damit wird die Unterscheidung zwischen Christus als dem Wort Gottes in Person und dem diese Offenbarung lediglich bezeugenden Wort der Bibel wieder eingezogen.[20] Das macht die Reverenz vor dem menschlich-geschichtlichen Verständnis des biblischen Wortes und vor der historisch-kritischen Bibelinterpretation faktisch wirkungslos. Auf diese Weise wird das biblische Wort gegen kritische Fragen immunisiert. Damit knüpft Barth faktisch an den Biblizismus des 19. Jahrhunderts bei einem Gottfried Menken und Johann Tobias Beck an, wiewohl er ihn wegen seiner Relativierung der Kirche als „li-

[20] J. Ringleben hat die Inkonsequenz dieses Verfahrens sehr einleuchtend analysiert. (J.R., Sprachloses Wort? Zur Kritik an Barths und Tillichs Worttheologie von der Sprache her, Göttingen 2015, Teil A). Klarer als Barth ist in diesem Punkt sein alter Rivale E. Brunner, der die Bibel gegenüber Christus als dem „Wort Gottes in Person" konsequent als göttliche Offenbarung nur in einem indirekten Sinn bezeichnet, um damit zugleich jegliches intellektualistische Missverständnis einer geoffenbarten Lehre abzuwehren, vgl. seine Dogmatik, Bd. 1, Zürich/Stuttgart [3]1960, 34f.

berales Unternehmen" (!) meint ablehnen zu müssen (I/2, 678–680). Das lässt sich an seiner eigenen merkwürdig schillernden Bestimmung des Glaubensgehorsams zeigen. Dieser ist einerseits Sache der – von Gott in Anspruch genommenen – freien Entscheidung des Menschen (II/2, 607. 704). So und nur so kann das Evangelium sachgemäß angenommen werden. Dieses befasst auch das Gesetz als eine seiner beiden Formen unter sich: Das Gebot ist Erlaubnis, Gewährung von Freiheit (II/2, 646). Aber auch umgekehrt ist der Glaube Gegenstand der Gehorsamsforderung des Gesetzes: es ist dem Menschen durch das Wort Gottes in allen seinen Formen *geboten*, sich die Gnade Gottes gefallen zu lassen (II/2, 640. 643–646). Damit behält das Gesetz auch in Sachen der Autorität der Bibel faktisch das letzte Wort: Ihr ist widerspruchslos zu gehorchen.

Die beschriebene Unstimmigkeit in der Lehre vom Wort Gottes erklärt sich aus dem Grundanliegen der barthschen Konzeption, die Theologie zu ihrer Sache, der Selbstoffenbarung des „ganz anderen" Gottes, zurückzurufen. Er hat freilich diese Intention, der man ein gewisses Recht nicht absprechen kann, mit einer solchen Konsequenz durchgeführt, dass der so verstandene Gott faktisch bei sich selber bleibt, zu sich selber spricht. Denn der Glaube, der für den Empfang der Botschaft durch den Menschen steht, wird von aller menschlichen Erfahrung strikt unterschieden, knüpft also nicht an die Geschöpflichkeit des Menschen an.[21] Er ist dann nicht nur die leere

[21] Vgl. das schöne Bild aus einem späteren Band der Kirchlichen Dogmatik (IV/1): „... wenn man allenfalls in der Beschreibung dieser Erfahrung und Erkenntnis als solcher auch von allerlei mensch-

Hand des Menschen, sondern eine Leerstelle schlechthin. So läuft der Gehorsamsappell auf eine Wiederherstellung, ja eine Radikalisierung vormoderner Autoritätsstrukturen hinaus, die jene Leerstelle ausfüllen müssen.

Dass dieses am Beispiel Barths geschilderte Verfahren der Wort-Gottes-Theologie dennoch so lange zur Dominanz im kontinentalen Protestantismus verholfen hat, erklärt sich nicht zuletzt durch ihr unbestreitbares Verdienst, sich im Dritten Reich der Gleichschaltung der Kirche widersetzt zu haben. Dieser Widerstand galt lange Zeit hindurch geradezu als impliziter Beweis für die Richtigkeit der ihn tragenden theologischen Position und als Begründung für einen kirchlich-theologischen Herrschaftsanspruch. Damit wurde aber zugleich dessen Legitimationsausweis, die Bewährung ihrer führenden Persönlichkeiten als einer Art kirchliche Partisanen (ein Ausdruck, den Ernst Käsemann liebte), zur Wurzel einer Ghettomentalität, die in der sich verändernden kirchlichen und gesellschaftlichen Situation allmählich zum Versiegen ihrer Kraft führen sollte.

Einen doppelten Fortschritt in der Erörterung der Problematik bringen in der folgenden Generation die Arbeiten Gerhard Ebelings. Er bringt *zum einen*, darin Rudolf Bultmann folgend, schon ganz am Anfang seiner akademischen Tätigkeit in einem grundlegenden Aufsatz die

---

lichem Wagen, Meinen, Fühlen und Erleben … reden mag … – so muss es klar sein und bleiben, dass das Alles, wenn es mit der christlichen Erfahrung und Erkenntnis etwas zu tun haben soll, nur dem Schaum eines von höchster Bergeshöhe steil abstürzenden Wasserfalls vergleichbar sein darf, eben von jenem Sein immer schon herkommen muss …“ (S. 96).

historisch-kritische Bibelinterpretation wieder ins Spiel.[22] Einige Jahre danach finden wir Ebeling an der Spitze einer Art Palastrevolte auch gegen Bultmann, nämlich als führenden Verfechter der so genannten neuen Frage nach dem historischen Jesus. Damit ist die Einsicht gemeint, dass die spezifisch historische Erforschung der geschichtlichen Person Jesu keineswegs theologisch gleichgültig, sondern im Gegenteil von eminentem theologischem Interesse ist. Andernfalls drohe der Christologie eine Spaltung: auf der einen Seite der geschichtliche Jesus, der noch ganz ins Judentum gehöre, auf der anderen der erhöhte Christus, den mit dem geschichtlichen Menschen Jesus nur noch das ganz abstrakte „bloße Dass" seines Gekommenseins verbinde. Das war nicht weniger als ein grundsätzlicher Protest gegen den durch Bultmanns Zweckradikalismus nur verdeckten Supranaturalismus auch der Kerygma-Theologie, der den Glauben – durchaus ähnlich wie Barth – angesichts des Verlustes aller Anhaltspunkte in der Geschichte letztlich von der Willensanstrengung in der „Situation der Entscheidung" abhängig macht. Beides zusammen, die entschiedene Befürwortung der historisch-kritischen Bibelinterpretation und die Betonung der historischen Jesusforschung, nötigte Ebeling dazu, eine neue Antwort auf die in der Dialektischen Theologie nicht befriedigend gelöste Doppelfrage zu suchen: ob und ggf. in welchem Sinne man von der Bibel als Wort Gottes reden könne, und wie man zugleich Jesus als das Wort Gottes schlechthin verstehen solle.

---

[22] Vgl. G. Ebeling, Die Bedeutung der historisch-kritischen Methode für die protestantische Theologie und Kirche (1950), in: Ders., Wort und Glaube, Bd. 1, Tübingen ³1967, 1–49.

Die genannte Wende ist bei Ebeling, das ist das *Zweite*, eingebettet in ein mit den Jahren sich verstärkendes fundamentales Interesse an der Lebenserfahrung als Deutungsgegenstand des Glaubens. Sie wird damit zu einer Quelle der Theologie neben der Bezeugung Christi als des Wortes Gottes durch die Bibel. Dieses Interesse zeigt sich bereits in der ebenfalls schon in den fünfziger Jahren beginnenden Hinwendung Ebelings zu dem von Barth (trotz deutlicher sachlicher Berührungen) als Erzketzer verteufelten Friedrich Schleiermacher. Näher an unserem Thema liegt seine intensive, auch philosophische, Beschäftigung mit dem Phänomen der menschlichen Sprache seit den siebziger Jahren. Ausdrücklich heißt es in seiner *theologischen Sprachlehre*, Sinn und Zweck menschlicher Sprache sei es, „das Leben" zur Sprache zu bringen.[23]

Damit ist der Hintergrund skizziert für die zentrale Bedeutung der Hermeneutik in Ebelings theologischem Denken, und zugleich für deren Zwiegesichtigkeit. Diese wird deutlich erkennbar in dem Aufsatz über *Wort Gottes und Hermeneutik* von 1959.[24] Danach ist Hermeneutik auf der einen Seite Lehre vom Verstehen sprachlicher Lebensäußerungen. Als solche ist sie auch dann, wenn ihre Gegenstände biblische Texte sind, keine hermeneutica sacra, sondern allgemeine Hermeneutik, denn die Worte der biblischen Glaubenszeugnisse sind nicht mit dem Wort Gottes identisch (321 f.). In diesem Punkt knüpft Ebeling an die durch Schleiermacher begründete Tradition an. An-

---

[23] G. Ebeling, Einführung in theologische Sprachlehre, Tübingen 1971, 214.

[24] G. Ebeling, Wort Gottes und Hermeneutik (1959), in: ders., Wort und Glaube, Bd. 1, 319–348, 333. Hervorhebung im Original.

dererseits versteht er seine Konzeption zugleich als eine Theologie des Wortes Gottes. Um das Wort Gottes als solches zu verstehen (und um überhaupt zu begreifen, was dieser theologische Begriff bedeutet), ist das methodische Instrumentarium der allgemeinen Hermeneutik nicht geeignet. Deswegen stellt Ebeling ihr an dieser Stelle die These gegenüber: „Das primäre Verständnisphänomen ist nicht das Verstehen *von* Sprache, sondern das Verstehen *durch* Sprache."[25] Mit anderen Worten: Es geht zwar sehr wohl *auch* um die philologische und historische Interpretation biblischer Texte als Worte von *Menschen*, aber in theologischem Betracht *primär* um das „biblische Wort *Gottes*", das sich als solches erweist, wenn und indem es „die Wahrheit über das Menschsein des Menschen" ans Licht bringt.[26] Damit ist das zentrale fundamentaltheologische Problem der Theologie Ebelings benannt: Wie verhalten sich natürliches Wort menschlicher Sprache und Wort Gottes zueinander? Ebeling formuliert den sachlichen Kern des Problems mit der kritischen Frage:

„Ist der Begriff des Wortes Gottes strengzunehmen, d.h. meint er Wort im eigentlichen Sinne, oder ist Wort Gottes ein mythischer Begriff und darum nur von symbolischem Charakter, und ist folglich auch die dem sogenannten Worte Gottes eigene Redestruktur die der mythischen Rede und die ihm eigene die des mythischen Verstehens?"[27]

---

[25] EBELING, aaO, 333. Hervorhebung im Original.

[26] G. EBELING, Gott und Wort, Tübingen 1966, 89. 82. Hervorhebung von mir.

[27] G. EBELING, Wort Gottes und Hermeneutik (wie Anm. 24), 339. Die folgenden Seitenzahlen im Text nach diesem Aufsatz.

Ebeling beantwortet die Frage im Folgenden klar mit der Auskunft, dass „Wort Gottes" wirklich Wort menschlicher Sprache und nicht nur eine Metapher für die Zuwendung Gottes zu den Menschen sei. Zugleich ergibt sich aber aus dem Kontext seiner Theologie zweifelsfrei, dass damit nicht die schlichte Identifizierung des Wortes Gottes mit dem objektiv gegebenen Text der Bibel gemeint sein kann. Er betont deshalb gerne im Anschluss an Luther, dass das eigentliche „Wortereignis" die Verkündigung sei, also ein lebendiger Prozess im Gegensatz zu einem fixierten Text.[28] Aber auch das lebendige mündliche Wort ist ja nicht gegen Irrtümer gefeit, darum also ebenfalls nicht mit dem Wort Gottes identifizierbar. In welchem Sinn ist also jene These zu verstehen? Die Verständnisschwierigkeit hat ihren Ort in der Wendung „Wort im eigentlichen Sinne". Diese hat offenbar eine Doppelbedeutung:

a) Wort Gottes ist, wie Luther immer wieder hervorgehoben hat, gesprochenes, *mündliches* Wort (327). Es ist also kein schriftlich fixierter, als Glaubensgesetz zur Übernahme vorgeschriebener Wortlaut, wie es die klassische Lehre von der Verbalinspiration nahelegt. Vielmehr ist es lebendige Verkündigung, oder, wie Ebeling gerne sagt, ein Wortgeschehen. Gottes Wort ergeht „je und je", wie Karl Barth zu sagen pflegte, an den es hörenden Menschen. So wird aus geschehener Verkündigung, nämlich aus ihrer in der Bibel als Text fixierten Gestalt, die jeweils gegenwärtige Verkündigung (345). Die alte homiletische

---

[28] Vgl. z.B. Theologie I Begriffsgeschichtlich, in RGG^3 6 (754–769), 760f.

Regel „vom Text zur Predigt“ gilt deshalb weiterhin (326), was freilich nicht heißen soll, dass einfach der Text als solcher gepredigt wird (344). Doch wird die Bibel als Quelle und Norm der Verkündigung bezeichnet, weil sie es sei, die zur „Sprache des Glaubens“ führe.[29] Auch in seiner Dogmatik spricht Ebeling von der Bibel als „überliefer-te[m] Wort Gottes“, das nicht einfach dem Wort des Glaubens subsumiert werden dürfe, sondern sein Gegenüber bleibe.[30] Dieses Gegenüber besitze aber seine Autorität nach wie vor nicht kraft seiner schriftlichen Fixierung, sondern als verkündigtes Wort. Zumindest von den Predigttexten gelte „im großen und ganzen durchweg, dass es sich um geschehene Verkündigung und insofern – sofern es rechte Verkündigung war – um geschehenes Wort Gottes handelt.“[31]

Doch woran ist zu erkennen, dass es sich um „rechte“ Verkündigung handelt? Die Frage führt uns zu der zweiten Bedeutung der Wendung „Wort im eigentlichen Sinne“:

b) Wort Gottes ist Wort „im eigentlichen Sinne“ oder „rechte Verkündigung“ nicht nur als empirisch wahrnehmbares, *gesprochenes* Wort, das als solches der Auslegung bedarf, sondern zugleich und vor allem als *„letztgültiges* Wort“, das als solches nicht Gegenstand, sondern Subjekt der Auslegung ist.[32] Die Verständnisbemühung

---

[29] Vgl. G. Ebeling, Einführung … (wie Anm. 23), 228–230.

[30] Vgl. G. Ebeling, Dogmatik des christlichen Glaubens, Bd. 1, Tübingen 1979, 252–261.

[31] G. Ebeling, Wort Gottes und Hermeneutik (wie Anm. 24), 345.

[32] Ebeling, aaO, 340. Hervorhebung von mir.

um eine Äußerung der Verkündigung oder auch um einen biblischen Text darf also nicht bei der historisch-philologischen Analyse stehen bleiben, sondern muss sich auf dasjenige in dem Text richten, was mit dem Anspruch auf Interpretation meiner Existenz, ja ihrer grundlegenden Veränderung auftritt, also auf existenziale Interpretation.[33] Zwar will Ebeling damit gerade nicht eine „theologische" oder „geistliche" Exegese neben der historisch-kritischen etablieren, wie das von pietistischer Seite immer wieder einmal vorgeschlagen wurde – mit dem Effekt, die historisch-kritische Herangehensweise faktisch auszuhebeln. Vielmehr soll die Grundthese „Das hermeneutische Prinzip ist ... das Wortgeschehen selbst" gleichbedeutend sein mit der anderen: „Hermeneutisches Prinzip ist *der Mensch als Gewissen*". Die Zusammengehörigkeit beider Thesen wird damit begründet, dass das Wort Gottes als Wort im eigentlichen Sinne den Menschen zu seiner Verkündigung ermächtigt, ihm die Verantwortung für sie überträgt, eine „Verstehenszumutung" stellt, Verständigung ermöglicht.[34] Jedoch entsteht auf diese Weise ein eigentümlicher Widerspruch zwischen dem biblischen Wort einerseits als dem meine Existenz souverän und unfehlbar auslegenden Wort Gottes und andererseits als dem menschlichen und darum auch fehlbaren Gegenstand historischer Auslegung.[35]

---

[33] Vgl. G. Ebeling, Einführung ... (wie Anm. 23), 58.

[34] G. Ebeling, Wort Gottes und Hermeneutik (wie Anm. 24), 348; Einführung ... (wie Anm. 23), 215.

[35] Vgl. die ausführliche Kritik von I.U. Dalferth, Radikale Theologie (ThLZ.F 23), Leipzig ^{2}2012, 99–155.

Damit stellt sich die Frage, nach welchen Kriterien das Gewissen denn entscheiden soll, ob das, wovon es getroffen worden ist, wirklich das authentische, wahre Wort Gottes ist. Ebeling antwortet in seiner Dogmatik, dies sei an der befreienden Wirkung zu erkennen (III, 254f.). Doch auch der Begriff der Freiheit ist doppelsinnig; in einem modernen säkularen Kontext kann er auch im Sinne einer schrankenlosen Selbstbestimmung verstanden werden. Er ist geradezu ein Musterbeispiel für das, was Ebeling als „Sprachkrise" der Gegenwart in seinen Schriften so lebhaft beklagt.[36] Damit ist das Faktum gemeint, dass der christliche Glaube im Kontext gegenwärtiger Sprache vielfach gar nicht mehr verstanden wird. Man kann die Vermutung hinzufügen, dass dies in angeblich durch und durch christlich geprägten Zeitaltern im Prinzip nicht viel anders war. Denn jene Verständnislosigkeit hat ihren Grund nicht erst und nicht allein in der neuzeitlichen Entfremdung vom christlichen Glauben, sondern auch in der Vielstimmigkeit der christlichen Überlieferung selbst – ganz abgesehen von der Grundbefindlichkeit des Menschen als Sünder.

Die Vielfalt der Überlieferung wird von Ebeling natürlich zur Kenntnis genommen und gründlich bedacht.[37] Ihr gegenüber reklamiert er nach dem Vorgang Luthers die Einheit der Schrift in dem, „was Christum treibet".[38] Das leuchtet prinzipiell ein. Doch während dies zu Luthers Zeit noch als eindeutig fixierbares Kriterium gel-

---

[36] Vgl. z.B. G. Ebeling, Einführung … (wie Anm. 23), 69–87.

[37] Vgl. G. Ebeling, Einführung … (wie Anm. 23), 39.

[38] Vgl. G. Ebeling, Dogmatik … (wie Anm. 30), I, 32. Die folgende Seitenzahl im Text ebenfalls nach diesem Werk.

ten konnte, da man die positionelle Vielfalt innerhalb des Neuen Testaments noch nicht historisch analysiert und die christologische Interpretation des Alten noch nicht in Frage gestellt hatte, verhält es sich damit in der Gegenwart anders. Heute kommt man an der Feststellung nicht vorbei, dass das Problem auf diese Weise erst einmal nur verschoben ist, denn auch dieses Kriterium selbst hat sich als durchaus vieldeutig erwiesen[39], selbst wenn man zugesteht, dass die alte Kirche bei der Kanonisierung der biblischen Schriften einen „gesunden Instinkt" bewiesen hat (I, 27). Dieser Vorgang beruht ja auf menschlicher Entscheidung, die als solche nicht unfehlbar ist. Stimmt man dem zu, so muss man die Grenze zu anderen christlichen Schriften ebenso wie zu der späteren Entwicklung von Frömmigkeit und Theologie als fließend ansehen. Man kann nicht einmal ausschließen, dass die eine oder andere spätere Einsicht in das Wesen des Glaubens sich als tiefer oder zumindest als in ihrer Zeit der Sache angemessener erweisen könnte als manche Bibelstellen.

Die positionelle Vielfalt in der theologischen Interpretation des „Wortgeschehens" wird dadurch noch komplexer, dass sie sich verquickt mit der Vielfalt der Sprachen, in denen die weltweite Christenheit von ihrem Glauben spricht. Ebeling hat das gesehen und ist in seiner *theologischen Sprachlehre* auch darauf eingegangen (90–97). Freilich handelt es sich für ihn im Grunde nur um ein Randproblem. Das zeigt die Behauptung: „Normalerweise ist der Mensch einsprachig" (90). Das trifft jedoch für einen

---

[39] Vgl. E. Käsemann, Begründet der neutestamentliche Kanon die Einheit der Kirche? In: ders., Exegetische Versuche und Besinnungen, Bd. 1, Göttingen ^{2}1960, 214–223.

großen Teil der Menschheit, z.B. für den indischen Subkontinent und für ganz Afrika, in dieser Pauschalität gar nicht zu. Ebeling streift zwar die Bedeutung von Fremdsprachen (91. 94), erwähnt auch die Vielfalt der Dialekte, Gruppen- und Spezialsprachen sowie die unterschiedlichen Sprachspiele, deren sich jeder Mensch bedient (Wittgenstein). Doch konfrontiert er diese menschliche Mannigfaltigkeit schließlich mit der „Bibel als Quelle und Norm der Sprache des Glaubens" als in sich einheitlichem Bezugspunkt (228), obwohl sie doch selber schon allein auf Grund der in ihr enthaltenen Doppelheit von hebräischer und griechischer Sprachwelt auf eine sie begründende normative Einheit göttlicher Offenbarung („was Christum treibet") nur verweisen kann. Die sprachliche Vielfalt schriftlich fixierter biblischer Texte unterscheidet sich als solche nicht von der Vielfalt mündlicher Verkündigung.

Die Konzentration auf das, „was Christum treibet", führt uns zu der entscheidenden Schwierigkeit, vor die uns Ebelings Verständnis des Wortes Gottes stellt. Einerseits ist ihm das Wort Gottes mündliches Wort, Verkündigung Jesu selbst und Verkündigung von Jesus Christus. Andererseits bezeichnet er in Anlehnung an Joh 1 Christus selbst als „Gottes Wort in Person".[40] Damit ist mehr gemeint als dies, dass seine persönliche Autorität in seiner Predigt zur Geltung kommt. Dies würde für sich genommen nur einem lehrgesetzlichen Verständnis des Wortes Gottes Tor und Tür öffnen. Zudem geht Jesu Wirken nicht in seinem gesprochenen Wort auf (so zentral dieses auch

[40] Vgl. G. Ebeling, Dogmatik … (wie Anm. 30), Bd. II, 91–93.

ist), sondern er ist immer auch als handelnd und helfend sich den Menschen Zuwendender und nicht zuletzt als Leidender zu sehen. Ebeling fasst dies alles in seiner Dogmatik unter dem Leitbegriff der Vollmacht Jesu zusammen (II, 408–476). Sie ist es, die ihn zu Gottes Wort macht. In diesem umfassenden Sinn verkörpert er also das „Wortgeschehen" des Evangeliums, das mich verändert. Das aber ist, im Unterschied zu dem bisher behandelten Bedeutungsfeld, eine eindeutig metaphorische Verwendung des Begriffs „Wort Gottes".

Der Aussage, Jesus sei das Wort Gottes selbst, korrespondiert der Satz: Jesus ist der Glaube selbst, bzw. der exemplarisch Glaubende, man könnte auch sagen: das Wort des Glaubens schlechthin.[41] Diese Zusammenstellung stellt innerhalb der Christologie den hochinteressanten Versuch dar, die klassische Zweinaturenlehre relational umzuformen. Es ist „Gott in Christus"[42], der als Wort in ihm den vollkommenen Glauben wirkt und ihn eben dadurch an seinem eigenen Wesen als „Wort" teilhaben lässt. (Vermutlich hat dieser Gedankengang Ebeling dazu gebracht, seine Christologie nicht, wie es seine früheren Äu-

---

[41] Vgl. Dogmatik Bd. II, 517. 520–523. In der früheren Schrift *Das Wesen des christlichen Glaubens* (Tübingen 1959, 48–65) hatte es noch etwas weniger prägnant geheißen, Jesus sei der „Zeuge des Glaubens".

[42] So die Überschrift des 5. Kapitels in EBELINGS Dogmatik (wie Anm. 30), Bd. II, 46. Es handelt sich hier um eine moderne Neuformulierung im Anschluss an Schleiermachers Christologie, nach der Christus darum Urbild zu nennen ist, weil wir ein „eigentliches Sein Gottes in ihm" aussagen müssen, das auf der Selbstmitteilung Gottes an ihn beruht; vgl. F. SCHLEIERMACHER, Der christliche Glaube (wie Anm. 11), Leitsätze zu den §§ 94 und 97.

ßerungen über den historischen Jesus hätten nahelegen können, bei diesem einsetzen zu lassen, sondern mit der „Menschwerdung Gottes".) Auch die zweite Aussage ist, insofern sie den Glauben hypostasiert, eindeutig metaphorisch.

Als Wort Gottes in diesem komplexen Sinn weckt Christus seinerseits in den Menschen Glauben. Dies geschieht mittels der Verkündigung von ihm. Es ist daher zu fragen, wie das Verhältnis von Christus als Wort Gottes im metaphorischen Sinn zum mündlichen Wort der Verkündigung in menschlicher Sprache vorzustellen ist. Eine Gleichsetzung von beidem kommt nicht in Frage, da es sich um zwei völlig verschiedene Verwendungen des Wortbegriffs handelt. Mein Einwand gegen Ebeling lautet: Die Verkündigung des „Wortes Gottes", also Christi, wird nicht selber zum Wort Gottes, auch wenn sie in göttlicher Vollmacht erfolgt. Sie bleibt in ihrer Vielfalt menschliches Zeugnis vom Wort Gottes, also menschliche Rede. *Dass* Christus das Wort Gottes in Person sei, bleibt das Geheimnis des durch ihn bewirkten Glaubens; nur durch diese seine Wirkung erschließt er sich als solches. Ebeling dagegen ist bei der Doppelbedeutung von „Wort Gottes" stehen geblieben. Sogar die exegetische Einsicht in die Vielfalt des biblischen Zeugnisses trat ihm mit den Jahren stärker in den Hintergrund. Das Festhalten an der Bezeichnung der Bibel als des geschriebenen Wortes Gottes steht im Widerspruch zu der nachdrücklichen Bejahung der historisch-kritischen Bibelinterpretation in dem frühen Aufsatz von 1950.

Dennoch darf man nicht übersehen, dass Ebeling die Problemanalyse gegenüber der Dialektischen Theologie um einen entscheidenden Schritt vorangetrieben hat. Er hat seine doppelte Warnung davor, einerseits die Wort-Gottes-Theologie in der Nachfolge Barths zu einem unfruchtbaren Biblizismus werden zu lassen, andererseits Christus als Wort Gottes im Sinne Bultmanns gegen den geschichtlichen Jesus zu isolieren, nie widerrufen, sondern mit ihr nachhaltig gewirkt.

Dass dieser Vorstoß begrenzt blieb, hat mehrere Gründe. Zum einen hat sich hier wohl auf Dauer die Übermacht Martin Luthers in seinem Denken durchgesetzt. Auf ihn hat er sich in den letzten Jahren seines langen Lebens zurückgezogen. Zum anderen ist hier an die veränderte theologische „Großwetterlage" zu denken. An ihr hat Ebeling selbst zweifellos einen gewichtigen Anteil. Einerseits war er einer der ersten, die von der Dialektischen Theologie nicht weiterverfolgte Probleme der Lehre von der Schrift wieder aufgegriffen und versucht haben, sie neuen Lösungen zuzuführen. Andererseits sah er sich nicht in der Lage, die Prämissen der Wort-Gottes-Theologie gänzlich aufzugeben, obwohl er ihre Unzulänglichkeit im Prinzip erkannt hatte. Auf keinen Fall hatte er mit seiner Öffnung des Grenzzauns eine Neuauflage des Kulturprotestantismus bewirken wollen, gegen den die Dialektiker einst angetreten waren. In ihm sah er vielmehr eine Gefahr für die „Sache der Theologie". Für sie hatte er einst in der Bekennenden Kirche seinen Mann gestanden; das war für ihn eine entscheidende Lebenserfahrung, wenngleich die Front, gegen die sich der Widerstand damals richtete, natürlich eine andere war.

4. Konservative Einwände

Trotz aller Vermittlungsversuche stoßen bei unserem Thema die Gegensätze nach wie vor hart aufeinander. Das zeigt sich nicht zuletzt darin, dass in neuerer Zeit konservative Denker wie Oswald Bayer und Joachim Ringleben mit großem Scharfsinn versucht haben, im Gegensatz sowohl gegen die Wort-Gottes-Theologen einschließlich Ebelings als auch gegen die neue liberale Theologie die traditionelle Rede von einem sprachlichen Wort Gottes zu retten, ohne auf die orthodoxe Lehre von der Verbalinspiration zurückgreifen zu müssen.[43]

Ich beschränke mich hier auf Ringleben. Er beruft sich (ebenso wie Bayer) unter anderem auf Johann Georg Hamann. Dieser fasst „Rede" Gottes zunächst ganz weit und bezieht sie nicht nur wie die Orthodoxie allein auf die Bibel. Vielmehr habe Gott durch Natur und Geschichte und am Ende durch Christus geredet.[44] Dabei liegt ein eher metaphorischer Gebrauch der Vorstellung von einem Wort Gottes zugrunde, der auf dessen schöpferische Macht im Sinne eines performativen Sprachverständnisses abhebt. Das ist noch deutlicher in der Formulierung, die Schöpfung Gottes sei „eine Rede an die Kreatur durch die Kreatur".[45] Anders wird man dagegen den emphatischen

[43] Vgl. O. Bayer, Leibliches Wort. Reformation und Neuzeit im Konflikt, Tübingen 1992; ders., Gott als Autor. Zu einer poetologischen Theologie, Tübingen 1999; J. Ringleben, Sprachloses Wort? (wie Anm. 20), 12.

[44] Vgl. J.G. Hamann, Über die Auslegung der Heiligen Schrift, in: ders., Werke, Bd. 1, hg. v. J. Nadler, Wien (1949) 1999 (5–314), 8.

[45] Vgl. Hamann, Aesthetica in nuce, Werke, Bd. 2 (1950), 1999 (195–217), 198.

Ausruf zu interpretieren haben: „Gott ein Schriftsteller! – Die Eingebung dieses Buchs [der Bibel] ist eine eben so große Erniedrigung und Herunterlassung Gottes als die Schöpfung des Vaters und Menschwerdung des Sohnes." Hier ist es letzten Endes eben doch die Autorität der inspirierten Bibel, der die Einsicht in den Offenbarungscharakter der „Schöpfersprache" Gottes zu verdanken ist. Dabei ist die „Eingebung" durchaus als Eingebung ihrer geschriebenen Worte gemeint. Das ergibt sich aus der Bezeichnung Gottes als Schriftsteller sowie aus Hamanns scharfer Stellungnahme gegen die historische Bibelkritik, die er für ein Sakrileg gegen das Wort Gottes hält.[46] Damit wie mit dem unvermeidlichen Anthropomorphismus der Vorstellung von einem im Wortsinn sprechenden Gott gehört Hamann eindeutig einer vergangenen Zeit an. Ringleben will ihm dennoch folgen, ja er geht über ihn noch hinaus, indem er eine „wirkliche Realidentität des Menschenwortes [als Bibel oder als Verkündigung] mit dem göttlichen Wort", analog dem „est" in der traditionellen lutherischen Abendmahlslehre postuliert. Das ist jedoch eine rein dogmatisch-spekulative Lösung, die an dem exegetischen Befund der Spannungen innerhalb der wirklichen Texte vorbeigeht. Ihnen gegenüber wirkt der Pleonasmus einer „wirklichen Realidentität" geradezu wie eine Beschwörungsformel.

---

[46] Vgl. HAMANN, Auslegung … (wie Anm. 44), Bd. 1, 5. – J. RINGLEBEN meint unter Bezug auf die zuletzt zitierte Stelle, HAMANN habe damit ganz im Gegenteil die Lehre von der Verbalinspiration hinter sich gelassen: Wort Gottes IV, TRE 36 (315–331), 324. HAMANNS Text lässt diese Interpretation nicht zu.

5. Abkehr von der Wort-Gottes-Theologie

Nach dem Ende des Zweiten Weltkrieges begann mit der Etablierung eines demokratischen Prozesses und dem Erklingen neuer, unabhängiger Stimmen in Philosophie und Literatur, zunächst zaghaft, dann selbstbewusster eine Ablösung von dem Krisenbewusstsein, das die voraufgegangenen Jahrzehnte so nachhaltig geprägt hatte. Davon blieb auch die Debatte in Theologie und Kirche nicht unberührt. Seit der zweiten Hälfte des 20. Jahrhunderts machte sich hier eine Fülle neuer Ideen geltend. Das reichte von dem Erscheinen der Werke Paul Tillichs in deutscher Sprache über die zunächst als Sensation wirkenden Arbeiten Wolfhart Pannenbergs und seines Kreises bis hin zu dem breit gefächerten Rückgriff auf die klassischen deutschen Denker des frühen 19. und die liberale Theologie des frühen 20. Jahrhunderts. Allen diesen unterschiedlichen Strömungen ist gemeinsam, dass sie sich der spezifisch neuzeitlichen Probleme annahmen, welche die Dialektische Theologie vernachlässigt hatte. Dadurch hatte sich seit der Krisenzeit der Weimarer Republik und vollends des Dritten Reichs sowie auf Grund der mächtigen Dominanz jener Schule in der ersten Nachkriegszeit so viel Nachholbedarf aufgestaut, dass der Wille zu einem Neuanfang sich immer energischer Bahn brach. Zwar hatte auch schon Ebeling sehr entschieden in diese Richtung gedacht, doch eher in der Absicht, auf einen Konsens zwischen den Repräsentanten unterschiedlicher Richtungen hinzuarbeiten.[47] Damit gaben die neu sich zu Wort meldenden Theologen sich nicht zufrieden. Das hat zu einer

---

[47] Vgl. G. Ebeling, Zu meiner „Dogmatik des christlichen Glau-

Marginalisierung Ebelings geführt und seine mannigfachen weiterführenden Gedanken um ihre volle Wirkung gebracht.

Den unterschiedlichen Positionen, die den neuen Aufbruch konstituieren, ist gemeinsam, dass sie an die Stelle des Schlüsselbegriffs der Dialektischen Theologie, Wort Gottes, andere Konzeptionen setzen. Ich bin zwar der Meinung, dass man nicht auf ihn verzichten kann. Aber das lässt sich nur in Auseinandersetzung mit den Alternativen und in Aufnahme von berechtigter Kritik begründen.

Ich beginne mit dem Vorschlag Pannenbergs, die Geschichte an die Stelle des Wortes zu setzen. Er hat bei seiner Veröffentlichung für Aufsehen gesorgt, weil die deutsche Debatte damals noch weithin von der Alternative Barth oder Bultmann bzw. hermeneutische Theologie beherrscht wurde. Doch nun hat Pannenberg die als historisches, nachweisbares Ereignis verstandene Auferstehung Jesu, die er als Prolepse des heilsamen Zieles der Geschichte verstand, zum Angelpunkt für sein Konzept gemacht. Damit bekam der von ihm initiierte Aufbruch ein eher rückwärtsgewandtes Gesicht, wie die längst schon bestehenden exegetischen Bedenken an diesem Punkt zeigen. Heute kann man wohl feststellen, dass diese Alternative zur Wort-Gottes-Theologie sich nicht durchgesetzt hat.

Anders steht es mit den in Amerika entstandenen neueren Schriften Paul Tillichs. Er hat sich im ersten Teil seiner Systematischen Theologie kurz aber prägnant mit der

---

bens“, in: DERS., Wort und Glaube, Bd. 4, Tübingen 1995 (476–491), 481–483.

Wort-Gottes-Theologie auseinandergesetzt.[48] Sofern diese sich als eine Theologie des gesprochenen Wortes verstehe, stelle sie eine Intellektualisierung der Offenbarung Gottes dar und stehe damit im Widerspruch zur Logos-Christologie. Logos bedeute „eine Offenbarungswirklichkeit und nicht Offenbarungsworte" (I, 187), nämlich das „neue Sein". Der Begriff des Wortes könne in diesem Zusammenhang nur symbolisch verstanden werden, er stehe für „Gott ist offenbar", nämlich in der Schöpfung, in der Offenbarungsgeschichte, in Christus, in Bibel und Verkündigung (189). Der Begriff Wort soll also das Symbol für ein Offenbarungs*prinzip* sein. Das ist die Konsequenz daraus, dass Tillich den Gottesbegriff nicht personal fassen kann, weil das ein Anthropomorphismus wäre. Dieses Anliegen, Gott nicht durch ein rein personales Verständnis quasi zu einem Ebenbild des Menschen zu machen, ist zweifellos berechtigt. Es ist seit den Tagen Spinozas nicht wieder verstummt und durch die von ihm beeinflussten Deutschen Idealisten in unterschiedlicher Weise zur Geltung gebracht worden.

Tillich wählt deshalb als Bezeichnung für Gott den abstrakten Begriff „das Sein-Selbst". Die Schreibweise könnte zu der Deutung verleiten, als solle in diesem Doppelbegriff ein abstraktes und ein personales Element miteinander verbunden werden. Dem ist aber nicht so, wie die Schreibung „being itself" im englischen Original

[48] Vgl. P. Tillich, Systematische Theologie (Systematic Theology), Bd. 1, Stuttgart [2]1956, Bd. 2, 1958, Bd. 3, 1966. Danach die folgenden Seitenzahlen im Text.

zeigt.[49] Der Ausdruck wird im Zusammenhang durch „Aseität“ und „Seinsmächtigkeit“ (power of being) umschrieben. Da man nun aber zu einer Seinsmächtigkeit kein persönliches Verhältnis haben kann, fügt er als spezifisch religiöse Bestimmung den Ausdruck „lebendiger Gott“ hinzu. Damit will er natürlich seine Ablehnung jedes Anthropomorphismus nicht wieder zurücknehmen. Deswegen bestimmt er Gott als Lebendigen so, dass er „der ewige Prozeß ist, in dem sich fortgesetzt Trennung vollzieht und durch Wiedervereinigung überwunden wird“ (280). Der Ausdruck „persönlicher Gott“ kann demnach nicht bedeuten, dass er eine Person wäre, sondern nur, dass er der Grund alles Personseins ist (283). Letztlich ist der Ausdruck „lebendiger Gott“ so, wie er hier verstanden wird, als „Grund“ und als „Prozess“, nicht mehr als eine Näherbestimmung der Grundaussage, er sei das „Sein-Selbst“.

Diese doppelte Näherbestimmung ist geleitet von der Idee eines vernünftigen Weltprinzips. Dieses Gottesverständnis ist somit kosmomorph, könnte man sagen. Die Tendenz des Konzepts geht also dahin, die anthropomorphen Symbole den kosmomorphen ein- und unterzuordnen. Dann aber ist zu fragen, ob hier nicht der Teufel mit Beelzebub ausgetrieben wurde. Es ist Tillich darin Recht zu geben, dass beide Arten von Symbolen für Aussagen über Gott unentbehrlich sind, weil es eine andere Basis als das Selbst- und Weltverhältnis des Menschen für solche Aussagen nicht gibt. Doch hat die Subsumtion der einen

---

[49] Vgl. P. Tillich, Systematic Theology, vol. 1, London [3]1988, 236 u.ö.

unter die andere Art eine Tendenz entweder zum Pantheismus oder zu einem Willkürgott. Beides lässt sich nur verhindern, wenn man beide Aussagenreihen einander gleichberechtigt gegenüberstellt, so dass sie sich gegenseitig korrigieren, nicht aber zu einer undialektischen Einheit zusammenfallen.

Diese Digression war notwendig, um Tillichs Verwendung des Wortbegriffs verständlich zu machen. Die christologische Aussage, Christus sei das Wort Gottes, wird im Anschluss an Joh 1 auf den klassischen griechischen Logos-Begriff bezogen, der eben jenes vernünftige Weltprinzip bedeutet, von dem soeben die Rede war. Was in Christus offenbar wird, ist das Neue Sein, oder das Wesen Gottes als des Seinsgrundes. Dann ist die Offenbarung durch das „Wort" kein unerwarteter Einbruch des verborgenen Heiligen in die irdische Lebenswelt mehr. Vielmehr tritt hier nur zutage, was immer und überall schon gegeben ist. Der geschichtliche Jesus ist dann nichts anderes als das Symbol des Christus (vgl. II, 127), dessen Form jeder Mensch annehmen soll (II, 133). Deshalb braucht man sich auch nicht daran zu stören, dass „alle konkreten Züge in dem Bild des Christus zweifelhaft sind", sondern kann sich mit dem biblischen Bild von ihm begnügen, wie Tillichs theologischer Lehrer Martin Kähler behauptet hatte. Im Bild des Christus manifestiert sich die „umwandelnde Kraft" Gottes als des Lebensgrundes und damit des aus der göttlichen Seinsmacht hervorgetriebenen Weltprozesses. Das Auftreten des Christus ist das entscheidende Moment in diesem Prozess (vgl. II, 125 f.). Tillich will die Bedeutsamkeit dieses Auftretens zwar nicht mit Bultmann auf ein „bloßes Dass" reduzieren (II, 125), weil es sich ja um ein personhaftes Leben handelt; nur in einem solchen sei „die Macht des Seins verwirklicht" (II, 131 f.). Doch ist es der spekulative Rahmen, der die Rekonstruktion der Geschichte und die religiöse Deutung bestimmt, nicht die geschichtliche Wirklichkeit.

Das entscheidend Neue an dieser Konzeption im Kontext der europäischen Debatte ist nun, dass Tillich das „Neue Sein" die Antwort auf alle in der Welt gestellten Grundfragen des Daseins versteht. Damit wird die Tür zu den allgemeinen kulturellen Diskursen, die durch das Offenbarungskonzept der Dialektischen Theologen verschlossen gewesen war, weit aufgestoßen. Das erklärt die befreiende Wirkung von Tillichs Arbeiten, die von vielen Theologen damals empfunden wurde. Sie wurden, zusammen mit der etwa gleichzeitig einsetzenden Wiederentdeckung Schleiermachers, zum Anstoß für eine mittlerweile zu großer Vielfalt aufgeblühte Renaissance der liberalen Theologie in Deutschland. Das ihren Vertretern durchweg gemeinsame Moment, das sofort in die Augen fällt, ist die Tatsache, dass an die Stelle der Relation von Wort und Glaube diejenige von Subjektivität und religiöser Sinndeutung getreten ist. Sie wenden sich damit sowohl gegen offene oder verdeckte Herrschaftsansprüche von Anhängern der Dialektischen Theologie als auch gegen die von ihnen betriebene faktische Selbstisolierung von Theologie und Kirche. Die programmatische Öffnung gegenüber der Kultur – man kann auch sagen: der Versuch einer Neubelebung des der Dialektischen Theologie voraufgegangenen Kulturprotestantismus – ist, wenn das abgenutzte Wort gestattet ist, ein Paradigmenwechsel. Er stellt einen Frontalangriff nicht nur auf die

Wort-Gottes-Theologie, sondern darüber hinaus auf alle Varianten konservativer Theologie dar.

Bezeichnend für die neue Richtung ist ein Aufsatz von Hans-Walter Schütte aus dem Jahr 1973. Dort heißt es: „Religion ist Darstellung des religiösen Bewußtseins und Mitdarstellung des Grundes, der religiöses Bewußtsein ermöglicht“.[50] Er sieht dieses Verständnis auch bei Karl Barth gegeben, der angesichts der kritischen Situation nach dem Ersten Weltkrieg, als das religiöse Subjekt nicht mehr in der Lage gewesen sei, sich seines Grundes zu vergewissern, seinen Ausgangspunkt bei dem absoluten Subjekt Gottes genommen habe, der mit sich selbst anfängt und sich als solches Subjekt in Christus offenbart (110. 131). Diese komplizierte Gedankenführung verdeckt freilich ein wenig die fundamentale Differenz, die hier aufgebrochen ist. Das Interesse Schüttes besteht allein in der Rekonstruktion des religiösen Selbstbewusstseins, für die er sich auf die Philosophie Fichtes stützt.

Falk Wagner hat diesen Ansatz weitergeführt und ausdrücklich auf den Begriff des Wortes Gottes bezogen. Barths Verfahren, das Wort Gottes in seiner dreifachen Gestalt jeglicher menschlichen Rezeption objektiv vorgegeben sein zu lassen, bezeichnet Wagner als einen „Trick“. In Wirklichkeit sei es doch die menschliche Reflexion, die das Wort Gottes mit dieser Eigenschaft ausstatte: „Das Wort Gottes ist von Gnaden derer, die sich durch es angeredet wissen“, also vom menschlichen Bewusstsein abhän-

---

[50] H.-W. Schütte, Religionskritik und Religionsbegründung. Zur Theorie der Religion, in: N. Schiffers /H.-W. Schütte, Zur Theorie der Religion (KÖS 7), Freiburg u.a. 1973 (95–135. 142–144), 107.

gig. Mit Hilfe der naiv realistischen Annahme der objektiven Vorgegebenheit des Wortes Gottes verabschiede Barth die Theologie aus der wissenschaftlichen Diskussion über Religion und Glaube in ein Ghetto.[51]

Diesen religionsphilosophischen Ansatz hat Ulrich Barth, ein Schüler Schüttes und Wagners, mit großem Scharfsinn und einer Fülle kulturtheoretischer, religionswissenschaftlicher, sozialpsychologischer und metaphysischer Aspekte breit ausgebaut.[52] Seine häufig wiederholte Grundthese steht programmatisch bereits im Vorwort seines Buches über *Religion in der Moderne*: „Religion ist eine Grundform humaner Deutungskultur." Das bedeute selbstverständlich nicht, dass religiöse Deutung ihren Gegenstand erzeuge. Vielmehr beziehe sie sich „lebensweltlich-affektiv" auf vorgegebene Inhalte, nämlich auf spezifisch religiöse Erfahrung, deren gegenständliche Seite als „göttlich-numinose Unbedingtheitsinstanz" zu beschreiben sei (8 f.). Dabei sei Religion nur ein Teilsystem der Gesellschaft, dessen Problem in der Moderne darin bestehe, dass ihm weithin die Anschlussfähigkeit fehlt, obwohl die Gesellschaft ihrer zur „motivationalen Abstützung" eines angemessenen Rollenverständnisses bedürfe. Um diese Aufgabe zu erfüllen, stelle sie „Sinnmuster" zur Verfügung (61). Dabei geht es nicht um irgendeinen, sondern um unbedingten Sinn. Zu diesem stößt sie vor, indem sie von

---

[51] Vgl. F. WAGNER, Religion und die Zweideutigkeit der modernen Individualitätskultur, in: Gott im Selbstbewußtein der Moderne. Zum neuzeitlichen Begriff der Religion (FS H.-W. Schütte, hg. v. U. BARTH und W. GRÄB), Gütersloh 1993 (140–151), 145 f.

[52] Vgl. zum Folgenden U. BARTH, Religion in der Moderne, Tübingen 2003. Danach die folgenden Seitenzahlen.

der „Unhintergehbarkeit der Einheit der Subjektivität" ausgeht und von da aus zu deren Grund in der „Idee des Absoluten" fortschreitet (67). Die unbedingte Gewissheit von diesem Grund aber „enthält ein Notwendigkeitsmoment" (82). Dieses an Fichte ausgerichtete Verfahren nennt Barth „Letztbegründung", wenn auch ebenso wie dieser und wie Schleiermacher mit der Kautele, dass es sich dabei um die Bewegung zu einem Grenzbegriff und damit eigentlich um eine Deutungsoperation handle (68).

Gegen diese vom Ich-an-sich ausgehende Argumentation sind drei Einwände geltend zu machen. Erstens ist die Basisannahme einer für sich bestehenden und um sich selbst kreisenden „Einheit der Subjektivität" eine Abstraktion. Das Ich ist seiner selbst immer nur so bewusst, wie es in seiner Selbstunterscheidung von und Wechselwirkung mit anderen Subjekten und der Welt da ist; die Weltbezüge des Ich können nicht als erst sekundär hinzutretend verstanden werden. Genauer: Das Ich des Menschen ist vielmehr umgekehrt ein ihm zugesprochenes, wie sich an der Ichwerdung des Kindes empirisch zeigen lässt. Die Sozialität des Menschen ist also die unumgängliche und bleibende Bedingung seiner Individualität; diese wiederum wird erst im Lauf des Lebens ihrerseits zur Bedingung seiner Sozialität. Ontologisch sind beide Seiten gleichursprünglich und müssen deshalb religiös im „höheren Selbstbewusstsein" als unter ihm befasste Einheit gedacht werden. Das höhere Selbstbewusstsein ist das Bewusstsein des Gegründetseins dieses komplexen Verhältnisses in einem transzendenten Grund.[53]

---

[53] So schon SCHLEIERMACHER, Der christliche Glaube (wie

Wenn zweitens dem Schluss auf eine Unbedingtheitsinstanz Notwendigkeit zugeschrieben wird, so fragt man sich, wozu es dann noch der Offenbarung eines personalen göttlichen Gegenübers bedarf. Barth will zwar an einem solchen Gegenüber festhalten, weil es für die gelebte Religion konstitutiv sei (63). Doch kann eine göttliche Offenbarung kaum sehr überzeugend sein, wenn sie der Stützung durch eine Notwendigkeit beanspruchende religionsphilosophische Reflexion bedarf. Der religiöse Mensch verdankt sein „höheres Selbstbewusstsein" gerade nicht einem von ihm selbst in Gang gesetzten Schlussverfahren, sondern einem „Zuspruch" von seinem Grund her, also einer Offenbarung oder eines „Wortes" Gottes. Dessen Abbild ist der Zuspruch meines Ichseins durch ein menschliches Gegenüber. (Von hier aus wäre der theologische Topos „Ebenbild Gottes" neu zu bedenken.)

Am gewichtigsten ist der dritte Einwand, der die Struktur dieser Argumentation betrifft. Sie stellt nichts anderes als eine Form des anthropologischen Gottesbeweises dar. Zwar hat Barth sie kaum im Sinne eines Beweises verstanden wissen wollen, sondern eher in Analogie zu Kants moralischem Postulat Gottes als einer notwendigen Idee. Trotzdem dürfte sie heute kaum Aussicht auf Durchsetzungskraft besitzen, zumal sie formal auffällig an den im Ergebnis genau gegenteiligen, religionskritischen Argumentationsgang Feuerbachs erinnert. Hier hat die Fun-

---

Anm. 11), §§4f., und S. Kierkegaard, Die Krankheit zum Tode (Sygdommen til Døden), dt. von E. Hirsch (GW 24/25), 8–10. Vgl. auch J. Dierken, Inter-Subjektivität (ZThK 108/2011, 336–354), bes. 346–351.

damentalkritik der Linkshegelianer mitsamt ihrem sozialen Kontext tiefer gewirkt, als es Barth unter dem Eindruck des großartigen Systemgedankens des deutschen Idealismus wahrhaben will. Das Unbedingte bzw. das Heilige lässt sich philosophisch zwar durchaus als Grenzbegriff fassen, kann aber als solcher nur als denkmöglich, nicht als denknotwendig gelten. Subjektivität wie Intersubjektivität können ebenso gut als selber Sinn schaffend gedacht werden. Die Alternative dazu ist allein die Erfahrung des überwältigt Werdens durch das Heilige, die sich jedoch, mit Emanuel Hirsch zu reden, in vollkommener Wehrlosigkeit sieht. Die Einbettung religiösen Denkens in eine religiös geprägte Kultur hat diesen Sachverhalt lange verdeckt. An *diesem* Punkt ist die Theologie des Wortes Gottes nach wie vor im Recht mit ihrer Grundthese, dass allein göttliche Offenbarung für die Glaubensgewissheit konstitutiv ist – trotz der fragwürdigen Konsequenzen, die sie aus dieser Einsicht gezogen hat.

Eine andere Überlegung weist in dieselbe Richtung. Wenn das Subjekt seine religiöse Erfahrung deutet, so bewegt es sich nach Barth mit der Absicht einer Letztbegründung auf einen absoluten, nicht überbietbaren Sinn zu. Letzter Sinn ist notwendig universal. Nun wird jedoch die Reflexionsbewegung vorzüglich dadurch in Gang gesetzt, dass ihr Gegenstand, die religiöse Erfahrung, es keineswegs mit einem allgemein einsehbaren Sinn, sondern oft genug mit dem Eindruck der Sinnlosigkeit zu tun hat (Theodizeefrage). Vielleicht um einen solchen Bruch zu vermeiden, lässt Barth die religiöse Erfahrung in ihrer Deutung geradezu aufgehen, indem er die These aufstellt, dass „religiöse Erfahrung … unter den

Bedingungen moderner Reflexionskultur und Reflexionssubjektivität selbst den Charakter der Reflexion“ trage (71). Gott ist für Barth in erster Linie, wie er in einem Buchtitel provokativ formuliert, ein „Projekt der Vernunft“, nämlich der Zielpunkt von Letztbegründung.[54] Damit hat die Religionsphilosophie die Stelle der Religion bzw. des Glaubens eingenommen. Dann aber verbleibt das Unbedingte, wie Barth selber konzediert, als unabhängig von ihr Existierendes im Status der bloßen theoretischen Annahme (84).

Mit den vorgetragenen Einwänden wird die religionsphilosophische Reflexion nicht überflüssig. Im Gegenteil: sie vermag zu zeigen, dass die Annahme eines letzten Grundes denk*möglich*, also nicht vernunftwidrig ist. Das schützt vor einem supranaturalistischen Verständnis von Offenbarung. Seine *Wirklichkeit*, und schon gar seine Notwendigkeit, kann sie aber nur demjenigen plausibel machen, der schon zuvor an sie geglaubt hat, mit anderen Worten: als zirkuläre Bewegung. Die Strukturverwandtschaft von Barths Argumentation mit derjenigen Feuerbachs macht das deutlich. Aus diesem Zirkel vermag nur eine genau umgekehrte, von Gott ausgehende Bewegung zu befreien. Sie allein kann den Glauben verlässlich begründen. Nur sie vermag aus der Angst vor der Bedrohung durch Sinnlosigkeit herauszuhelfen und damit auch über den bloßen Protest gegen sie hinauszuführen.

Freilich muss man der neuen liberalen Theologie, für die Barth als einer der wichtigsten Sprecher gelten kann, in einem Punkt unbedingt Recht geben. Das ist die Tat-

---

[54] Vgl. U. Barth, Gott als Projekt der Vernunft, Tübingen 2005.

sache, dass alle Religion *als geschichtliches Phänomen*, die christliche ausdrücklich eingeschlossen, eine menschliche, nicht eine göttliche Größe ist. Eine geoffenbarte Religion gibt es nicht. Das ist eine neuzeitliche Grundeinsicht, hinter die es kein Zurück gibt.

Wenn nun aber der für die Religion konstitutive Wahrheitsanspruch durch eine als notwendig einleuchtende „Letztbegründung" unter modernen Denkbedingungen nicht gesichert werden kann, muss gefragt werden, wie dann sein in ihm vorausgesetzter Grund zu beschreiben ist. Damit werden wir zurückverwiesen auf den Gedanken einer ab extra ergehenden, transzendenten Offenbarung, deren Wirklichkeit weder durch einen supranaturalistischen Wunderbeweis noch durch rational-spekulative Argumentation nachgewiesen werden kann. Das führt uns zu der Frage: So berechtigt die Bedenken der neueren Theologie gegen den Ausdruck „Wort Gottes" sind, lässt sich ihm nicht doch ein guter Sinn abgewinnen, der von jenen Einwänden nicht getroffen wird?

Dieser Frage ist jetzt nachzugehen. Dazu ist es erforderlich, einen vorbereitenden Reflexionsgang vorzuschalten, der klären soll, was mit „Wort" genau gemeint sein kann. Damit wenden wir uns sprachphilosophischen Erwägungen zu, die sodann auf ihre Gleichnisfähigkeit für den Bereich der Religion zu untersuchen sind.

II. Sprachphilosophische Überlegungen

Die Sprache ist neben der Beziehung zum Heiligen (Religion), der ästhetischen Gestaltung (Kunst), der theoretischen Reflexion (Denken) und der praktisch-technischen Weltveränderung (Arbeit) eine der grundlegenden Lebensäußerungen, die den Menschen von anderen Lebewesen unterscheiden. Diese Lebensäußerungen existieren nicht je für sich, sondern greifen in der Wirklichkeit ständig ineinander. Aber sie bleiben voneinander unterschieden und lassen sich nicht aufeinander zurückführen. Wir haben es also bei der Sprache nicht mit einem Passepartout zu tun, mit dessen Hilfe das Menschsein sich erschöpfend bestimmen ließe. Sehr wohl muss man jedoch der These Herders zustimmen, dass die Sprache diejenige Lebensäußerung der Vernunft ist, welche die übrigen kraft ihrer Deutungsfunktion zusammenhält und insofern in ausgezeichneter Weise die Vernunft als dasjenige repräsentiert, was beim Menschen an die Stelle der tierischen Instinkte tritt. Mit dieser These hat Herder in seiner berühmten Preisschrift die zu seiner Zeit diskutierte Alternative eines tierischen oder eines göttlichen Ursprungs der Sprache ausgehebelt und diese zum Kennzeichen des Menschseins schlechthin erklärt.[55]

In dieser ihrer grundlegenden Funktion ist die Sprache dreistrahlig, d.h. sie ist bezogen auf das sie äußernde Sub-

---

[55] Vgl. J.G. HERDER, Abhandlung über den Ursprung der Sprache, ²1789, in: DERS., SW 5, hg. von B. SUPHAN, Berlin 1891, 1–154, bes. 22. 31. 69. 104. Den tierischen Ursprung vertrat ÉTIENNE BONNOT DE CONDILLAC, den göttlichen JOHANN PETER SÜSSMILCH.

jekt, die von ihr intendierte Sache und die Kommunikation mit anderen menschlichen Subjekten, stellt also, wie nach Herder der späte Feuerbach, Martin Buber und andere festgestellt haben, ein Geflecht von Ich und Du und Es dar.

Nun ist unser Thema zwar nicht die Sprache als ganze, sondern das *Wort*. Jedoch ist ein Wort nichts anderes als das einfachste Element einer Sprache und deshalb nur aus dem von ihr konstituierten Zusammenhang zu verstehen. Ich beginne mit dem Sach- oder Weltbezug der Sprache und behandle anschließend den kommunikativen Aspekt. Die Reihenfolge bedeutet keine Über- oder Unterordnung; beide Bezüge sind als gleich ursprünglich anzusehen. Das sprechende Ich ist in beiden Bezügen unausweichlich mitgedacht.

1. Der Sachbezug der Sprache

Wenn der Mensch sprechen lernt, so lernt er, oberflächlich betrachtet, als erstes einzelne Wörter, also Elemente der Sprache. Das Wort ist an diesem Beginn der hörbare, also sinnliche Ausdruck, der *Name* für eine Person (das Kind selber eingeschlossen) oder die *Bezeichnung* für eine Sache oder einen Vorgang. Beides bezieht sich auf sein Objekt, insofern es sich darstellt und mit den Sinnen als anwesend wahrgenommen werden kann. Der Name ist nicht „bloßer" Name, sondern er identifiziert. Dennoch bleibt eine letzte Distanz zwischen ihm und dem durch ihn Ausgedrückten. Im Fall einer Person wird deren Identifikation durch den Namen zwar im Regelfall durch diese angeeignet, wird aber nicht zur Identität von Name und

Person, wie die Möglichkeit eines Namenswechsels zeigt. Die Bezeichnung fixiert ebenfalls ein sich als wirklich darbietendes Phänomen, wird aber von diesem nicht angeeignet und bleibt ihm als Hinweis äußerlich.[56]

Die bleibende letzte Distanz zwischen der sprachlichen Äußerung und dem, was sie intendiert, lässt sich, wie Gadamer gezeigt hat, durch eine Doppelbestimmung genauer beschreiben: Dem zeichenhaften Verweis auf das von der Sprache Gemeinte entspricht dessen symbolische Erscheinung in der Sprache. Dieses Doppelverhältnis heißt *Repräsentation.* Die Identifikation durch den Namen und die Bezeichnung für Gegenstände und Vorgänge sind also Formen der Repräsentation durch die Sprache.[57] Dies ist ein ähnliches Phänomen wie die Repräsentation einer Person durch ein Porträt, die aber allenfalls in einem metaphorischen Sinn als Sprache bezeichnet werden kann. Es ist also nicht alles Sein, sofern es verstanden werden kann, sprachlich verfasst, wie Gadamer behauptet, oder mit Heidegger: die „die Welt bewëgende [d.h. Weg schaffende] Sage des Verhältnisses aller Verhältnisse".[58]

---

[56] Ähnlich K.E. Løgstrup, Weite und Prägnanz. Sprachphilosophische Betrachtungen. Metaphysik I, Tübingen 1991, 60f. Anm. (Dän. Vidde og prægnans, übers. v. R. Løgstrup, 60f. Anm.).

[57] Vgl. H.-G. Gadamer, Wahrheit und Methode, Tübingen [4]1975, 128–147; vgl. Løgstrup, aaO, 19–21.

[58] Vgl. Gadamer, aaO, XXII. 450; M. Heidegger, Das Wesen der Sprache (1957/58), in: ders., Unterwegs zur Sprache, GA Bd. 12 (149–204), 203. Die dabei mitschwingende prinzipielle Ablehnung technischer Weltgestaltung führt dabei das Lob der Mundart mit sich, in der die Landschaft, die Erde spreche (194). Da liegt die Assoziation zur Blut- und Boden-Ideologie des Nationalsozialismus nicht fern.

Sehr wohl steht die Sprache jedoch in Wechselwirkung mit anderen Lebensäußerungen. Sprache wird gebraucht, um Arbeit anzuweisen und zu verteilen, religiöse Erfahrung verstehbar zu machen, Werke der bildenden Kunst oder der Musik zu deuten. Im letzten Fall scheint sie nur eine Hilfsfunktion zu haben. Denn Bild und musikalischer Klang stellen eine je eigene Art des Ausdrucks und der Kommunikation dar, die sich mit Worten lediglich umschreiben, nicht in sie übersetzen lässt. Aber das ist nur die eine Seite des Verhältnisses. Denn die Sprache äußert sich ihrerseits in Bildern. Alle ursprüngliche Sprache ist bildhaft. Abstrakte Begriffe wie Grund oder Zusammenhang sind von bildlichen Ausdrücken für menschliche Erfahrung „abgezogen", abstrahiert, gehen also auf sie zurück. Zu solchen bildhaften Ausdrucksweisen gehört insbesondere die Metapher. Ihre Besonderheit beruht, wie Knud Ejler Løgstrup formuliert hat, darauf, dass sie durch den „Zusammenstoß einander fremder Bereiche" zustande kommt[59], also z.B. des Menschlichen mit dem Tierreich: „Dieser Mensch ist ein Fuchs". Das kann wie hier durch Austausch eines Wortes oder durch satzförmige Umschreibung geschehen.[60] Ihren Sinn bekommt sie aber nur durch die ganze Aussage. Wie Paul Ricœur ausgeführt hat, besteht ihre Wirkung darin, dass sie ein wörtliches Verständnis unmöglich macht und eine ganz unerwartete Wendung an dessen Stelle setzt (kein Mensch ist ein Fuchs mit rötlichem Fell). Dadurch entsteht die für

---

[59] Løgstrup, Weite und Prägnanz (wie Anm. 56), 83.

[60] Vgl. H. Lausberg, Handbuch der literarischen Rhetorik. Eine Grundlegung der Literaturwissenschaft, 2 Bde., München ²1973, § 563.

jede Metapher konstitutive Spannung zwischen wörtlichem und übertragenem Verständnis. Sie ist es, die zu überraschenden Entdeckungen führt.[61]

Die Metapher ist nun nicht, wie die antike Rhetorik gemeint hat, bloße Ausschmückung der Rede, die man bei Bedarf auch in nichtmetaphorische Rede übersetzen könnte. Sie repräsentiert vielmehr das kreative Leben einer Sprache. Das gilt auch für hochentwickelte Sprachen. Man erkennt die unzureichende Beherrschung einer Fremdsprache daran, dass dem Sprecher die Möglichkeiten der Metaphorik (die idiomatische Beherrschung der Sprache) fehlen, weil er in der Bildwelt, in der sie ihr Leben hat, noch nicht „angekommen", noch nicht zu Hause ist. Die neuere Literaturwissenschaft ist sich einig darin, dass die Metapher kein Grenzphänomen, sondern von konstitutiver Bedeutung für alle Sprachlichkeit ist. Für den Bereich religiöser Aussagen hat man das ohnehin längst erkannt. Darauf werde ich zurückkommen. Auch das musikalische Element in Rhythmus und Tonfall ist der Sprache ursprünglich eigen und wird in Gestalt der Poesie nur zur höchsten Vollendung entwickelt.

Hinsichtlich ihrer Wirkmächtigkeit als „Sprechakt" steht die Sprache weiterhin auch zu dem naturwissenschaftlich-technischen Herrschaftswissen und der ihm entsprechenden Arbeit in Analogie. Dieses ist ein ebenso spezifisch menschliches Weltverhältnis wie die Sprache

---

[61] Vgl. zu den letzten Sätzen seinen Aufsatz: Stellung und Funktion der Metapher in der biblischen Sprache, in: P. Ricœur / E. Jüngel, Metapher. Zur Hermeneutik religiöser Sprache, EvTh.S 1974, 45–70.

und kann deshalb nicht so pauschal abgewertet werden, wie es Gadamer und noch mehr Heidegger tun.

Sprachliche Repräsentation ist ein kreativer geistiger Vorgang, den man nicht aus einer ihr zugrundeliegenden Faktizität ableiten kann. Sie bedient sich sinnlicher Mittel wie der hörbaren Stimme oder (in abgeleiteter Weise) der sichtbaren Schrift. Diese Verbindung von Geistigem und Sinnlichem stellt das ungelöste Rätsel der Sprache dar. Es gibt nämlich – von der kleinen Gruppe onomatopoetischer Wörter abgesehen – keine Erklärung dafür, dass gerade dieser Schall (und in einer anderen Sprache ein anderer) den Gegenstand bezeichnen soll. In der Zeit der Aufklärung hat man versucht, die Frage nach dem Ursprung der Sprache durch eine konventionalistische Theorie zu beantworten, nach der die Menschen die Sprache durch Verabredung „erfunden" hätten. Doch beruht eine solche Erklärung auf einem Zirkelschluss, denn eine Verabredung setzt Sprache bereits voraus.[62] Richtig ist nur, dass dem Auftreten von Sprache als dem Wechselspiel von Rede und Antwort das Hören voraufgehen muss, das Hören von Naturlauten zum Beispiel. Doch ist das Nachahmen solcher Laute noch keine Sprache.[63] Diese entsteht durch den spontanen Umschlag der vernehmenden Vernunft in aktives Begreifen und Nennen bzw. Bezeichnen.

---

[62] Ein später Nachklang der konventionalistischen Theorie findet sich noch bei dem Begründer der wissenschaftlichen Linguistik, F. DE SAUSSURE, der in seinem *Cours de linguistique générale* (krit. Edition von R. ENGLER), fasc. 1 (1916), Wiesbaden 1967, 33f. den Sprechakt (langage) als natürlich bezeichnet, die von einer Gesellschaft gesprochene Sprache (langue) dagegen auf Konvention zurückführt.

[63] Vgl. HERDER, Abhandlung ... (wie Anm. 55), 36f. 51f.

Genau dieser Umschlag ist bis heute nicht aufgehellt und wird aller Voraussicht nach unaufgeklärt bleiben. Wir können nur davon ausgehen, dass es Sprache gibt, solange es Menschen gibt. Es ist wohl dieses Mysterium, das sich in der mythischen Vorstellung von einer magischen Kraft des Wortes bzw. des Namens Ausdruck verschafft: Durch Aussprechen des Namens kann man demnach einen Bann ausüben. Ein schönes Beispiel dafür ist das Märchen vom Rumpelstilzchen.

Die Einübung in die Sprache dient dazu, dem Kind zeigend seine Welt zu erschließen. Die zu erbringende Erschließungsleistung ist somit zugleich sinnlich und geistig. Das hörende und zum Nachsprechen ermunterte Kind lernt seine Umgebung also ebenso mit den zu schulenden Sinnen wie mit dem erwachenden Geist wahrzunehmen. Dabei impliziert jede bestimmte sprachliche Repräsentation oder Identifikation immer zugleich Abgrenzung gegen anderes. Beides ist also nicht ohne Beziehung zu einem übergreifenden Zusammenhang zu haben. So steht in der gesprochenen Sprache das Wort, also der Name bzw. die Bezeichnung, stets im Zusammenhang mit anderen Wörtern. Der unmittelbare Zusammenhang ist der *Satz*, der unterschiedliche Wortarten enthält, die nach grammatischen Regeln aufeinander bezogen sind. Die spezifische Orientierungsleistung der Sprache besteht demnach darin, die Welt zu strukturieren, indem sie sich selber durch Grammatik strukturiert.

2. Sprache als Kommunikation

Die grammatische Struktur der Sprache spiegelt nicht nur deren Sachbezug, sondern auch ihren kommunikativen Aspekt. Indem sie zwischen erster, zweiter und dritter Person unterscheidet, gibt sie die Dreistrahligkeit der Sprache wieder: Sie stellt das Grundverhältnis zwischen Sprecher, Angesprochenem und besprochenem Gegenstand dar. Der kommunikative Aspekt muss mit dem Sachaspekt als gleichursprünglich angesehen werden. Das ist mein Haupteinwand gegen den Entwurf von Ernst Cassirer. Er beschreibt luzide die Genesis der Sprache in drei Stufen, von der μίμησις (Gestik) über die Analogie (bildliche Ausdrucksweise) bis zum symbolischen Ausdruck (Begriff und Urteil) als das allmähliche Fortschreiten von der Affektäußerung bis zur objektiven Erkenntnis. Den kommunikativen Aspekt des „Du" erörtert er lediglich nebenher im Zusammenhang mit der Entstehung der Zahlbegriffe, nämlich auf Grund der rein spekulativen, zudem sachlich unwahrscheinlichen Annahme, das Wort „du" sei etymologisch mit lat. duo bzw. griech. δύο verwandt.[64]

Die personale Grundform der Sprache ist, worauf insbesondere Martin Buber hingewiesen hat, das *Gespräch*. Ihm ist auch der Ruf zuzuordnen, insofern dieser eine

---

[64] Vgl. E. CASSIRER, Philosophie der symbolischen Formen I (1923), Darmstadt [7]1977, 124–300, bes. 139. 203–208. Die oben erwähnte etymologische Behauptung lässt sich nicht nur nicht beweisen; sie stellt auch eine Rückprojektion des modernen Individualismus dar, denn ihr liegt die Annahme zugrunde, das Ich sei bereits für den archaischen Menschen das Primäre gewesen (die „Eins" zur „Zwei" des Du).

Antwort erfordert, die freilich nicht notwendig sprachlich ist, sondern auch in einer Aktion bestehen kann, etwa wenn der Ruf zum Kommen auffordert. Die Anrede legt den anderen Menschen auf seine unverwechselbare Individualität fest und eröffnet ihm zugleich neue Möglichkeiten des Selbst- und Weltverständnisses. Das Phänomen des Selbstgesprächs ist dem Gespräch gegenüber sekundär: Es ersetzt den fehlenden Gesprächspartner durch Verdoppelung des Ich. Das lässt sich empirisch an der Genese der Sprache im Leben eines Menschen zeigen. Der Mensch lernt nämlich Sprache nur durch Kommunikation, insbesondere durch die Kommunikation zwischen Mutter und Kind. Das Kind kann sich seine Welt nicht allein erschließen; im Gegenteil, wenn niemand mit ihm spricht, stirbt es, wie das berühmte, Kaiser Friedrich II. von Hohenstaufen (1194–1250) zugeschriebene Experiment zeigt, bei dem Kinder mit allem Notwendigen außer sprachlicher Kommunikation versorgt wurden. Kommunikation ist lebenswichtig. Denn der Mensch ist von allem Anfang an ein Gemeinschaftswesen. In seinem Selbst- und Weltbewusstsein ist immer schon der Bezug zu anderem Selbst- und Weltbewusstsein mitgesetzt. Der Akt des Verbindens von Klang und Gegenstand, also der Sprechakt oder die Artikulation, richtet sich vom Subjekt des Sprechers aus auf ein Objekt, zielt aber ipso facto auf Aufnahme durch den oder die Hörenden, dient also der intersubjektiven Mitteilung.

Das Grundverhältnis zwischen Sprecher, Angesprochenem und besprochenem Gegenstand ist grammatisch näher bestimmt nach Aktivität und Passivität, nach unterschiedlichen Modi des Seins (Möglichkeit, Wirklichkeit,

Notwendigkeit) und nach seinem Ort in Zeit und Raum. Mit all dem überschreitet die Sprache den Bereich unmittelbarer Gegebenheit und vermag dadurch, Abwesendes anwesend sein zu lassen in Setzung und Hinnahme, in Vermutung, Behauptung und Überführung, in Erinnerung und Hoffnung.[65] Erst dadurch wird die Welt für den Menschen recht eigentlich zur Welt, nämlich zu etwas in sich Zusammenhängendem.

3. Welt und Sprachwelt

Das einzelne Wort empfängt seinen Sinn nicht allein aus dem Zusammenhang eines Satzes, sondern letztlich erst aus dem Zusammenhang einer Welt von Sätzen, so wie die einzelnen angesprochenen Phänomene nicht allein aus dem Zusammenhang mit ihrer unmittelbaren Umwelt, sondern letztlich erst aus ihrem Bezug auf die Welt als ganze verstehbar werden. Deshalb ist Wilhelm von Humboldt Recht zu geben, wenn er darauf insistiert, dass schon das Kind nicht bloß Wörter, sondern Sprachvermögen lernt.[66] Die Sprache bildet selber eine *geistige Welt*, die auf die Welt der Phänomene bezogen ist. In dieser Welt der Sprache ist das Einzelne immer nur in Beziehung auf das Ganze und das Ganze nur als Gesamtheit des Einzelnen da. Darum kann das Ganze auch nur aus dem Einzelnen

---

[65] Vgl. G. Ebeling, Einführung in theologische Sprachlehre (wie Anm. 23), 53.

[66] Vgl. W. v. Humboldt, Über die Verschiedenheiten des menschlichen Sprachbaues (1827–1829), in: ders., Werke, Bd. 3, Darmstadt [5]1979, 221. 431. 448. Ähnlich bereits Herder, Abhandlung … (wie Anm. 55), 41.

und das Einzelne nur aus seinem Zusammenhang mit dem Ganzen begriffen werden. Diese beiden Grundbewegungen des Geistes betreffen immer zugleich die Welt der Phänomene und die Sprachwelt. So konstituieren sie den Sinn des Gesprochenen und der besprochenen Gegenstandswelt. Sie fallen jedoch nie zusammen, sondern verhalten sich asymptotisch zueinander, ebenso wie auch die Repräsentation der Welt in der Sprache nie zur Identität wird.

Die Weltbezüge der Sprache sind unendlich vielfältig. Diese Vielfalt reflektiert sich in den verschiedenen *Modalitäten* der Sprache, den Sprachspielen, wie man seit dem späten Wittgenstein sagt, z.B. Information, Aufforderung, Gefühlsausdruck, Lehrgespräch, Streitgespräch, Geheimcodes usw., die alle je eigenen Regeln folgen und zugleich von je unterschiedlichen Absichten der Sprecher geleitet sind.[67] Hinzu kommen die eher subjektiv geprägten *Stimmungen*, die dem Gesprochenen durch Tonfall und Akzentuierung eine eigene Nuance geben, ohne die es nur falsch oder gar nicht verstanden werden kann. Hierher gehören Scherz, Ironie oder Witz und als Grenzphänomen sogar bloße Gesten, die eine Artikulation nur ahnen lassen. Insbesondere die metaphorische Redeweise dient der Erschließung von Welt. Sie treibt einerseits die

---

[67] Vgl. L. WITTGENSTEIN, Philosophische Untersuchungen, Kritisch-genetische Edition von J. SCHULTE u.a., Darmstadt 2001, Urfassung Nr. 24, Spätfassung Nr. 1010–1079. K.-O. APEL macht zu Recht darauf aufmerksam, dass die Ausführungen WITTGENSTEINS behavioristisch-pragmatische Züge tragen, weil er bewusst die leitenden psychologischen Motive ausblendet und die Sprache so auf ein bloßes Handwerkszeug reduziert: Wittgenstein und das Problem der hermeneutischen Verstehens (ZThK 63/1966, 249–287).

Distanz der Sprache zu ihrem Gegenstand durch überraschende Verknüpfung mit ganz anderen Bereichen der Lebenserfahrung auf die Spitze, dient aber gerade dadurch in ausgezeichneter Weise der Entdeckung von Neuem, Unerwartetem. Alle diese Redeweisen weisen auf Nuancen und Schattierungen des intendierten Sinnes hin, die mit einem schlichten linearen Verständnis nicht zu erfassen sind. Auf diese Weise schließen sie immer einen „Hof" von Mitgemeintem ein.[68] Die Variationsmöglichkeiten sind unbegrenzt.

In der so skizzierten Welt der Sprache findet sich der Mensch immer schon vor, noch bevor er selber spricht. Sprache ist immer zugleich meine Sprache und Sprache der anderen (neben mir, vor mir, nach mir), die der meinen gleicht und sich doch von der meinen unterscheidet, weil die anderen dasselbe anders empfinden und aus einer anderen Perspektive sehen. Die Welt der Sprache hat insofern eine gewisse Eigenständigkeit gegenüber dem einzelnen Sprecher, analog z.B. der Eigenständigkeit des Spiels gegenüber seinen Spielern.[69] Sprache „versammelt" (λέγει) also einerseits Menschen zur Gemeinschaft durch Verständigung im Horizont ihrer Welt, sie ist für sie das „Haus des Seins", wie Heidegger es ausgedrückt hat[70], hält aber zugleich dessen Türen offen.

Wiewohl die Sprache dem Menschen immer schon vorgegeben ist, stellt sie keine statische Größe dar. Sie ist ein

---

[68] Vgl. J. Stenzel, Philosophie der Sprache (1934), Neudruck Darmstadt 1970, 20. 86–88. 96–100.

[69] Vgl. Gadamer, Wahrheit … (wie Anm. 57), 97–105.

[70] Vgl. M. Heidegger, Über den Humanismus, Frankfurt 1947, 9. 42f. 45.

„Geschehen" (Sprachgeschehen, Wortgeschehen), wie man im Umkreis der Existenzphilosophie und der hermeneutischen Theologie gerne sagt.[71] Solche Redeweise ist freilich undeutlich. Denn sie birgt die Gefahr in sich, die relative Eigenständigkeit der Sprache gegenüber dem sie sprechenden Menschen zu überzeichnen und sie damit in ein gewissermaßen mythisches Dunkel zu entrücken.[72] Ich ziehe deshalb die schlichtere Wendung vor: Die Sprache existiert nur durch ihren *Gebrauch*. Nur so hat sie ihr eigenes Leben als kollektive Individualität. Dieses speist sich aus der Interaktion ihrer prinzipiell einander gleichgestellten Sprecher. Durch solche Interaktion, also durch den korrekten wie auch inkorrekten Gebrauch, reproduziert die Sprache sich ständig selbst und verändert sich dabei zugleich, wie in neuerer Zeit der englische Soziologe Anthony Giddens überzeugend dargelegt hat.[73] Oder mit einem prägnanten Zitat Humboldts: „Durch denselben Act, vermöge welches der Mensch die Sprache aus sich herausspinnt, spinnt er sich in dieselbe ein".[74]

---

[71] Vgl. GADAMER, Wahrheit ... (wie Anm. 57), 439.441.

[72] So z.B. HEIDEGGER mit seiner These: „Das Wesen der Sprache ist die Sprache des Wesens [d.h. des sich vollziehenden Seins selber]". Daraus folgt für ihn, dass wir nur insofern sprechen können, „als wir der Sprache entsprechen"; Das Wesen der Sprache (wie Anm. 58), 189. 203. Die Mythisierung der Sprache vollzieht, unter Bezug auf Heidegger, ausdrücklich W.F. OTTO, Die Sprache als Mythos, in: DERS., Mythos und Welt, hg. v. K. v. FRITZ, Stuttgart 1962, 279–289.

[73] Vgl. A. GIDDENS, Central Problems in Social Theory. Action, Structure, and Contradiction in Social Analysis, London/Basingstoke 1979, 59–95. 104f. 114. Der Gedanke findet sich im Ansatz schon bei HERDER, vgl. Abhandlung ... (wie Anm. 55), 93. 97f. 112–116.

[74] Vgl. HUMBOLDT, Über die Verschiedenheiten ..., (wie Anm. 66),

Die Veränderung der Sprache steht in engem Zusammenhang mit der Veränderung der Welt, die sie repräsentiert. Sie betrifft nicht nur die Art der Repräsentation der Welt durch die Sprache. Vielmehr verändert die Sprache selbst wiederum die Welt. Sie steht mit dieser in ständiger Wechselwirkung. Solcher Wandel der Sprache lässt sich schon während einer einzigen Lebenszeit beobachten. Er erfolgt durch die ständige Mitwirkung aller sie Sprechenden und doch gewissermaßen über ihren Kopf hinweg.

4. Die Macht der Sprache

Sprache kann weder als etwas bewusst oder geplant vom Menschen Hergestelltes, als ἔργον, betrachtet werden, noch ist sie eine anonyme Instanz, die sich die einzelnen Menschen unterwirft. Doch besitzt sie durch die Interaktion ihrer Sprecher eine prägende Macht, ist also als geistige ἐνέργεια zu verstehen.[75] Diese Macht verbindet Menschen miteinander und bindet sie an die Welt. Der Sprache eignet etwas *Verbindliches*[76]: Sie fixiert eine Sache, indem sie sie „als" diese anspricht, sie bindet den angesprochenen Menschen, indem sie sein Vertrauen beansprucht, und sie wirkt zurück auf den Sprecher, indem sie seine Vertrau-

---

224, vgl. DERS., Über die Verschiedenheiten des menschlichen Sprachbaues und ihren Einfluss auf die geistige Entwicklung des Menschengeschlechts (1830–1835), in: DERS., Werke, Bd. 3 (wie Anm. 66), 386. 412. 434.

[75] HUMBOLDT, Über die Verschiedenheiten ... (wie Anm. 66), 163; DERS., *Über die Verschiedenheiten ... und ihren Einfluss ...* (wie Anm. 74), 418.

[76] Vgl. dazu vor allem H. LIPPS, Die Verbindlichkeit der Sprache, Frankfurt [2]1958.

enswürdigkeit reklamiert. Ein herausragendes Beispiel ist die dauerhafte Bindung durch das Jawort zweier Liebender, die sich einander „versprechen". Die Sprache hat darüber hinaus als Bitte, Frage, Befehl, als Trost oder Zurückweisung ganz allgemein die Macht, menschliche Wirklichkeit und menschliches Verhalten zu beeinflussen und zu verändern. Das ist der Gedanke, welcher der Sprechakttheorie von Austin und Searle zugrunde liegt.[77]

In archaischen Kulturen ist man sogar der Überzeugung, dass der Sprache eine magische Kraft eignet, mit der sie nicht nur auf Menschen, sondern auch auf die nichtmenschliche Welt, ja sogar auf die Götter einwirken könne. Magie gilt uns zwar heute mit Recht als Aberglaube. Der Religionshistoriker J.G. Frazer hat sie mit überzeugenden Gründen als Verfälschung von Religion erwiesen.[78] Doch davon abgesehen steht hinter der Magie die reale Erfahrung, dass die Rede, wie wir noch heute sagen, Menschen zu verzaubern, in ihren Bann zu schlagen vermag. Das gilt insbesondere von künstlerisch gestalteter Sprache, der Poesie, aber auch von jeder Art kunstvoller Rhetorik und von psychologisch geschickter Überredungskunst. Sprache erweist sich darin als *kreativ*. Darin ist sie dem Bild und der Musik vergleichbar. Diesen ist sie in der Vermittlung gedanklicher Klarheit klar überlegen; sie bedarf ihrer jedoch, ebenso wie der eigenen künstleri-

---

[77] Vgl. J.L. AUSTIN, Zur Theorie der Sprechakte (How to Do Things with Words, dt. von E. v. SAVIGNY), Frankfurt 1972; J.R. SEARLE. Sprechakte. Ein sprachphilosophischer Essay (Speech Acts, dt. von R. u. R. WIGGERSHAUS), Frankfurt 1971.

[78] Vgl. J.G. FRAZER, The Golden Bough. A Study in Magic and Religion, Part I: The Magic Art and the Evolution of Kings, vol. 1, London 1926, Vorwort zur 2. Aufl. (1900), XX.

schen Gestaltung, als Gegengewicht zu einem einseitig intellektuellen Zugang zur Wirklichkeit. (Umgekehrt freilich ist die gedankliche Klarheit des Wortes insbesondere da vonnöten, wo alle Bildlichkeit auch in religiöser Sprache an unüberwindliche Grenzen stößt wie in der Eschatologie.[79])

Noch aus einem anderen Grund stoßen Verbindlichkeit und Macht der Sprache an ihre Grenzen. Er besteht in der Unhintergehbarkeit der jeweils individuellen Weltsicht. Durch sie bleibt bei allem gegenseitigen Verstehen und aller Vertrautheit immer etwas Unverstandenes, Fremdes zurück.[80] Das gilt nicht nur für die Sprache des einzelnen Sprechers, der mir gegenübersteht, sondern auch für die Sprachwelt, in der ich „zu Hause" bin. Die Macht der Sprache ist aber nicht nur begrenzt, sondern auch nicht nur Gemeinschaft fördernd. Denn sie erschließt nicht nur Wahrheit und schafft nicht nur Vertrauen. Sie kann ebenso sehr zur wirksamen Verhüllung der Wahrheit durch ideologische Propaganda oder raffinierte Werbespots bis hin zu direkter Lüge pervertiert werden oder in Gestalt übler Nachrede Vertrauen endgültig zerstören.[81] Ein einziges Wort kann einen nie zu schließen-

---

[79] Vgl. dazu E. Hirsch, Das Wesen reformatorischen Christentums, Berlin 1963, 181, wo er von der „Nacht der Bildlosigkeit" spricht. Religiöse Sprache selbst kommt hier an ihre Grenze, nicht obwohl, sondern gerade weil sie auf Bildlichkeit angewiesen ist. Ich korrigiere hiermit die Ausführungen, die ich zu diesem Punkt in meiner *Glaubenslehre* (Tübingen 2001, Bd. II, 425) gemacht habe.

[80] Vgl. Humboldt, Über die Verschiedenheiten ..., (wie Anm. 66), 185. 224. 228. 297.

[81] Die in aller sprachlichen Vermittlung bleibende Fremdheit hat Gadamer zwar gesehen, jedoch unterschätzt, wenn er die Leistung

den Abgrund aufreißen, wie es der Jakobusbrief im 3. Kapitel eindrucksvoll beschrieben hat. Die Kreativität der Sprache schlägt also leicht in Destruktivität um.

5. Die Vielfalt der Sprachen

Bisher war von „der" Sprache allein im Singular die Rede. In der Lebenswirklichkeit kommt Sprache aber nur im Plural vor. Das sind vor allem die verschiedenen Nationalsprachen. Diese unterscheiden sich nicht nur lautlich voneinander, sondern sie repräsentieren verschiedene Sichtweisen auf die Welt, wie Humboldt immer wieder betont hat.[82] Das erklärt die besondere Bedeutung der Muttersprache. In ihr fühlt man sich auf Grund der Gemeinsamkeit von Abstammung, Sitten und Kultur in besonderer Weise „zu Hause", so wie man sich in seiner besonderen Lebenswelt zu Hause fühlt. Die Grenze zu anderen Sprachen ist zwar nicht undurchlässig; diese sind ja schließlich erlernbar. Durch den internationalen Verkehr haben sie

---

der Sprache als „totale Vermittlung" bezeichnet, die den Menschen in ein „Wahrheitsgeschehen" einbeziehe: Wahrheit … (wie Anm. 55), 114. 459. Die oben angedeutete Pervertierung kommt bei ihm gar nicht vor. Das gilt auch für die Untersuchung von Lipps. Bei ihm könnte das mit seiner nationalkonservativen politischen Einstellung zu tun haben, die sich in völkischer Idealisierung der Muttersprache und, ex negativo, z.B. in Vorurteilen über die angebliche Hässlichkeit der englischen Sprache äußert, vgl. Die Verbindlichkeit … (wie Anm. 76), 83 und das Zitat 80, Anm. 2.

[82] Vgl. HUMBOLDT, Über das vergleichende Sprachstudium in Beziehung auf die verschiedenen Epochen der Sprachentwicklung (1820), Werke, Bd. 3 (wie Anm. 66), 20; DERS., Über den Nationalcharakter der Sprachen (Bruchstück), Werke, Bd. 3, 64. 73; DERS., Über die Verschiedenheiten …, Werke, Bd. 3, 224 u.ö.

sich überdies immer schon gegenseitig beeinflusst und oft auch miteinander vermischt, was Hybridbildungen wie die skandinavischen Sprachen oder das Englische eindrucksvoll belegen. Dennoch bleibt ein Rest von Fremdheit einer anderen Sprache selbst dann noch, wenn man sie fließend spricht und sich seit Jahren in deren Land aufhält. Man kann das exemplarisch am Problem der Übersetzung verdeutlichen. Hier sorgen Unterschiede in den Bedeutungsnuancen, in der Emotionalität, in der bildlichen Vorstellungsweise und in den kulturellen Bezügen immer wieder für Missverständnisse. Zugespitzt formuliert es das Sprichwort: Traduire c'est trahir. Die Schwierigkeiten können sich auch in einer und derselben Person zusammenballen: Jemand, der eine fremde Sprache beherrscht, sieht sich nicht in der Lage, das in ihr Gesagte exakt in die eigene zu übersetzen. Das ist weit mehr als ein bloß technisches Problem. Die gemeinten Personen, Dinge, Sachverhalte haben im Kontext verschiedener Sprachwelten jeweils ein anderes Gesicht, das nicht auf eine Identität „an sich" hin nivellierbar ist. Andererseits ist der oben erwähnte emotionale Vorrang der Muttersprache keineswegs absolut. Sowohl die natürliche Freude am Neuen, Andersartigen als auch traumatische Erfahrungen in der Heimat können ihr ernsthafte Konkurrenz machen oder sogar die lebendige Verbindung zu ihr abschneiden. (Eindrucksvollster Beleg ist für mich ein Gespräch, das ich vor vielen Jahren in den USA mit einem vor dem NS-Regime geflohenen deutschen Juden geführt habe.)

Zu den nationalen Differenzen treten weitere hinzu, die ebenfalls gravierend sind. So haben auf der *geographischen* Ebene die Dialekte eine nicht zu unterschätzende

Eigenständigkeit; man denke nur an den schönen selbstironischen Spruch: „Wir Schwaben können alles, nur kein Hochdeutsch". Sie sind Ausdruck einer intimeren Gemeinschaft als die Hochsprache.[83] Sodann finden wir Unterschiede *sozialer* Sprechergruppen. Da gibt es Familiencode, Jugendsprache, professionelle Fachsprachen usw., die für Außenstehende schwer oder gar nicht verständlich sind, für die Eingeweihten aber eine spezifische Art von Gemeinschaftsgefühl begründen. Nicht damit identisch sind die unterschiedlichen *Ebenen* der Sprache wie Slang, Umgangssprache, literarische oder auch rhetorische Sprache.

Das einzelne Individuum partizipiert an all diesen verschiedenen Sprachformen auf unterschiedliche Weise. Die Grenzen sind überall fließend. Kaum jemand ist im strengen Sinne einsprachig. Zumindest zwischen den Gruppensprachen und den Sprachebenen bewegt sich ein Großteil der Menschen hin und her. Für sehr viele gilt das sogar von den nationalen Sprachen. So sind die Menschen in Indien oder in Afrika schon auf Grund der Kolonialgeschichte, aber auch auf Grund der gegenseitigen Durchdringung der Stammesgebiete auf Mehrsprachigkeit angewiesen. Wer z.B. Englisch und Hindi oder Suaheli spricht, trägt in sich selbst den Gegensatz der Kulturen aus. Jedenfalls sollte die Tatsache, dass von 195 Nationen 163 offiziell bi- oder sogar trilingual sind, ebenso wie der gegenwärtig in Deutschland zu beobachtende und offenbar erfolgreiche Trend zur Mehrsprachigkeit in Kindertages-

[83] Vgl. Lipps, Die Verbindlichkeit … (wie Anm. 76), 84.

stätten und Schulen die Annahme widerlegen, dass der Normalfall die Einsprachigkeit sei.[84]

Die Vielzahl der Sprachwelten ist ein empirisches Phänomen. Sie ist zurückzubeziehen auf das Existenzial der „Sprache überhaupt". Dieser Bezug lässt sich jedoch nicht in eine empirische Rückführung auf eine irgendwann einmal vorhandene Ursprache oder auf eine später einmal zu erwartende Einheitssprache übersetzen.[85] Solche Einheit, die sich z.B. in der Gleichheit der Gesetze der Logik meldet[86], ist vielmehr eine strikt transzendentale Einheit, die sozusagen „hinter" der empirisch wahrnehmbaren Mannigfaltigkeit steht. Das Auftreten einer lingua franca wie des Lateinischen im Mittelalter oder des Englischen in der Moderne stellt ebenso wenig wie das Funktionieren des künstlich wiederbelebten Hebräischen im modernen Isra el oder der Kunstsprache des Suaheli in Ostafrika ein Gegenargument dar. Es handelt sich in diesen Fällen um pragmatische Lösungen zur Behebung akuter Verständnisschwierigkeiten zwischen vielen auf engem Raum koexistierenden Sprachgemeinschaften, welche die unterschiedlichen Muttersprachen keineswegs ersetzen. Das wird vollends bestätigt durch die Randexistenz reiner Verstandesprodukte wie des Esperantos, für deren Gebrauch sich keine wirkliche Notwendigkeit einsichtig machen lässt.

Zusammenfassend lässt sich über diesen Teil unserer Überlegungen Folgendes festhalten. So wenig menschli-

[84] Vgl. DIE ZEIT 47/2015, S. 43.

[85] So schon GRIMM, Über den Ursprung … (wie Anm. 13), 35 f.

[86] Vgl. HUMBOLDT, Über die Verschiedenheiten …, (wie Anm. 66), 365.

ches Dasein sich in Sprachlichkeit erschöpft oder durch sie vollständig definiert werden kann, so sehr muss diese doch als zentrales Existenzial angesehen werden. Dementsprechend ist sie als mitbestimmend in allen menschlichen Lebensäußerungen präsent und unlösbar mit der gesamten menschlichen Kultur verflochten. Sprache als sinnlich-geistiges Phänomen ist eines der wichtigsten Unterscheidungsmerkmale zwischen Mensch und Tier. Sie markiert aber ebenso den Unterschied zwischen Mensch und Gott. Damit kehre ich zu der theologischen Erörterung zurück und wende mich der Entwicklung der eigenen Position zu.

III. Was heißt Wort Gottes?

1. Offenbarung Gottes in den Religionen

Ich bin anfangs von der kritischen Anfrage Jacob Grimms ausgegangen, ob nicht die Rede von einem Wort Gottes hoffnungslos anthropomorph sei. Er meinte, es handle sich da doch wohl um eine „Sage". Sodann habe ich anhand einer exemplarischen Analyse von Aussagen der Wort-Gottes-Theologie des 20. Jahrhunderts den Widerspruch aufzuzeigen gesucht, der dort zwischen einer prinzipiellen Abweisung anthropomorpher Rede von Gott einerseits und der Rede von einem „geschriebenen Wort Gottes" andererseits besteht. Schließlich habe ich die Reaktion der modernen Kulturtheologie auf die Aporien der Dialektischen Theologie besprochen, die an die Stelle der Rede von einem Wort Gottes die Religion als Deutungskultur gesetzt hat. Am Beispiel Ulrich Barths, der die Aufgabe der Theologie darin sieht, eine argumentative Letztbegründung des Glaubens zu liefern, habe ich auf die Probleme aufmerksam gemacht, die durch die daraus folgende Relativierung göttlicher Offenbarung entstehen. Das führte zu der Frage, ob und ggf. in welcher Weise es nicht gerade in der heutigen Diskussionslage notwendig sei, den Begriff eines Wortes Gottes wieder aufzugreifen. Dabei müssten freilich die beschriebenen Aporien vermieden werden. Zu diesem Zweck hatte ich die soeben vorgelegten sprachphilosophischen Überlegungen eingeschaltet.

Auszugehen ist von dem religionsgeschichtlichen Phänomen, dass alle Religionen, die eine Gottheit kennen, sich diese als den Menschen sich offenbarend, also als in irgendeiner Weise zu ihnen „redend" sich vorstellen. Natürlich lässt sich die Berechtigung solcher Begründung religiöser Autorität in einer göttlichen Offenbarung nicht von einem Standpunkt außerhalb eines religiösen Bewusstseins beweisen. Dasselbe gilt jedoch auch von der dogmatisch-atheistischen Gegenthese, das Heilige sei bloße menschliche Erfindung. Von einem religionsphilosophischen Standpunkt erscheint es zumindest plausibel, dass Religion tatsächlich auf göttliche Offenbarung zurückgeht. Das müsste dann aber für alle Religionen gelten. Für eine solche Annahme lassen sich die vielen Gemeinsamkeiten zwischen den Religionen anführen, wenngleich natürlich nur für ihre Möglichkeit, nicht für ihre Notwendigkeit. Als Legitimationsgrund kommt ebenso wie für das Bekenntnis zu einer bestimmten Religion allein die religiöse Erfahrung in Frage. So hat es Schleiermacher gesehen, und Denker wie Otto Pfleiderer und Nathan Söderblom haben sich ihm angeschlossen.

Die Wort-Gottes-Theologie des vorigen Jahrhunderts dagegen hat die vielfältige Welt der Religionen nicht im Blick gehabt. Diese beschäftigte zwar die Exegeten unter ihnen, jedoch nur im Sinne einer Hilfswissenschaft und ohne die Frage nach einer Offenbarungsqualität. In der systematischen Reflexion neigte man dazu, Religion im Singular pauschal als Irrweg dem christlichen Glauben entgegenzusetzen. So blieb die Betrachtung der mannigfachen Wechselwirkungen und Verwandtschaften zwischen dem Christentum und anderen Religionen im Historischen stecken und wurde systematisch nicht fruchtbar gemacht. Sie wird freilich auch von der modernen Kulturtheologie weitgehend ausgeblendet. Denn diese befasst sich ebenfalls mit „der" Religion im Singular, die hier zwar das Christentum einschließt, aber abstrakt bleibt. Das führt dazu, dass dieser Religionsbegriff faktisch durchweg von der christlich-abendländischen Tradition gespeist ist – ja, er ist das getreue Abbild des liberalen Protestantismus selbst. Typische Charakteristika anderer Religionstypen wie Leidenschaft und Enthusiasmus, Askese und strenge gesetzliche Disziplin, mystisches Aufgehen im Unendlichen kommen dort nicht zur Geltung.

Legt man nun die These zugrunde, dass alle Religionen, die sich voneinander tiefgreifend unterscheiden, in irgendeiner Weise auf göttliche Offenbarung zurückgehen, so ist damit zugleich gesagt, dass keine von ihnen, auch die christliche nicht, als solche selber geoffenbart ist. Denn das Heilige ist von allem Irdischen kategorial zu unterscheiden. Es muss deshalb unverfügbar sein und kann nicht zu etwas abgeschlossen Offenbartem und somit Vorhandenem werden, das von einer religiösen Institution verwaltet wird. Das war auch ein Grundanliegen der Dialektischen Theologie, aber sie hat es mit ihrer Rede von der Bibel als dem „geschriebenen Wort Gottes" letztlich konterkariert.

Die Religionen als solche sind demnach Menschenwerk. Sie leben jedoch davon, dass sie sich als *Antworten* auf göttliche Offenbarung verstehen. Als menschliche Antworten sind sie naturgemäß *vielfältig*, allen Versuchen von der „natürlichen Religion" der Aufklärung bis zu John Hick zum Trotz, sie dem Einheitszwang eines religionsphilosophischen Konzepts zu unterwerfen. Diese Vielfalt ist eine Vielfalt der Mentalitäten, Sprachen und Kulturen. Dabei fungiert die Sprache als Deutungsbrücke zwischen allgemeiner Weltsicht und religiöser Überzeugung, zwischen allgemeiner Kultur und religiösem Ritus. Religiöse Vielfalt lässt sich also am ehesten anhand der sprachlichen Vielfalt begreifen. Das gilt sowohl in Bezug auf das Verhältnis der Religionen untereinander als auch auf das Verhältnis unterschiedlicher Gegebenheiten und Strömungen innerhalb einer Religion. Für das Christentum wird das sehr schön veranschaulicht durch den Pfingstbericht der Apostelgeschichte (2,1–12). Da wird die nach dem alten Mythos vom Turmbau zu Babel (Gen. 11,1–9) entstandene Vielzahl der Sprachen bekanntlich nicht aufgehoben und schon gar nicht wie dort als Strafe für menschliche Hybris aufgefasst, sondern als etwas Natürliches, das lediglich durch die Botschaft des Geistes überbrückt wird – ein erstes Zeugnis für eine Ökumene der Einheit in Mannigfaltigkeit, könnte man sagen.

Die menschlichen Antworten auf göttliche Offenbarung in den Religionen sind zweitens zeitgebunden und damit *veränderlich.* Andernfalls müsste man mit den Fundamentalisten und Evangelikalen z.B. auf der Verbindlichkeit des antiken Weltbildes für unsere Gegenwart bestehen. Ja, streng genommen dürfte man die grundlegenden religiösen Schriften nicht einmal übersetzen, mindestens aber müsste man die inhaltlichen Differenzen innerhalb eines Schriftenkanons leugnen, deren Erkenntnis uns die historische Interpretation unumstößlich gelehrt hat. Wohl vermag der religiöse Mensch ohne derlei Restriktionen die göttliche Wahrheit, das „Wort" Gottes, durch die Wandelbarkeit menschlichen Redens hindurch zu ahnen; und doch bedarf das Verstehen in jeder neuen Epoche eigener Anstrengungen.

Die menschlichen Antworten auf göttliche Offenbarung sind drittens *fehlbar.* So ist beispielsweise ein zentraler Inhalt prophetischer Botschaft, nämlich die Wiederherstellung der alten Größe Israels, die es unter David gehabt hatte, nicht in Erfüllung gegangen. Auch das Christentum kann man von solcher Fehlbarkeit nicht ausnehmen. So hat selbst Jesus sich offenbar geirrt, wenn er das Ende der Welt für nahe bevorstehend hielt. Zwar wird man mit Recht die Zeitbestimmung in seiner Sicht als religiös unerheblich ansehen dürfen. Doch gibt es auch problematische Bibelstellen, die das Verständnis des Gottesverhältnisses selbst berühren. Das wohl berühmteste Beispiel ist die Auffassung des Jakobusbriefes, dass der Mensch durch Glauben und Werke gerecht werde (Jak 2,24).

Alle diese Probleme könnten den Schluss nahelegen, man müsse auf den Begriff eines Wortes Gottes verzichten. So hat Falk Wagner, wie bereits erwähnt, die Behauptung einer Vorgegebenheit der Offenbarung durch die Dialektische Theologie als eine Art von Rosstäuschung deklariert und mit der Gegenthese gekontert: „Das Wort Gottes ist von Gnaden derer, die sich durch es angeredet wissen." Der Satz hat sein Recht als Polemik gegen dogmatische Scheinobjektivität, droht aber in dieser Fassung in die religionskritische These umzuschlagen, an die Stelle eines Wortes Gottes habe das Wort des Menschen zu treten.

Solche Religionskritik hat in kulturhermeneutischer Fassung ausdrücklich Hans Blumenberg vorgetragen. Anhand geläufiger Metaphern hat er den Wandel von einem Verständnis der Wahrheit als überwältigender Macht – wofür man auch Wort Gottes einsetzen kann – zu einem durch „Werkzeuge" und „Methoden" zu bezwingenden Gegenstand geschildert.[87] Das dürfte für rationale Erkenntnis der Wirklichkeit, sofern sie nicht falsifiziert ist, kaum zu bestreiten sein. Anders verhält es sich jedoch mit der in dieser These implizierten Metaphysik. Kant, den Blumenberg als einen seiner Kronzeugen für die Souveränität des Denkens über die Wahrheit ins Feld führt, hatte genau an dieser Stelle die Aporien der reinen theoretischen Vernunft aufgewiesen. Den Überstieg in eine Metaphysik der Macht der Vernunft kann Blumenberg nur durch Verweis auf die faktisch verwendeten Metaphern, mithin auf die Normativität des Faktischen rechtfertigen. Das aber ist schon deshalb keine zwingende Argumentation, weil die großen Ideologien mit ihren Metaphern Volksgemein-

[87] Vgl. H. Blumenberg, Paradigmen zu einer Metaphorologie (1960) (Suhrkamp Studienbibliothek 10), Frankfurt 2013, 18–51.

schaft, Arbeiterparadies, freier Markt ganz analog verfahren.

Wir haben es also bei dem Ausdruck „Wort Gottes" mit einer strittigen Frage zu tun. Was umstritten ist, fordert zur Deutung heraus. Insoweit besteht die These der modernen liberalen Theologie, jede Religion sei Teil einer Deutungskultur, zu Recht. Problematisch wird sie dann, wenn man der *religiösen* Deutung unter der Hand die ihr ganz fremde Aufgabe zuschreibt, den Offenbarungsanspruch religions*philosophisch* zu legitimieren. Denn auf dieser Ebene kommt man über eine bloß hypothetische Begründung nicht hinaus. Ein lediglich hypothetisches Verständnis des Heiligen jedoch bedeutet religiös, dass man sich diesem nur unter Vorbehalt aussetzt und es deshalb auch faktisch nicht als dieses meint. Denn das Heilige ist das Unbedingte, dem man sich nicht entziehen kann. Die Berufung eigentlich religiöser Deutung auf das „Wort" göttlicher Offenbarung kann darum nur aus letztlich nicht abgesicherter persönlicher Überzeugung des von diesem Wort Getroffenen erfolgen. Solche Deutung geht unausweichlich über in den Willen, andere zu überzeugen, aber ohne geistigen oder gar physischen Herrschaftsanspruch.

Die These, alle Religionen seien auf göttliche Offenbarung zurückzuführen, setzt also voraus, dass man sich selbst von einer Offenbarung getroffen, vom Heiligen ergriffen weiß. Da ein Zugriff des Heiligen, der mich in meiner bestimmten geschichtlichen Situation meint, nur im Rahmen einer bestimmten Religion geschieht, ist dies primär die persönliche Überzeugung von der Wahrheit der eigenen Religion. Eben diese Überzeugung aber schließt auf Grund der Unverfügbarkeit des Heiligen ipso facto das Bewusstsein eigener Fehlbarkeit und den Respekt vor dem anders entscheidenden Gewissen ein. Das ermöglicht eine offene, friedliche Auseinandersetzung. Die These, Gott habe sich allen Religionen *in irgendeiner Weise* erschlossen, ist, religiös gesehen, gerade nicht relativistisch. Vielmehr enthält die persönliche Überzeugung, vom Wort Gottes getroffen zu sein, in sich die Dialektik von Wagnis und Gelassenheit, Gewissheit und Schwebe, Entschlossenheit und Korrekturbereitschaft, wie sie Nathan Söderblom in klassischer Weise als die Dialektik von Wettstreit und Zusammenarbeit zwischen den Religionen herausgearbeitet hat. Die Gelassenheit stellt die letztgültige Entscheidung über die Wahrheit vertrauensvoll Gott anheim, statt sie eigenmächtig vorwegzunehmen.[88]

2. Wort Gottes als Metapher

Die bisherigen Ausführungen setzen voraus, dass die Offenbarung Gottes in den Religionen sich nicht *als solche* in deren fest formulierten Texten und Riten auskristallisiert hat. Denn das würde bedeuten, dass sie alle gleich wahr wären, was mit der Unbedingtheit göttlicher Offenbarung per definitionem in Widerspruch steht. Der Begriff des „Wortes" kann hier also nicht im Sinne einer wörtlichen sprachlichen Formulierung verstanden werden, sondern muss metaphorisch gemeint sein. Deshalb muss jetzt zuerst der genaue Sinn der Metapher „Wort" erörtert wer-

[88] Vgl. dazu N. Söderblom, Das Studium der Religion (Studiet av religionen, [2]1916), in: ders., Ausgewählte Werke Bd. 1, dt. von D. Lange, Göttingen 2011 (165–252), 213.

den. Sodann ist die Frage zu beantworten, wodurch sich in unserem Kontext gerade diese Metapher und nicht irgendeine andere nahelegt. Dafür wird auf den sprachphilosophischen Teil dieser Erörterung zurückzugreifen sein.

Metaphern sind, wie oben dargelegt, ein Grundphänomen menschlicher Sprache. Sie lassen sich zwar in manchen Bereichen bis zur Unkenntlichkeit in äußerster Abstraktion verkürzen wie z.B. in der Mathematik. Doch in der Alltagssprache und auch in so unterschiedlichen Sprachformen wie philosophischer Reflexion und Poesie ist metaphorische Redeweise stets als solche zu erkennen, und zwar als Trägerin der entscheidenden Entdeckungen. Vollends für die religiöse Rede sind Metaphern gänzlich unverzichtbar. Hier stoßen ja nicht zwei verschiedene Bereiche weltlicher Erfahrung aufeinander, sondern das Leben in der Welt überhaupt und sein davon toto coelo unterschiedener transzendenter Grund. Das Metaphorische ist also hier nicht nur unentbehrlich, sondern hat auch einen anderen Charakter als in alltäglicher Rede. Es handelt sich um eine Metaphorik höherer Ordnung, um eine prinzipielle Metaphorik. Die gewöhnliche menschliche Erfahrung bleibt zwar die einzige zur Verfügung stehende Basis metaphorischer Rede, aber sie muss durch die Begegnung mit dem Heiligen, also durch eine „Erfahrung mit der Erfahrung“, qualifiziert werden. Was kann unter dieser Voraussetzung der Ausdruck „Wort“ bedeuten?

Mit der Sprache erschließen sich Menschen in wechselseitiger Kommunikation ihre Welt. Als bestimmte menschliche Personen sind sie dabei sowohl begrenzt als auch einander prinzipiell gleichgestellt. In diesem Sinn kann man nicht von Gott als redender Person sprechen. Der Glaubenssatz, der Mensch sei zum Bilde Gottes geschaffen, bedeutet nicht, dass er Gott ähnlich oder gar gleich sei. Damit würde man Gott zu einer Art Übermensch machen. Johann Gottlieb Fichte hat mit Recht gesagt, wer von Gott als einer Person rede, habe lediglich sich selbst verdoppelt.[89] Die Rede von Gott als Person kann einzig den metaphorischen Sinn haben, ein persönliches Gottes*verhältnis* zu symbolisieren. Entsprechend lässt sich der jüdisch-christliche Ausdruck „Gottebenbildlichkeit" am besten mit Meister Eckhart so verstehen, dass der Mensch dazu geschaffen ist, ein Spiegel Gottes zu sein, oder im Blick auf das Gebiet akustischer Metaphern: ein Echo für Gottes Wort zu sein. Gottes „Wort" selbst ist Ausdruck für seine kommunikative Zuwendung zum Menschen. Als solche ist es auf Antwort aus, aber im Unterschied zu der Grundform menschlicher Sprache als Gespräch auf gleicher Ebene eine souveräne Machtäußerung: Es verändert den Menschen und sein Verhältnis zu seiner Lebenswelt nicht nur relativ, sondern radikal, indem es sich ihm als Seinsgrund offenbart, den er sich nicht selber schaffen kann. Gott ist auf Kommunikation nicht angewiesen, sondern er begründet sie allererst.

Der Mensch ist durch diesen Offenbarungsakt zur Antwort genötigt. Die Antwort hat zwei Hauptformen. Die eine ist das *Gebet* eines Einzelnen oder einer Gemeinschaft. Dieses hat allerdings zumeist einen im eigentlichen Sinn sprachlichen Charakter. Es ist jedoch in keiner Reli-

---

[89] Vgl. J.G. Fichte, Ueber den Grund unsers Glaubens an eine göttliche WeltRegierung, in: ders., GA I/5 (347–357), 355.

gion ein Gespräch mit der Gottheit auf gleicher Ebene, wie es oberflächliche Frömmigkeit wahrhaben will, sondern stets das Sich-Einlassen der ganzen Person auf die souveräne Anrede der Gottheit, und zwar so, dass es in seinem Vollzug immer mehr zur Erfahrung der Gegenwart Gottes und damit zum Hören auf ihn als befreiendes und ermächtigendes „Wort" wird. Der betende Mensch fügt sich in den Willen Gottes, indem er sich von ihm überwinden lässt. Sklavische Unterwürfigkeit dagegen verleugnet die Würde des Menschseins, selbstgerechtes Fordern verletzt die Ehre Gottes.[90]

Die andere Form der Antwort ist die *kultische Handlung* einer religiösen Gemeinschaft.[91] Wer eine solche Handlung begeht, sieht sich in göttlichem Auftrag dazu bevollmächtigt, die Gegenwart des Heiligen symbolisch darzustellen, an der er eben dadurch selbst Anteil bekommt. Kultus ist der Vollzug einer mit der Gottheit und miteinander kommunizierenden Kultgemeinde, bei dem das deutende Wort den Bezug zum geoffenbarten Sinn der

---

[90] Vgl. N. SÖDERBLOM, Bönens erövring (wahrscheinlich 1912), in: DERS., När stunderna växla och skrida, Bd. 2, Neuaufl. Uppsala 1935 (32–37), 34; DERS., Bönens historia (1921), ebd. (190–210), 190; DERS., Bönhörelse (1927), in: DERS., Tal och skrifter Bd. 4, Stockholm 1933 (41–47), 45; E. HIRSCH, Der Sinn des Gebets, Göttingen ²1928, 39–49. 53. Für die allgemeine Religionsgeschichte vgl. F. HEILER, Das Gebet. Eine religionsgeschichtliche und religionspsychologische Untersuchung, München ⁵1923, bes. S. 93.

[91] Vgl. F. D. E. SCHLEIERMACHER, Die christliche Sitte nach den Grundsäzen der evangelischen Kirche im Zusammenhange dargestellt in: DERS., SW I/12, 538. Dort beschreibt er die menschliche Intelligenz auf dem Gebiet des „darstellenden Handelns" innerhalb der „inneren Sphäre", der Kirche, als „Organ des ἅγιον πνεῦμα", das ihre Gemeinschaft zusammenhält.

Begehung und die Verbindung zwischen den Teilnehmern herstellt. Die Begehung kultischer Handlungen selbst ist Metapher für die „Antwort" auf die „Anrede" durch das Heilige oder den Heiligen. Sie ist jedoch auf religiöse Rede in sprachlicher Gestalt angewiesen, weil das Wort die umfassendste kommunikative Vermittlung zu leisten vermag. So sehr sich aber solche Rede (ebenso wie die religiöse Tradition, in der sie steht) auf die Autorität eines göttlichen „Wortes" bezieht, ist sie doch nicht mit diesem zu identifizieren. Geschieht dies dennoch, so kommt es leicht zum Umschlag in den magischen Versuch, durch den Kultus sich die Gottheit gefügig zu machen, oder man banalisiert das Heilige und endet in leerem Ritualismus. Auch dies ist praktisch in allen Religionen zu beobachten. Gleiches gilt für bildliche Darstellungen und allgemein für religiöse Kunst. Ohne das deutende Wort liegt es nur allzu nahe, das Heilige, das im Kunstwerk symbolisiert ist, mit diesem selbst zu identifizieren, so dass der Mensch sein Werk und damit sich selbst anbetet. (Das, und nicht das Verbot religiöser Kunst überhaupt, ist der eigentliche Sinn des alttestamentlichen Bilderverbots, und eben darum ging es auch im Bilderstreit der Alten Kirche.) Umgekehrt sind religiöse Kunst und religiöse Musik gerade mit ihren so viel weiteren Deutungsspielräumen erforderlich, um den Götzendienst des auf einen bestimmten Wortlaut fixierten Dogmatismus und die dadurch erzeugte Intellektualisierung der Religion zu verhindern.

Die metaphorische Deutung göttlicher Offenbarung als Wort knüpft an die schöpferische Wirkmacht und die Verbindlichkeit menschlicher Sprache an. Ersteres kommt in der mythischen Vorstellung des priesterschriftlichen

Schöpfungsberichts zum Ausdruck, nach der Gott lediglich einen Befehl ausspricht, und sein Wille geschieht. Genauer: es ist das „Wort“ Gottes selbst, das die Wirklichkeit setzt, ohne dass von einem Hindernis oder Widerstand die Rede sein könnte. Darin reflektiert sich das Bewusstsein des religiösen Menschen, dass er sich nicht selbst gesetzt hat, seine Existenz auch nicht allein dem Zusammenhang der Generationenkette, sondern darin ganz und gar Gott verdankt. Zwar sieht er sich zugleich als frei, Gott anzuklagen, ihm zu widersprechen, ja ihn zu leugnen. Doch ist diese Freiheit umgriffen von der schlechthinnigen Abhängigkeit, wie sie sinnenfällig wird in dem über ihn verhängten Lebensschicksal. Dem entspricht die unbedingte Verbindlichkeit, mit der ihm Gott durch die Vermittlung menschlicher Sprache begegnet. Das gilt sowohl für die Gestalt solchen „Wortes“ als sittliche oder kultische Forderung als auch für den Zuspruch, das Versprechen der rettenden Gegenwart Gottes.[92] Anders ausgedrückt: Göttliches „Wort“ ist unerbittlich und zugleich verlässlich.

IV. Jesus Christus als Wort Gottes

Ich wende mich jetzt dem spezifisch christlichen Gebrauch des Begriffs „Wort Gottes“ zu und beschränke mich dabei auf den evangelischen Bereich. Nach evangeli-

---

[92] Vgl. z.B. F. Gogarten, Wort Gottes und Schrift (1936), in: ders., Gehören und Verantworten. Ausgewählte Aufsätze, hg. in Zusammenarbeit mit M. Bultmann v. H. G. Göckeritz, Tübingen 1988, 167–188.

schem Verständnis besteht Gottes Offenbarung nicht in der Mitteilung eines Sachverhalts oder einer Lehre, sondern in der Selbsterschließung Gottes. Im Gegensatz dazu ist der Begriff des Wortes Gottes bereits im Zuge der Institutionalisierung der christlichen Kirche mit ausformulierten Texten identifiziert worden. Im Neuen Testament findet sich eine solche Auffassung im II. Timotheusbrief (3, 14–17) mit seinem Verweis auf die von Gott eingegebene und für die Lehre nützliche Heilige Schrift (d.h. das Alte Testament) sowie im II. Petrusbrief mit seinem ausdrücklichen Verbot eigenmächtiger Auslegung prophetischer Weissagungen (2, 20 f.). Dass die Ausbildung von Lehre notwendig ist, um über den Sinn der Offenbarung Gottes Klarheit zu gewinnen, ist gewiss nicht zu bestreiten. Aber alle Lehre ist der göttlichen Selbstoffenbarung gegenüber sekundär, überdies fehlbar und deshalb stets korrekturbedürftig, nicht etwa von Gott selbst proklamiert und deshalb zeitlos und unveränderlich gültig, wie es die römische Kirche, die Ostkirche und die protestantische Orthodoxie behaupten.

Was aber ist dann unter dem ursprünglichen Wort Gottes zu verstehen, wenn seine Offenbarung im strengen Sinn als Selbstoffenbarung bezeichnet werden muss? Selbstoffenbarung Gottes meint die Eröffnung eines personalen Verhältnisses zu ihm. Sie bedarf dazu eines menschlichen Mittlers. Diese Funktion erfüllten im Alten Testament die Propheten, die sich als solche mit dem Spruch auswiesen: „So spricht der Herr." Darin steckt zugleich eine deutliche Distanz. Die Propheten verstanden ihren göttlichen Auftrag als etwas sie von außen Treffendes, manchmal sogar gegen eigenen inneren Widerstand.

Demgegenüber trat Jesus auf im Bewusstsein unmittelbarer göttlicher Autorität: „Ich aber sage euch“. Damit hat er sich nicht nur von anderen jüdischen Lehrern, sondern in einigen Fällen sogar von Schriftworten abgegrenzt. Er hat Menschen die Vergebung ihrer Sünde zugesprochen – für jüdisches Verständnis eine Gotteslästerung. Trotzdem kann man nicht einfach sagen: Hier redet Gott selbst. Jesus bleibt auch mit seiner göttlichen Vollmacht Mensch. Das bringt er durch seine Selbstunterscheidung von Gott zum Ausdruck: „Was nennst du mich gut? Niemand ist gut außer Gott allein.“ (Mk 10,18 parr.). Die von ihm beanspruchte göttliche Autorität könnte man mit Schleiermacher als ein „eigentliches Sein Gottes in ihm“ beschreiben.[93]

Göttliche Autorität ist etwas, das per definitionem alle Menschen „unbedingt angeht“ (Tillich). Sie vermittelt sich durch menschliche Rede von Gott. Religiöse Rede von Gott (im Unterschied zu religionsphilosophischer oder theologischer Rede) ist ipso facto Anrede an andere Menschen. Das hat besonders Eberhard Jüngel herausgearbeitet.[94] Wenn die Anrede nicht in Informationen über Gott bestehen kann, sondern ihn als den „unbedingt Angehenden“ zur Sprache bringt, dann kann sie nicht in dem Sinn metaphorisch sein, dass sie Gott selbst mit einer irdischen Gestalt wie einem König oder einem Weinbergbesitzer vergleicht. Metaphorische Rede bezieht sich viel-

[93] F.D.E. Schleiermacher, Der christliche Glaube (wie Anm. 11), § 94 Leitsatz.

[94] Vgl. E. Jüngel, Metaphorische Wahrheit. Erwägungen zur theologischen Relevanz der Metapher als Beitrag zur Hermeneutik einer narrativen Theologie, in: EvTh.S 1974 (Anm. 61, 71–122), 114 f.

mehr auf die Gottes*begegnung* und verdeutlicht diese anhand eines Geschehens, nimmt also die Gestalt einer Erzählung an. Das kommt exemplarisch in den *Gleichnissen* Jesu heraus, die man als eine besondere Form der Metapher verstehen muss. Sie lassen den Hörer entdecken, was mit ihm in der Begegnung mit Gott geschieht.

In anderer Weise ist auch Jesu Gesetzespredigt, wie wir sie in der Bergpredigt vorfinden, metaphorisch. Wie Paul Ricœur gezeigt hat, ist es hier die hyperbolische Radikalität, die den metaphorischen Charakter der Rede ausmacht. Beispielsweise die Aufforderung „wenn dich deine rechte Hand zum Abfall verführt, so hau sie ab“ (Mt 5,30) ist nicht als wörtlich zu befolgende Anweisung gemeint, sondern als metaphorischer Ausdruck für den unüberbietbaren Ernst der göttlichen Forderung. Diese Radikalität der Forderung ist die Voraussetzung für das Verständnis der Pointe seiner Predigt, der bedingungslosen Gnade Gottes. Auch in den Bildworten spielt das Hyperbolische eine Rolle: Wer wird schon im wirklichen Leben auf jegliche Zukunftsvorsorge verzichten wie die Vögel unter dem Himmel oder die Lilien auf dem Felde (Mt 5,25–32)?[95] Der Kontrast mit den Sorgen der Alltagswelt lehrt die innere Freiheit der Kinder Gottes verstehen.

Will man nun zum Ausdruck bringen, dass Gott durch Jesus nicht etwas über sich, sondern in ihm sich selbst offenbart, dann genügt es nicht zu sagen, dass Jesus Gott in seinen Reden über ihn offenbart. Vielmehr repräsentiert er Gott auch durch sein Wirken und durch sein stellvertretendes Leiden, also als Person, so gewiss sein Selbst-

[95] Vgl. Ricœur, Stellung und Funktion … (wie Anm. 61), 65–70.

zeugnis die Schlüsselfunktion hat, den Sinn seines Kommens zu deuten.[96] Um die Repräsentation Gottes durch die Person Jesu auszudrücken, hat das Johannesevangelium ihn geradezu als das Wort Gottes selbst in Person bezeichnet. Er selbst als Person ist demnach gar nichts anderes als die Offenbarung Gottes, das Fleisch gewordene „Wort" Gottes (1,1–3. 14). Diese Verwendung des Wortbegriffs erscheint innerhalb des NT verhältnismäßig spät. Sie ist aber nicht nur von besonderer Prägnanz, sondern war auch durch die Ausbildung der Logoschristologie theologiegeschichtlich bis in die neueste Zeit hinein außerordentlich folgenreich. Deshalb muss ich mich dabei etwas länger aufhalten.

Von dem „Wort" wird gleich zu Beginn gesagt: „Ἐν ἀρχῇ ἦν ὁ λόγος". Das ist ein deutlicher Bezug auf die priesterschriftliche Schöpfungsgeschichte: „Im Anfang schuf Gott Himmel und Erde" (Gen 1,1). Dort heißt es im weiteren Verlauf zu Beginn jedes Schöpfungswerkes: „Gott sprach ...". Solches „Sprechen" Gottes ist nach dieser Erzählung der Schöpfungsakt selbst. Auch die Erwähnung von Licht und Finsternis im Johannesprolog hat einen Bezug zur Schöpfungsgeschichte. Das Erscheinen Christi als des Logos wird somit als Fortsetzung der Schöpfung verstanden. Es scheint demnach so, als ob man sich für die religionsgeschichtliche Herleitung des Logosbegriffs auf die Bezüge zur Genesis beschränken könnte.[97]

---

[96] Vgl. dazu E. Fuchs, Bemerkungen zur Gleichnisauslegung, in: ders., Zur Frage nach dem historischen Jesus, Tübingen ²1965, 136–142.

[97] So verfährt z.B. H. Thyen in seinem sehr sorgfältigen Kommentar Das Johannesevangelium (HNT 6), hg. v. A. Lindemann,

Dieser Annahme widerspricht aber die Tatsache, dass der Logos im Johannesprolog, anders als in Gen 1, selbstständig neben Gott tritt. „Der Logos war bei dem Gott, und Gott war [er], der Logos", so lautet die Fortsetzung. Da besteht eine merkwürdige Spannung von Einheit und Unterschiedenheit. Sie hat Joachim Ringleben dazu veranlasst, in seiner geistreichen, hochspekulativen Analyse des Prologs zwar nicht die Trinitätslehre, aber doch schon „so etwas wie eine trinitarische Logik" zu finden.[98] Dafür musste er allerdings den Heiligen Geist interpolieren, den der Text gar nicht erwähnt. Man könnte also allenfalls von einer Binität sprechen. Richtig bleibt freilich, dass das göttliche „Wort" im Prolog von vornherein hypostasiert und bereits in der Schöpfungsaussage mit Christus gleichgesetzt ist. Das ist im alttestamentlich-jüdischen, vorchristlichen Bereich so nicht der Fall; allenfalls wäre an Jes 55,10 f. zu denken, wo es vom Wort Gottes heißt, es werde nicht leer zurückkommen. Die alttestamentlichen Hypostasierungen der Herrlichkeit oder der Weisheit Gottes, kommen zwar als formale Parallelen in Betracht, aber sie beziehen sich eben nicht auf sein Wort. Deshalb scheint mir die vom mittleren Platonismus und der Stoa beeinflusste alexandrinische Logos-Spekulation ebenfalls als Hintergrund in Frage zu kommen, wenngleich eine bestimmte literarische Abhängigkeit sich nicht erweisen lässt. Bei Philo z.B. ist der Logos, das vernünftige Welt-

---

Tübingen ²2015. Zusätzlich verweist er auf die Verlässlichkeit des Wortes Gottes in Jes 55, wo jedoch das „Wort" ebenso wenig wie in der Genesis eigenständig neben Gott trete.

[98] J. Ringleben, Das philosophische Evangelium (HUTh 64), Tübingen 2005, 25.

prinzip, zwar Mittler der Schöpfung, aber eben nicht der fleischgewordene Erlöser, sondern der archetypische Mensch. Auch stellt der Logos bei Johannes kein Prinzip dar. Doch weist die Bezeichnung Christi als ἀλήθεια in Joh 1,17 und 14,6 auf hellenistischen Hintergrund hin. Auch das Licht (Joh 8,12) ist ein fester Topos im hellenistischen Bereich.[99] Man wird die religionsgeschichtliche Frage also kaum alternativ entscheiden können, sondern eine gegenseitige Durchdringung verschiedener Vorstellungen anzunehmen haben, wie sie im Bereich der jüdisch-hellenistischen Welt nicht ungewöhnlich war.[100]

Damit ist bereits darauf hingewiesen, dass Logos im 4. Evangelium eine zwar durch den Prolog privilegierte, aber keineswegs die einzige Metapher für Christus ist, sondern eine von mehreren, die sich gegenseitig interpretieren. Das lässt sich zeigen, wenn man den Blick auf ἐγώ εἰμι-Worte richtet wie die Tür, durch die man hindurchgehen kann, der Hirte, der seine Schafe hütet (Joh 10, 1–16), der Weinstock, an dem die Christen als Reben hängen (Joh 15,1–8). Dann ergibt sich, dass keines von ihnen Christus als Lehrer beschreiben soll, als Vermittler intellektueller Erkenntnis, sondern als Verkörperung Gottes selbst, der durch Christus den ganzen Menschen ergreift, neues Leben schafft und Orientierung und Lebenssinn

---

[99] Vgl. C. K. Barrett, Das Evangelium nach Johannes eingeleitet und erklärt (The Gospel According to St. John, dt. v. H. Bald, KEK Sonderband), Göttingen 1990, 53. 89.

[100] Für eine kleine Übersicht vgl. W. Bauer, Das Johannesevangelium (HNT 6), Tübingen [3]1933, 6–10. Die Konzentration allein auf die hypostasierte Weisheit, wie sie E. Haenchen bevorzugt, scheint mir die Dinge zu sehr zu vereinfachen (Das Johannesevangelium. Ein Kommentar, hg. v. U. Busse, Tübingen 1980, 111. 120).

gewährt (vgl. Joh 14,6: Jesus als der Weg und das Leben).[101] Die einseitige Anknüpfung der Alten Kirche an den Logosbegriff in der griechischen philosophischen Tradition hat, so unausweichlich sie für die Theologie damals war, nicht wenig zu einer intellektualistischen Verengung im Verständnis dieses Verhältnisses beigetragen.

Wie umfassend der Gedanke von Christus als dem Fleisch gewordenen göttlichen Logos (V. 14) gemeint ist, wird vollends an der Aussage deutlich, dass er bereits ἐν ἀρχῇ, also zu Beginn der Schöpfung, dagewesen sei und dass Gott durch ihn die Welt geschaffen habe. Obwohl es häufig bestritten wird, soll das (in späterer dogmatischer Terminologie ausgedrückt) offenbar bedeuten, dass die Welt durch den präexistenten λόγος ἄσαρκος geschaffen worden sei und dass ebendieser Schöpfungsmittler dann als λόγος ἔνσαρκος, als irdischer Mensch geboren wurde. Zugleich scheint der Zusammenhang zu fordern, dass Gott seinen Erlösungsplan bereits vor der Schöpfung und damit erst recht vor dem Sündenfall gefasst habe. Beides zusammen hat in der Theologiegeschichte bis zum heutigen Tag zu ausufernden Spekulationen und dogmatischen Verwicklungen geführt. Beide Vorstellungen stoßen aber nicht erst heute auf unüberwindbare Schwierigkeiten. Weder kann man sich die ewige Präexistenz eines Menschen – und sei es in Gestaltlosigkeit – vorstellen, noch lässt sich dem Gedanken ein Sinn abgewinnen, dass Gott,

---

[101] Vgl. dazu U.H.J. Körtner, Christus als Wort Gottes. Entwicklung und Verwendung einer christologischen Grundmetapher vom Johannesevangelium bis zu Gerhard Ebeling, in: Metaphorik und Christologie, hg. v. J. Frey u.a. (TBT 120), Berlin/New York 2003, 255–279.

weil er die Sünde des Menschen voraussah, sozusagen prophylaktisch das Erscheinen des Erlösers ins Auge gefasst habe.

Nun hat man zwar solches mythisches Denken noch nicht verstanden, wenn man sich an die konkreten Vorstellungen klammert, deren es sich bedient. Doch auch die grundsätzlichere Betrachtung des religionsgeschichtlichen Phänomens göttlicher Hypostasen bereitet schier unüberwindliche Schwierigkeiten. Sie bezeichnen sozusagen Gottes Außenseite, Gott so wie er den Menschen erscheint und wie er auf sie wirkt. Im Alten Testament steht hinter solcher Redeweise die religiöse Scheu vor unmittelbaren Aussagen über Gott selbst. Die mannigfaltigen Hypostasen der hellenistischen Religionswelt dagegen haben – zumeist vor polytheistischem Hintergrund – eine größere Eigenständigkeit, scheinbar ähnlich wirklichen Personen. Die johanneische Gestalt des Logos changiert zwischen beiden Vorstellungsweisen. Wie immer: Auch die allgemeine mythische Vorstellung einer eigenständigen numinosen Wesenheit neben oder unter Gott gehört einer vergangenen Zeit an. In unserer „entzauberten Welt“ steht uns die Gefährdung der Einzigkeit Gottes durch solche Eigenständigkeit stärker vor Augen als den Alten.

An die Stelle von Hypostasen tritt für uns die metaphorische Rede. Gottes „Wort“ ist weder eine sprachliche Äußerung analog zu menschlichem Wort noch eine verselbstständigte göttliche Eigenschaft, sondern bildlicher Ausdruck für Gottes eigene Gegenwart in einem von ihm bevollmächtigten Menschen. Für „Wort“ könnte man daher auch „Bild“ einsetzen, so wie Christus bei Paulus εἰκὼν τοῦ θεοῦ genannt wird (II Kor 4,4). Gott macht sich in Christus anschaulich. Die Metapher des Wortes besagt aber darüber hinaus zweierlei: Solche Veranschaulichung ist *Gottes* Prärogative; dem Menschen steht es nicht zu, sich ein Bild von Gott zu machen. Zweitens: Gott selbst bleibt hinter seinem „Bild" zugleich verborgen, wie man an den Anfechtungen und dem Kreuz Jesu sehen kann.

Der Sache nach ist die Selbstveranschaulichung Gottes in Christus als dem Mensch gewordenen Logos das Zeichen seiner barmherzigen Zuwendung zu den Menschen. Ebenso wendet er sich der nichtmenschlichen Welt zu, ohne die der Mensch gar nicht gedacht werden kann. Die Welt ist nicht bloß eine kahle Bühne, auf der sich das menschliche Drama abspielt. Freilich konzentriert sich religiöse Erfahrung, wenn sie nicht in Spekulation umschlagen will, in erster Linie auf das Gottesverhältnis des Menschen. Dieses ist vom Anfang der Schöpfung an dadurch bestimmt, dass Gott für die Menschen das die Finsternis vertreibende Licht und das Leben ist, oder kurz: dass er seine Liebe den Menschen zuwendet (V. 4f. 9).[102] Diese Liebe gilt allen Menschen, unabhängig davon, welcher Religion sie angehören: „In meines Vaters Hause sind viele Wohnungen", sagt der johanneische Christus (14,2). Solche ununterbrochene Zuwendung symbolisiert die Treue Gottes. Sprachphilosophisch ausgedrückt: Darin kommt das Moment der Verbindlichkeit der Sprache zum Aus-

[102] So E. HIRSCH, Das vierte Evangelium in seiner ursprünglichen Gestalt verdeutscht und erklärt. Tübingen 1936, 101. Der Logos bezeichnet diese Zuwendung Gottes selbst und ist nicht bloß die Begründung für sie, wie RINGLEBEN schreibt, Das philosophische Evangelium (wie Anm. 98), 13. Hinter diesem scheinbar geringfügigen Unterschied steht seine Auffassung vom Logos als in wörtlichem Sinn sprachlicher Äußerung Gottes.

druck. Gottes besondere Zuwendung zum Menschen in Christus bringt, durchaus in Fortführung seiner immer schon geltenden Liebe, noch einmal die schöpferische Macht des „Wortes" zum Ausdruck, indem sie ihm wegen seiner Gottesfeindschaft, seiner Sünde, einen radikalen Neuanfang ermöglicht. Dies kann man deshalb mit Paulus als neue Schöpfung bezeichnen: Ist jemand ἐν Χριστῷ, so ist er καινὴ κτίσις (II. Kor 5,17). Ihm ist der Evangelist Johannes in der Sache gefolgt, indem er diesen Neuanfang strikt an die Person Christi bindet (vgl. 14,6).

Damit ist Gottes Handeln durch Jesus Christus als „Wort" Gottes an die Menschen beschrieben. Dabei ist aber noch einmal daran zu erinnern, dass Jesus sich selbst nicht mit Gott identifiziert, sondern sich klar von ihm unterschieden hat. In seiner Selbstunterscheidung von Gott steht Jesus als Mensch Gott gegenüber. Er ist einerseits der von Gott Bevollmächtigte, andererseits zugleich der in ganzer Hingabe des Glaubens auf Gott Verweisende, Zeuge des Glaubens par excellence. In dieser Doppelheit ist er Repräsentant Gottes. Repräsentation ist demnach hier in genau dem Doppelsinn von Symbol und Hinweis zu fassen, den wir in unseren sprachphilosophischen Überlegungen dem Wort zugewiesen hatten. Theologisch ausgedrückt heißt das: Jesus Christus ist sowohl das Wort Gottes in Person als auch das Wort des Glaubens schlechthin. In diesem Punkt schließe ich mich der relationalen Weiterentwicklung und Umformung der alten lutherischen Lehre von der communicatio idiomatum durch Gerhard Ebeling an.[103] Jesu Sein als Wort Gottes leuchtet

[103] G. EBELING, Dogmatik ... (wie Anm. 30), Bd. II, Tübingen

durch sein Wort des Glaubens hindurch und vermag so den Glauben an ihn als fortwirkendes Wort Gottes zu wecken. Diese Fortwirkung des Auferstandenen ist das, was Paulus als ältester christlicher Theologe als Gegenwart Christi ἐν ὑμῖν bezeichnet hat (Rm 8,10). Er präzisiert dieses In-Sein im gleichen Zusammenhang mit den beiden synonymen Ausdrücken als πνεῦμα Χριστοῦ und πνεῦμα θεοῦ. (Dies ist natürlich noch keine Trinitätslehre, obwohl diese an solche Stellen hat anknüpfen können.)

Die Doppelbestimmung der Person Jesu als Wort Gottes und Wort des Glaubens ermöglicht es, sowohl seiner göttlichen Vollmacht als auch seiner Menschlichkeit gerecht zu werden, zu der seine Irrtumsfähigkeit und seine Anfechtung insbesondere an seinem Lebensende gehören. Auf diese Weise lassen sich auch die Probleme der klassischen Lehre von den beiden Naturen Christi vermeiden, die Gott und Mensch auf der gleichen substanzontologischen Ebene miteinander in Einklang zu bringen versuchte und damit zwangsläufig eine monophysitische Schieflage riskierte.

Zum Schluss dieses Abschnittes greife ich noch einmal auf die Frage zurück, wie sich das Wort Gottes in dem nun entfalteten christlichen Sinn zu dem Faktum verhält, dass

---

1979, 522; vgl. DERS., Jesus und Glaube, in: Wort und Glaube, Bd. I, Tübingen [3]1967, 206. Diese christologische Aussage steht allerdings in merkwürdiger Spannung zu dem Einteilungsprinzip von EBELINGS Dogmatik, das den Glauben geradezu wie eine Hypostase als vierte Säule neben Gott, Welt und Mensch behandelt. Ebenso wenig kann ich mich seiner Entscheidung anschließen, in der Christologie bei Christus als dem Wort Gottes einzusetzen. Es scheint mir in der Neuzeit schlechterdings geboten zu sein, mit dem geschichtlichen Anhalt an der Person Jesu zu beginnen.

alle großen Religionen auf ein „Wort" Gottes rekurrieren. Ich sagte vorhin im Anschluss an Söderblom, dass alle diese Ansprüche miteinander im Wettstreit stehen, dass aber der christliche Glaube in ruhiger Gelassenheit darauf vertraue, Gott werde ihm am Ende zum Sieg verhelfen. Welche Stellung fällt dabei Christus zu, der ja nach christlicher Überzeugung allein die göttliche Wahrheit repräsentiert? Auf diese Frage scheint mir die einzige vertretbare Antwort zu sein, dass Gottes andernorts so ganz anders ausgelegte Selbsterschließung mit der uralten Lehre vom λόγος σπερματικός erklärt werden muss.[104] Sie erlaubt es, die eigene Glaubensüberzeugung mit dem Respekt vor dem Gewissen des Anhängers einer anderen Religion zu vereinen, ohne ihn wie moderne katholische Theologen als „anonymen Christen"[105] zu vereinnahmen.

V. Die sprachliche Vermittlung des „Wortes Gottes"

Jesus Christus als das „Wort Gottes in Person" in metaphorischem Sinn ist auf Vermittlung durch menschliche Sprache angewiesen. Das geschieht vornehmlich mündlich, so zuerst durch die Worte Jesu selbst, dann aber fortlaufend durch die Worte derer, die durch den Glauben ἐν Χριστῷ sind. Diese Gemeinschaft mit Christus muss wegen der Wandelbarkeit menschlicher Sprache und Lebens-

[104] Vgl. JUSTIN, Apol. 1, 44,10; 46,2–4.

[105] Der Ausdruck geht auf K. RAHNER zurück: Die anonymen Christen (1964), in: DERS., Schriften zur Theologie Bd. 6, 545–554. Zur kirchenamtlichen Position vgl. die Instructio de Evangelio et de Dialogo inter Religiones. Dialogo e annuncio, AAS 84/1992, 414–446, bes. 424–426.

welt nachfolgenden Generationen immer wieder neu sprachlich gedeutet werden.

Eben dies leistet die Metapher des Wortes Gottes. Aber daraus ist nicht zu schließen, dass die notwendige Vermittlung der göttlichen Offenbarung *allein* durch sie geleistet werden könne. Ihre herausragende Rolle besteht vielmehr darin, dass sie die vielfältigen Aspekte der Zuwendung Gottes zum Menschen in sich zu vereinigen vermag. Um eben dieser Vielfalt willen bedarf es aber auch anderer und neuer bildhafter sprachlicher Ausdrücke, um die vielfache Gestalt der Zuwendung Gottes in der Lebenswirklichkeit dem Hörer zu veranschaulichen. Andernfalls verkommt die Wortmetapher zur blassen Abstraktion. Es ist letzten Endes Jesus Christus, das „Wort Gottes“ selbst als schöpferische Macht, das die Vielfalt sprachlichen Ausdrucks freisetzt.

Ich veranschauliche das an ein paar Beispielen aus dem Neuen Testament. Da finden sich Hoheitstitel wie Christus (Messias), Herr, Sohn Gottes, welche die Macht Gottes über den Kreuzestod zum Ausdruck bringen und zugleich Jesus von den politischen Hoffnungen Israels und von den orientalischen Gottkönigen distanzieren. Der leidende Gottesknecht aus Jes 53, mit dem ursprünglich das Volk Israel oder der Prophet selbst gemeint war[106], wird mit Jesus identifiziert, um ihn so an die Heilsgeschichte Israels anzubinden. Das Lamm in der Apokalypse, das ursprünglich aus der Passahtradition stammt, wird jetzt nicht mehr in einem kultischen Opfer dargebracht,

---

106 Vgl. D. Michel, Deuterojesaja, in: TRE 8 (510–530), 521–528.

sondern bringt sich selbst dar. Damit wird die Opferlogik auf den Kopf gestellt.

Alle diese Bilder „sprechen“ für sich selbst. Sie haben freilich auch ihre je spezifischen Einseitigkeiten und sind im Lauf der Geschichte vielfach missverstanden worden. Darüber hinaus sind sie natürlich in der Lebenswelt der antiken Menschen verwurzelt und bedürfen heute der Erklärung. Man kann zwar nicht auf sie verzichten, weil sie einen lebendigen Eindruck von der Art vermitteln, in der sich das Wirken Jesu in den Augen der ältesten Gemeinde gespiegelt hat, und zugleich auf die Person Jesu Christi als das eine „Wort Gottes“ verweisen, das die Einheit des christlichen Glaubens in der Vielfalt divergierender theologischer Urteile und individueller Meinungen begründet. Aber sie fordern zugleich dazu auf, nach geeigneten Bildern aus der eigenen Zeit und Kultur zu suchen.

So hat denn die Kreativität der Bildersprache mit dem Neuen Testament in der Tat nie aufgehört, ganz zu schweigen von den oft noch viel eindrücklicher „sprechenden“ Darstellungen in der bildenden Kunst. Dabei hat natürlich auch jede Zeit ihre besonderen Interessen in die Gestalt Jesu hineingelesen. Der Spott Martin Kählers über die biographischen Jesusbilder seiner Zeit: „Es ist zumeist der Herren eigener Geist, in dem Jesus sich spiegelt“, hatte zweifellos sein Recht.[107] Andererseits würde eine Beschränkung auf das biblische Material an Bildworten das

---

[107] Vgl. M. Kähler, Der sogenannte historische Jesus und der geschichtliche, biblische Christus (1892), hg. v. E. Wolf (TB 2), München 1953, 30.

„Wort Gottes“ zu einem musealen Gegenstand machen und damit Gott selbst in die Vergangenheit verbannen. Gottes Wort begegnet in der Gegenwart und verschafft sich neuen Ausdruck, manchmal sogar aus dem Mund seiner Feinde.

Freilich haften alle sprachlichen Bilder an der menschlichen Außenseite des „Wortes Gottes in Person“ und machen es sich damit nur *geschichtlich* gleichzeitig. Sein eigentliches Wesen kommt in der geschichtlichen Gleichzeitigkeit als solcher noch nicht zur Erscheinung, sondern deutet sich darin nur an. Um ihrer gewahr zu werden, bedarf es der Gleichzeitigkeit mit der *Ewigkeit*, mit Søren Kierkegaard zu reden. Die neutestamentlichen Zeugen haben in ihrer Deutung des Erscheinens Christi als des „Wortes Gottes“ versucht, gerade dies sprachlich zum Ausdruck zu bringen. Genau das macht ihre Aussagen zu Glaubensaussagen. Dass sie das sein können, beruht aber nicht auf der Macht der menschlichen Sprache. Andernfalls käme der Sprache Macht über Gott selbst zu. Das wäre magisches Denken.

Glaube kann nur durch Gottes Geist gewirkt werden. Der Geist steht durch die Bindung an Christus in unaufhebbarer Beziehung zur Geschichte, ist aber selbst unabhängig von den Bedingungen geschichtlicher Distanz. Erst indem er die Vermittlung durch menschliche Sprache in Dienst nimmt, wird der Zugang zum ursprünglichen Glaubenszeugnis möglich. An ihm kann sich gegenwärtiger Glaube entzünden. Die Zeugen der Urgemeinde, die für die *geschichtliche* Gleichzeitigkeit eine Sonderstellung haben, sind in *diesem* Zusammenhang nicht privilegiert. Es gibt, wie ebenfalls Kierkegaard einprägsam formuliert hat, im Glauben keinen „Jünger zweiter Hand".[108]

Das Zeugnis, das auf solche Weise entsteht, in mündlicher oder schriftlicher Form, wird herkömmlich „Wort Gottes" genannt. Doch das ist nach den obigen Ausführungen eine ungenaue Redeweise. Alles Glaubenszeugnis, auch das biblische, ist menschlich und in der Vorstellungsweise und Begrifflichkeit seiner Zeit abgefasst, deshalb auch nicht frei von Irrtümern, Fehlern und Machtinteressen. Nur insofern das Gewissen des Zeugen innerlich von Gottes Wort getroffen ist, kann es zum Medium für es werden. Es ist darum irreführend, die Bibel das „geschriebene Wort Gottes" zu nennen. Gottes Wort in Christus bedient sich menschlicher Sprache. Es tut dies, indem es sich in dem sprachlich ausgedrückten Glaubenszeugnis der Menschen spiegelt. Aber es wird nicht mit diesem identisch.[109] Die Bibel enthält im Neuen Testament die ersten Zeugnisse des Glaubens an Christus und im Alten Testament deren Vorgeschichte. Die neutestamentlichen Zeugnisse sind somit nicht selbst das Wort Gottes, son-

---

[108] Vgl. S. Kierkegaard, Philosophische Brocken (Philosophiske Smuler, dt. von E. Hirsch), GW 10.Abt., Düsseldorf 1952, 96–102.

[109] So klar hat das wohl zuerst der radikale Pietist und „Orthodoxenfresser" Johann Konrad Dippel (1673–1734) ausgedrückt. Diese Auffassung hat sich seit Johann Gottlieb Töllner (1724–1774) und Johann Salomo Semler (1725–1791) in der evangelischen Theologie *faktisch* so weit durchgesetzt, wie man historisch-kritisch arbeitet. Doch ist der Schatten der Orthodoxie immer noch so lang, dass man sich bis heute vielfach scheut, das auszusprechen. Zu Dippel vgl. E. Hirsch, Geschichte der neuern evangelischen Theologie im Zusammenhang mit den allgemeinen Bewegungen des europäischen Denkens, Bd. 2, Gütersloh 1951, 294. 297f., zu Töllner und Semler ebd. Bd. 4, 1952, 39 resp. 73.

dern dessen erster uns verfügbarer Spiegel; was aus dem Alten Testament integrierter Bestandteil dieses Glaubens ist, gehört als Rahmen untrennbar zu diesem Spiegel hinzu. Das begründet nach wie vor die Ehrfurcht vor der Bibel und das Recht ihrer maßgeblichen Wirkung bei der Verbreitung des Glaubens.

Wie wichtig die soeben beschriebene Differenzierung ist, zeigt sich, wenn wir die Institutionalisierung des Umgangs mit der Offenbarung Gottes in den Blick fassen. Dazu gehört die schriftliche Fixierung der christlichen Überlieferung in der Bibel, die regelmäßige Feier von Gottesdiensten mit sprachlicher und symbolischer Vermittlung ebenso wie Seelsorge, kirchlicher Unterricht und Liebestätigkeit. Immer geht es dabei um die Verbindung beider Arten von Gleichzeitigkeit.

Nun ist jede kirchliche Institution ständig in der Versuchung, nicht nur den ordnungsgemäßen Umgang mit der geschichtlichen Gleichzeitigkeit, sondern auch die Gleichzeitigkeit des göttlichen Geistes im Glauben am Maßstab gesetzlich festgelegter sprachlicher Formulierungen kontrollieren und mit aller Macht vereinheitlichen zu wollen. Anzeichen dafür sind nicht nur die katholischen Vorstellungen von einem *depositum fidei* und einer Unfehlbarkeit des Bischofs von Rom *in rebus fidei et morum*, sondern genauso die Erhebung der Texte von Bibel und Bekenntnisschriften zum Lehrgesetz auf evangelischer Seite. In beiden Fällen läuft das auf die katholische Vorstellung eines *Christus prolongatus* hinaus, der sich in kirchlicher Verwaltung inkarniert. In unüberbietbarer Klarheit hat dagegen Nathan Söderblom das evangelische Prinzip formuliert, von dem er auch als Erzbischof nicht abgerückt ist. Er schreibt: Die evangelische Christenheit „anerkennt keinen feststehenden heiligen Text – überhaupt keine äußere Autorität, die den Weg zwischen dem Menschen und der Wahrheit versperren darf –, sondern sie verwendet alle Hilfsmittel der Wissenschaft dazu, in direkten Kontakt mit den Urkunden zu kommen, die am ehesten ... die für das Christentum grundlegende geschichtliche Wirklichkeit abbilden."[110]

Die Offenbarung Gottes in seinem „Wort" Christus begibt sich weder in die Verfügungsgewalt kirchlicher Administration, noch ist sie abgeschlossen. Sie setzt sich vielmehr in jeder sprachlichen Vermittlung des Glaubens in neuer Weise fort. Diese bleibt ein lebendiges Geschehen; das ist der Grund, weshalb Luther das mündliche Wort der Verkündigung stets so sehr hervorgehoben hat. Das Ziel solcher Vermittlung ist das „Sein Christi in uns". Die sprachliche Vermittlung ist unverzichtbar, denn es geht nicht um eine freischwebende mystische Versenkung, welche die geschichtliche Gleichzeitigkeit mit Jesus und womöglich auch die Umsetzung des Glaubens ins tätige Leben ausklammert.

Der sachgemäßen Verbindung beider Arten der Gleichzeitigkeit soll insbesondere die Einrichtung eines geistlichen Amtes dienen. Dieses ist nach evangelischem Verständnis nicht mit sakraler Macht ausgestattet, denn seine Inhaber/innen unterliegen dem gleichen Glaubenswagnis wie alle anderen Christen. Ihre Aufgabe – die damit keinem Gläubigen einfach abgenommen ist – besteht darin, die Bedeutung Christi als des Wortes Gottes für die ge-

---

[110] N. Söderblom, Das Studium der Religion (wie Anm. 88), 190.

genwärtige Lebenswirklichkeit zu reflektieren und die Reflexion in angemessene sprachliche Rede und praktische Tätigkeit umzusetzen. Diese Aufgabe verlangt eine wissenschaftliche Ausbildung. Darin soll zur Übersetzung der alten Glaubenszeugnisse aus einer durch die tiefgreifenden kulturellen und gesellschaftlichen Umbrüche weit von uns entfernten Zeit in heute verständliche sprachliche Formen angeleitet werden. Das aber ist nur Mittel zum Zweck, und insofern haben die Inhaber/innen des geistlichen Amtes nach reformatorischem Verständnis einen Beruf wie alle anderen auch. Ihre eigentliche Aufgabe besteht in der Sensibilisierung für das Wort Gottes selbst, und in dieser Hinsicht ist kein Christ vor anderen privilegiert.

Kann man aber dann noch sagen, von der sonntäglichen Kanzel werde das „Wort Gottes“ verkündet? Handelt es sich nicht stattdessen um die mehr oder weniger kompetent vollzogene theologische Reflexion, die lediglich für die jeweilige Hörerschaft angemessen elementarisiert worden ist? Mehr noch: Selbst ein gutes Angebot theologischer Ausbildung kann offenbar seichtes Kanzelgeschwätz nicht verhindern, von handfesten Verfehlungen des spezifisch Christlichen ganz zu schweigen.

In der Tat darf man die faktische Verkündigung keinesfalls umstandslos als Wort Gottes bezeichnen. Das würde einerseits der Nachlässigkeit, andererseits dem klerikalen Rigorismus Tor und Tür öffnen. Zudem ist die Aufgabe der theologischen Wissenschaft, auf die Vielfalt der Interpretationen Jesu Christi als des Wortes Gottes aufmerksam zu machen und zur Auseinandersetzung mit dem Faktum anzuleiten, dass die Zuwendung Gottes als

„Wort“ selbst strittig ist, mit dem Abschluss der universitären Ausbildung nicht erledigt.

Trotzdem sind christliche Prediger seit Paulus (I Thess 2, 13) davon überzeugt, dass das, was sie verkündigen, nicht Menschenwort, sondern Gotteswort sei. Wenn sie sich recht verstehen, meinen sie damit nicht, dass ihnen Gottes Wort zu Gebote steht, sondern nur, dass sie sich in ihrem Gewissen ganz der Führung des göttlichen Geistes ausliefern, der die Gegenwart Christi als des göttlichen Wortes selber ist. Das Kriterium für eine dem Wort Gottes gemäße Rede wäre dann das einzelne Gewissen, das sich von Gott getroffen weiß.

Allerdings ist das persönliche Gewissen nicht identisch mit der Stimme Gottes. Vielmehr hat die Berufung auf das Gewissen zu allen Zeiten der Kirchengeschichte dazu herhalten müssen, subjektive Vorurteile, ideologische Verblendung, blankes Machtinteresse bewusst oder unbewusst religiös zu legitimieren. Zum Schutz dagegen kann der intersubjektive Diskurs dienen. Menschliche Sprache ist ja wesentlich Wechselrede, Gespräch, nicht einseitige Proklamation, die nur allzu leicht zur Usurpation des alleinigen Vorrechts Gottes gerät. Diese Problematik ist keineswegs neu. Schon Paulus musste dazu aufrufen: „Prüft alles, und das Gute behaltet“ (I Thess 5, 21). Dass ein solcher Diskurs prinzipiell international angelegt sein muss, ist wegen der unterschiedlichen Sprachwelten, in denen das Christentum sich ausgelegt hat, selbstverständlich.

Freilich lehrt die Erfahrung, dass auch das Potenzial gegenseitiger Korrektur, das der Diskurs bereitstellen kann, begrenzt ist. Auch Theologie und Kirche sind ja keineswegs frei von interessegeleiteten Gruppenbildungen, die mithilfe kollektiven Drucks Fehlentscheidungen der individuellen Gewissen eher noch verstärken.

So werden wir auch im christlich-religiösen Diskurs zuletzt doch wieder auf das vom göttlichen Geist ergriffene Gewissen zurückgeworfen, das gegen den Missbrauch der ihm zuteil gewordenen Vollmacht durch menschliche Hilfsmaßnahmen in letztem Betracht nicht gesichert werden kann. Am Ende bleibt christlichen Predigern nur das Vertrauen darauf, dass Gott durch sie trotz ihrer Irrtümer und Idiosynkrasien Glauben wirken wird. Predigt als Wort des Glaubens ist ein *Verweis* auf das „Wort Gottes“, das sich durch das Wort des Predigers, manchmal aber auch geradezu gegen es, Gehör verschafft, ubi et quando visum est Deo. Das muss uns genügen.

Säkularisierung – Pluralismus – christliche Identität

Um den vieldeutigen Begriff der Säkularisierung ist seit den 1960er Jahren ein heftiger Streit entbrannt, der bislang keineswegs entschieden ist.[1] Es geht in diesem Streit um nicht weniger als um die Frage, wie die gegenwärtige Position des Christentums verstanden werden soll und welche Möglichkeiten positiver Gestaltung es hat, sofern es denn nicht bereits zum Untergang verdammt ist. In engem Zusammenhang mit der Säkularisierung, wie auch immer man sie interpretiert, steht der gesellschaftliche, konfessionelle, weltanschauliche und religiöse Pluralismus. Er macht einen guten Teil der „neuen Unübersichtlichkeit" (Habermas) der modernen Welt aus. Lässt sich diese Unübersichtlichkeit irgendwie reduzieren? Oder wenn sie unumkehrbar ist, bleibt dann dem Christentum nichts anderes übrig, als sich in die Höhle des Privaten zurückzuziehen? Es sind in den letzten Jahren viele gewichtige Beiträge zu diesen und verwandten Fragen erschienen, die erheblich zu ihrer Klärung beigetragen haben. Etliche von ihnen werden auf den folgenden Seiten zu Wort kommen.

---

[1] Vgl. dazu den Artikel Säkularisierung I von U. Barth in TRE 29, 603–634; sowie J. Zachhuber, Säkularisierung am Beginn des 21. Jahrhunderts, in: Säkularisierung. Bilanz und Perspektiven einer umstrittenen These (Religion – Staat – Kultur 5), hg. v. Chr. v. Braun u.a., Berlin 2007, 11–42.

Freilich sind auch manche Aspekte unterbelichtet geblieben, wie es bei einer so umfassenden Thematik gar nicht anders sein kann

Ich erörtere nun zuerst das Wesen der Säkularisierung. Diese Ausführungen werden nahtlos zum Phänomen des Pluralismus hinüberleiten. Am Ende ergibt sich die Frage nach der christlichen Identität und der Aufgabe, sie in der beschriebenen Lage ins Spiel zu bringen.

I. Säkularisierung

1. Säkularisierung als Enteignung

Die älteste, noch aus dem Mittelalter stammende Bedeutung des Begriffs, den Übergang eines Mönchs zum Weltpriester, kann man hier beiseitelassen. Wichtiger ist der Gebrauch der Wortgruppe zur Bezeichnung einer staatlichen Enteignung von Klostergut. Das Wort séculariser ist in diesem Sinn bereits im Frankreich der zweiten Hälfte des 16. Jahrhunderts nachgewiesen. Dieser *juristische* Gebrauch von Säkularisation für die Enteignung von Kirchengut und die Abschaffung geistlicher Fürstentümer wird im Reichsdeputationshauptschluss von 1803 als bekannt vorausgesetzt[2]. Als Übersetzung wird dann gerne das im 18./19. Jahrhundert verbreitete Wort weltlichen/

---

[2] Vgl. H.W. Strätz, Artikel Säkularisation II Der kanonistische und staatskirchenrechtliche Begriff, in GGB Bd. 5 (Studienausgabe), Stuttgart 2004 (792–809), 794. Der Reichsdeputationshauptschluss ist abgedruckt bei K. Zeumer, Quellensammlung zur Geschichte der Deutschen Reichsverfassung in Mittelalter und Neuzeit, Tübingen [2]1913, 509 ff.

verweltlichen gebraucht, das der Kritik an der Kirche hinsichtlich einer Verfehlung oder Verfälschung ihrer eigentlichen geistlichen Aufgabe diente. Deutlich ist aber, dass dem Wort Säkularisation im kirchenrechtlichen Sinn die Priorität vor jenen deutschen Begriffen zukommt.[3] Das ist nicht ganz unwichtig, weil so verständlich wird, dass Säkularisierung im umfassenden kulturgeschichtlichen Sinn so lange von den Kirchen als Raub an dem ihnen rechtmäßig zustehenden Deutungsmonopol begriffen wurde. Zwar hat diese Auffassung nicht ausdrücklich die Gestalt einer Theorie der Säkularisierung angenommen, sich aber der Sache nach auf breiter Front durchgesetzt. So ist es nicht verwunderlich, dass die internationale Missionskonferenz in Jerusalem 1928 die Säkularisierung explizit mit Entchristlichung gleichsetzte.[4] Sie trifft darin bis heute auf viel Zustimmung. Tatsächliche Machtverschiebungen zuungunsten des Christentums in vielen Teilen der westlichen Welt sprechen auf den ersten Blick für eine solche Auffassung.[5] Indessen lässt sich darauf keine allgemeine Geschichtstheorie aufbauen. Dagegen spricht zum Beispiel der nicht zu unterschätzende christliche Einfluss auf

---

[3] Gegen H. Zabel, Säkularisation, Säkularisierung III Der geschichtsphilosophische Begriff, GGB (Studienausgabe) Bd. 5, Stuttgart 2004 (809–829), 809f, sowie U. Barth, Säkularisierung (wie Anm. 1) 603, der Zabel folgt.

[4] Vgl. dazu Barth, aaO, 606.

[5] Insoweit ist E. Herms Recht zu geben, wenn er dieses Verständnis des Begriffs als dessen „einzig klaren Sinn“ ansieht: Die Moderne im Lichte des reformatorischen Erbes, in: I. U. Dalferth (Hg.), Reformation und Säkularisierung. Zur Kontroverse der Genese der Moderne aus dem Geist der Reformation, Tübingen 2017 (175–234), 209f.

die Ausbildung der Menschenrechte in der Neuzeit, die zwar faktisch vielfach nur gegen den Widerstand der christlichen Kirchen durchgesetzt werden konnten, inhaltlich jedoch in erheblichem Maße auf christliche Motive zurückgehen.

Es konnte nicht ausbleiben, dass ein radikaler Philosoph wie Auguste Comte den Vorgang der Säkularisierung – freilich ohne den Begriff zu verwenden – in seiner Geschichtstheorie über die drei Stadien der Geschichte Religion, Metaphysik, Wissenschaft genau entgegengesetzt bewertet hat.[6] Gemäßigter im Ton, aber nicht weniger deutlich haben sich einige Philosophen in den letzten Jahrzehnten ausdrücklich gegen die Interpretation der Säkularisierung als Enteignung zu Wort gemeldet. Da ist zuerst Hans Blumenberg mit seinem Buch *Die Legitimität der Neuzeit* zu nennen.[7] Er hat damit großen Anklang gefunden, ist freilich auch mit seiner geistesgeschichtlichen Verortung der die Neuzeit vorbereitenden Entwicklungsschritte ebenso wie mit seiner dem Enteignungsmodell entgegengesetzten Einseitigkeit auf breite Kritik gestoßen.[8] Überzeugender hat Hermann Lübbe in seiner detaillierten Untersuchung den „ideenpolitischen", quasi-ideologischen Charakter jener These nachgewiesen.[9] Sie trägt in der Tat allzu deutlich die Züge der Nostalgie konservativer kirchlicher Kreise angesichts der verlorenen

---

[6] Vgl. A. Comte, Cours de philosophie positive, Paris 1830–1842.

[7] Vgl. H. Blumenberg, Die Legitimität der Neuzeit, Frankfurt 1966.

[8] Vgl. dazu U. Barth, Säkularisierung (wie Anm. 1), 608f.

[9] Vgl. H. Lübbe, Säkularisierung. Geschichte eines ideenpolitischen Begriffs, Frankfurt/München 1965.

Königsstellung an sich, um als vollgültige Erklärung glaubwürdig sein zu können.

2. Säkularisierung als Vollendung des Christentums

Umfassende Theorien der Säkularisierung, welche die gesamtgesellschaftliche Entwicklung zur Moderne zu erfassen suchen, sind zuerst mit ausgesprochen positiver Wertung ausgebildet worden. Sie gehen auf Hegels These zurück, dass der subjektive Geist in der Reformation zu sich selbst gekommen sei und dass die Zeit danach „kein anderes Werk zu thun gehabt und zu thun [habe], als das Princip in die Welt hineinzubilden", wodurch die Wahrheit dann auch objektiv werde.[10] Diese Linie führt Richard Rothe weiter, der als erster Theologe den Begriff Säkularisierung für eine umfassende Sicht der abendländischen Geschichte benutzt: „In demselben Verhältniß, in welchem der Staat sich entsäcularisirt, säcularisirt sich die Kirche, tritt sie zurück, die nur ein provisorischer, immer ungenügender werdender Nothbau für den christlichen Geist ist für die Zeit bis jene seine eigentliche Behausung ausgebaut ist."[11] Ohne Bezug zu dieser Rothe eigentümlichen These knüpfen die außerordentlich wirksamen Arbeiten von Vertretern des deutschsprachigen Historismus (Wilhelm Dilthey, Jacob Burckhardt, Max Weber, Ernst Troeltsch) an diesen Traditionsstrang an, wenn sie einen

---

[10] G.W. F. Hegel, Vorlesungen über die Philosophie der Geschichte (1830/31), SW (Jubiläumsausgabe) hg. v. H. Glockner, Bd. 11, 525.

[11] Vgl. R. Rothe, Die Anfänge der Christlichen Kirche und ihrer Verfassung, Bd. 1, Wittenberg 1837, 85.

grundlegenden Wandel der gesamten abendländischen Kultur hin zu einer „entzauberten Welt“ (M. Weber) beschreiben. Emanuel Hirsch hat diesen Prozess als „Überführung von christlichen (oder doch in der christlichen Kirche heimisch gewordenen) Anschauungen in die Denkformen der autonomen Vernunft“ bezeichnet.[12] In seiner groß angelegten *Geschichte der neuern protestantischen Theologie* hat er diesen Prozess als „Mahnmal der Wahrhaftigkeit“ für den heutigen Protestantismus gedeutet.[13]

Damit ist in wenigen Strichen die Tradition umrissen, welche die neue Generation liberaler Theologen in Deutschland nach dem Krieg in energischer Abkehr von der Dialektischen Theologie wieder aufgegriffen und weitergeführt hat. Einer ihrer Hauptvertreter, Trutz Rendtorff, vertrat schon früh die These: „Nicht im Gegensatz, sondern in den gleichlaufenden Intentionen von moderner emanzipativer Gesellschaft und christlichem Glauben und Denken drückt sich die Struktur des gegenwärtigen Zeitalters aus, die nur in einem Begriff der Welt des Christentums aufgenommen werden kann.“ Diese Gleichläufigkeit sei durch den Freiheitsgewinn charakterisiert, den die Reformation initiiert habe.[14] Ein halbes Jahrhundert, nachdem diese Worte geschrieben wurden, ist man ein

---

[12] E. Hirsch, Die Reich-Gottes-Begriffe des neueren europäischen Denkens, 1921, 3. Vgl. auch U. Barth, Säkularisierung (wie Anm. 1), 604f.

[13] Vgl. E. Hirsch, Geschichte der neuern evangelischen Theologie, Bd. 1, Gütersloh 1949, XIV (Geleitwort).

[14] Vgl. T. Rendtorff, Theologie in der Welt des Christentums. Über das Theoriebedürfnis christlicher Praxis (1969); in: ders., Theorie des Christentums. Historisch-theologische Studien zu sei-

wenig verwundert über die Undifferenziertheit dieser Äußerung. Sie stellt zwar gegenüber einer auf Dauer gestellten Krisenstimmung zweifellos eine notwendige Korrektur dar, indem sie die Entschlossenheit zum Ausdruck bringt, sich positiv den Aufgaben einer Weltgestaltung aus dem Geist des christlichen Glaubens zuzuwenden. Doch ist diese Korrektur überzogen, weil sie mit einer Äquivokation des Freiheitsverständnisses arbeitet, die den Unterschied zwischen neuzeitlicher Autonomie und christlicher Theonomie elegant überspielt.

3. Differenzierungen

Es erscheint mir deswegen geboten, am Schluss dieses Abschnitts noch einmal einen Schritt zurück zu tun und an zwei Theologen der vorangegangenen Generation zu erinnern, die über unser Thema differenzierter geurteilt haben, Dietrich Bonhoeffer und Friedrich Gogarten.

Bei Bonhoeffer ist auszugehen von seiner vielzitierten Wendung einer mündig gewordenen Welt.[15] Er meint damit das Ergebnis eines in sich geschlossenen Prozesses der Säkularisierung (ohne diesen Begriff zu benutzen), der zur Autonomie des Menschen führt (239). Dieser habe die Welt religionslos gemacht, und die Religion habe hinfort keinen relevanten Platz in der Öffentlichkeit. Dieser Einsicht nach Art vieler Theologen mit dem Rückzug in die

ner neuzeitlichen Verfassung, Gütersloh 1972 (150–160), 156; DERS., Gesellschaft ohne Religion? (Serie Piper 117), München 1975, 35.

[15] Vgl. D. BONHOEFFER, Widerstand und Ergebung. Briefe aus der Gefangenschaft, hg. v. E. Bethge, München 1951. Danach im Folgenden die Seitenzahlen.

„Innerlichkeit“ auszuweichen sei unwürdig (233). Man habe sich der Tatsache zu stellen, dass Religion der untaugliche Versuch sei, Gott einen eigenen, ausgegrenzten Ort in der Welt anzuweisen: sei es dass man ihn in den Ausnahmesituationen des Weltgeschehens als Deus ex machina auftreten lässt (242), sei es dass man ihn im Sinne eines religiösen Apriori gewissermaßen abrufbar macht (215). Der „Offenbarungspositivismus“ Karl Barths falle unter dasselbe Verdikt (179. 184. 219). Gott aber mache sich nun einmal nicht den Menschen verfügbar. Deshalb müssten wir leben etsi Deus non daretur (H. Grotius). Das ist nicht atheistisch gemeint, wie es die Gott-ist-tot-Theologie törichterweise verstanden hat, denn: „ [...] eben dies erkennen wir – vor Gott! Gott selbst zwingt uns zu dieser Erkenntnis.“ Er „ist der Gott, der uns verläßt“, wie mit Bezug auf das Kreuzeswort Jesu Mk 15,34 heißt (241). Eben dieser Gott ist es, „der durch seine Ohnmacht in der Welt Raum gewinnt“ (242). Deshalb kann Bonhoeffer sagen: „Christus [...] faßt den Menschen in der Mitte seines Lebens“ (227).

Die These einer religionslos gewordenen Welt kann inzwischen als empirisch widerlegt gelten. Das darf aber nicht dazu verleiten, ihren zutreffenden Kern zu ignorieren. Er besteht darin, dass nicht nur die (christliche) Religion ihre gesellschaftliche Selbstverständlichkeit eingebüßt hat, sondern dass Religionslosigkeit zu einer nicht zu übersehenden Macht geworden ist. Bonhoeffers Verdienst besteht darin, dass er diese Entwicklung weder mit den Konservativen als Teufelszeug beklagt noch mit den Liberalen als die Vollendung des Christentums feiert, sondern mit dem Realismus einer theologia crucis auf sie reagiert.

Auf etwas andere Weise hat sich Friedrich Gogarten mit der Problematik befasst. Auch er geht von einer linearen Entwicklung zur „Weltlichkeit“ aus, unterscheidet jedoch innerhalb ihrer zwei voneinander grundsätzlich unterschiedene Gestalten: Säkularisierung und Säkularismus.[16] Erstere ist die vom Christentum selbst ursprünglich intendierte Befreiung von institutioneller und gesellschaftlicher Vorgegebenheit zu eigenständigem, unmittelbarem Gottesumgang auf Grund der Offenbarung in Jesus Christus. Dieser wird von Gogarten mit dem Ausdruck Sohnschaft belegt, der ungefähr das bezeichnet, was Bonhoeffer mit einem mündigen Christen gemeint hat. Säkularismus dagegen steht für den Anspruch auf Autonomie im Sinne absoluter Freiheit. Diese kann entweder bestrebt sein, das Ideal sündloser Vollkommenheit aus eigener Kraft zu verwirklichen oder in völliger Gesetzlosigkeit zu versinken – beides nach christlicher Lehre Formen der Sünde. Die Unterscheidung lässt sich auch mit Tillichs Begriffen Theonomie und Autonomie beschreiben. Ihre Nützlichkeit für ein differenzierteres Verständnis des Säkularisierungsvorgangs lässt sich m.E. nicht bestreiten.[17]

---

[16] Vgl. F. Gogarten, Verhängnis und Hoffnung der Neuzeit. Die Säkularisierung als theologisches Problem, Stuttgart 1953, 129–143.

[17] Gegen U. Barth, der meint hier einen logischen Widerspruch ausmachen zu können, vgl. seinen Artikel Säkularisierung (wie Anm. 1), 609.

4. Säkularisierung als Pluralisierung

Mit der zuletzt referierten ambivalenten Bewertung stoßen wir auf die seit den 60er Jahren des vorigen Jahrhunderts sich immer mehr durchsetzende Einsicht, dass die Vorstellung von Säkularisierung als einem einheitlichen, gerichteten Prozess sowohl in ihrer optimistischen als auch in ihrer pessimistischen Version einseitig eurozentrisch und selbst innerhalb Europas empirisch so nicht haltbar ist. Vom Voranschreiten des Islam in neuerer Zeit einmal abgesehen, muss für das Christentum festgestellt werden, dass es sich in der so genannten Dritten Welt nach dem Ende der Kolonisierung erheblich weiter verbreitet hat. In Russland ist die orthodoxe Kirche nach dem Ende der Sowjetunion zu neuem Leben erwacht. In den Vereinigten Staaten ist der soziale und politische Einfluss zumindest der evangelikalen Kirchen in den letzten Jahrzehnten im Gegenteil geradezu exponentiell gewachsen; und in großen Teilen Asiens erfreut sich das Christentum – auf Grund amerikanischen Einflusses ebenfalls häufig in seinen evangelikalen und charismatischen Versionen oder in der höchst problematischen Form des prosperity Gospel – zunehmender Beliebtheit. Selbst in Europa kann von einem einheitlich gerichteten Vorgang keine Rede sein, es gibt auch die Gegenbewegung der so genannten Rückkehr der Religionen.[18] Ja, selbst der Begriff der Rückkehr ist im Grunde irreführend, denn Religion ist ja

---

[18] Vgl. z.B. F.W. Graf, Die Wiederkehr der Götter. Religion in der modernen Kultur, München ²2004; M. Riesebrodt, Die Rückkehr der Religionen. Fundamentalismus und der „Kampf der Kulturen", München 2000.

in Wahrheit nie verschwunden. Andererseits spricht gegen die optimistische Ansicht, dass ein Bedeutungsverlust des Religiösen (nicht identisch mit, aber oft angezeigt durch, abnehmenden Kirchenbesuch) für viele Länder Westeuropas eben doch zweifelsfrei nachzuweisen ist und nicht kleingeredet werden kann. Auch die häufig diagnostizierte Selbstsäkularisierung innerhalb der Kirche kann kaum von jemandem bestritten werden, der mit kirchlichem Leben Kontakt hat.

Vor dem Hintergrund dieser Einsichten sind in den letzten Jahrzehnten etliche weiterführende Versuche gemacht worden, das Phänomen der Säkularisierung besser zu verstehen. Einen von diesen Vorschlägen hat Horst Dreier gemacht, der, von der juristischen Bedeutung ausgehend, Säkularisierung als Trennung von Kirche und Staat interpretiert.[19] In der Tat ist das Werden eines religiös neutralen Staatswesens etwas grundsätzlich Neues und steht in radikalem Gegensatz zu der metaphysisch fundierten mittelalterlichen Zwei-Schwerter-Theorie. Allerdings hat die ihm zugrunde liegende Idee ihren ersten Anhalt schon in der Forderung Jesu, Gott zu geben, was Gottes ist, und dem Kaiser, was des Kaisers ist (Mk 12,17).[20]

---

[19] Vgl. H. Dreier, Säkularisierung und Sakralität. Zum Selbstverständnis des modernen Verfassungsstaates, Tübingen 2013, 12–42.

[20] So auch D. Martin, On Secularization. Towards a Revised General Theory, Burlington VT (2005) 2008, 1–12. 168f. 186, der von hier aus die mannigfachen theokratischen und caesaropapistischen Fehlentwicklungen der Christentumsgeschichte (104. 149) ebenso wie Produkte christlicher Selbstsäkularisierung (health and prosperity Gospel, 146) kritisiert.

Die implizite Polemik gegen die religiöse Überhöhung der römischen Herrschaft ist dort unüberhörbar.

Die berühmte Anweisung des Paulus, der von Gott eingesetzten Obrigkeit Gehorsam zu leisten (Rm 13,1–7), ist zwar sicher ebenfalls als Appell zur Respektierung der öffentlichen Ordnung und nicht etwa als Glorifizierung des Kaisertums zu lesen. Da er aber weder ausdrücklich gegen den Kaiserkult Stellung nimmt noch ein Wort über die Rechtsbrüche der römischen Behörden sagt, bietet seine Argumentation an dieser Stelle eine offene Flanke.[21] Damit dürfte er unfreiwillig zu dem verhängnisvollen Missverständnis dieser Paränese beigetragen haben, das – entgegen der schlichten Anweisung Jesu – mit ihr Formen religiöser Überhöhung des Staates vom Cäsaropapismus der oströmischen Herrscher bis zur neuzeitlichen Obrigkeitshörigkeit gerechtfertigt hat. Zwar hat die Reformation mit ihrer Betonung der Grenzen des der weltlichen Obrigkeit geschuldeten Gehorsams einen solchen Weg im Prinzip abgeschnitten und insofern im Sinne Dreiers die Säkularisierung eingeleitet.[22] Doch ist sie diesen Weg nicht konsequent zu Ende gegangen, wie der Bauernkrieg und das landesherrliche Kirchenregiment zeigen.

Selbst wenn man diese Differenzierung mitbedenkt, behält die These Dreiers ihr Recht. Über ihn hinausgehend ist jedoch zu bedenken, dass die Trennung von Staat

---

[21] Vgl. dazu die Kommentare von E. Käsemann, An die Römer (HNT 8a), Tübingen [4]1980, 338–347; U. Wilckens, Der Brief an die Römer, Teilband 3 (EKK VI/3), Zürich u.a. 1982, 29–38; E. Lohse, Der Brief an die Römer (KEK 4[15]), Göttingen 2003, 351–353.

[22] Vgl. M. Luther, Von weltlicher Oberkeit, wie weit man ihr Gehorsam schuldig sei (1523), WA 11, 229–281.

und Kirche nicht isoliert von der gesellschaftlichen Gesamtentwicklung betrachtet werden kann. Seit der Renaissance haben ja auch andere gesellschaftliche Institutionen wie die Ökonomie und das Bildungswesen sich zunehmend verselbstständigt. Die europäische Gesellschaft insgesamt begann sich aus der kirchlichen Herrschaft zu lösen und sich in ihre Facetten auszudifferenzieren. Deshalb verspricht die heute weithin anerkannte *soziologische* Interpretation der Säkularisierung mehr zu leisten als die juristische, jedenfalls sofern sie sich nicht auf den Bereich der in den ersten Nachkriegsjahrzehnten vorherrschenden empirischen Untersuchung zur Kirchenmitgliedschaft beschränkt.

Zunächst muss genauer bestimmt werden, was unter Ausdifferenzierung zu verstehen ist. Denn selbstverständlich war auch die vorneuzeitliche Gesellschaft kein monolithischer Block, sondern bestand aus scharf voneinander gesonderten Gruppen oder Klassen. Doch war deren gegenseitiges Verhältnis definiert durch einen theologisch definierten Ordo, der die gesellschaftlichen Wandlungen bestimmte und zugleich beschränkte. Davon unterscheidet sich die spezifisch neuzeitliche Ausdifferenzierung der Gesellschaft dadurch, dass ihre einzelnen Sektoren wie Wirtschaft, Politik, Bildung, wie Max Weber formuliert hat, ihrer „Eigengesetzlichkeit", d.h. ihrer je eigenen Sachlogik folgen und keinem übergeordneten Prinzip unterliegen.[23] Sie werden damit nicht nur von

[23] Vgl. M. Weber, Wirtschaft und Gesellschaft, Tübingen 1956, 382–385.

kirchlicher Herrschaft unabhängig, sondern tendenziell von jeglichem religiösen Bezug.

Umgekehrt wird die Religion in ihrer institutionellen Gestalt – nicht zu einem Auslaufmodell, aber – zu einer gesellschaftlichen Größe unter anderen. Diesen Wandel hat man seit Max Weber vielfach als Privatisierung der Religion interpretiert. Thomas Luckmann hat diese Sicht mit seiner These von der „unsichtbaren Religion" weiterentwickelt. Er rekurriert zu ihrer Begründung zwar nicht auf den Rückgang der Kirchenmitgliedschaft in vielen Ländern Westeuropas, denn dagegen sprechen nicht zuletzt die völlig anderen Verhältnisse in den USA. Doch habe sich die christliche Religiosität vieler Kirchenmitglieder allgemein vielfach von ihrer kirchlich gebundenen Gestalt gelöst und sich auf eine „innere Legitimation" zurückgezogen. Die logische Folge sei ihre Marginalisierung und Privatisierung.[24]

Das ist eine Auffassung, die zumindest in Deutschland von vielen Beobachtern sowohl konservativer als auch liberaler Provenienz geteilt wird. Es erscheint dennoch fraglich, ob sie sich in dieser Allgemeinheit halten lässt. Prominenter Vertreter einer Gegenposition ist der amerikanische Soziologe José Casanova. Seine These lautet: „[...] religions are here to stay", und „likely to continue playing important public roles".[25] Zwar sei in Westeuropa die christliche Religion vielfach tatsächlich „privat" geworden (26–28). Aber weder aus diesem Teilaspekt noch

---

[24] Vgl. TH. LUCKMANN, Die unsichtbare Religion (stw 947), Frankfurt 1991, 62–76. 143. 178–182.

[25] J. CASANOVA, Public Religions in the Modern World, Chicago/London 1994, 6. Danach die folgenden Seitenzahlen.

aus der allgemeinen Tatsache der Ausdifferenzierung der modernen Gesellschaft lässt sich eine generelle Theorie vom Rückzug der Religion aus der Öffentlichkeit ableiten. Vielmehr stellt eine solche Vorstellung eher ein politisches Programm aufklärerischer Religionskritik als das Ergebnis empirischer Untersuchung dar (214). Gegen sie kann Casanova auf Phänomene wie die Wiederbelebung der Religion in ehemals kommunistischen Staaten verweisen (27; freilich müsste die frühere DDR davon ausgenommen werden). Auch an den erheblichen Einfluss offizieller Verlautbarungen der christlichen Kirchen in Europa wäre zu denken. Ebenso offensichtlich ist die Tatsache, dass auch dort, wo es immer schon eine strikte Trennung von Staat und Kirche gegeben hat wie in den USA, die Mauer zwischen beiden sich als sehr durchlässig erwiesen hat (41). Casanova kommt zu dem Ergebnis, dass bei aller Privatheit persönlicher Überzeugung heute – aufs Ganze gesehen – eher von einer „deprivatization of modern religion" gesprochen werden müsse (211–234). Versteht man dies nicht als Ablösung der einseitigen Theorie einer durchgängigen Privatisierung der Religion durch ihr diametrales Gegenteil, sondern als Aufweis einer konkurrierenden Gegentendenz, ist dieser Einspruch zweifellos berechtigt. Man kann sich sogar fragen, ob nicht diejenigen Betrachter, welche die Säkularisierung als die Vollendung des reformatorischen Freiheitsverständnisses loben und dies ausdrücklich mit der These der Individualisierung und Privatisierung der Religion verbinden, damit unfreiwillig ein wesentliches Teilstück der von ihnen eigentlich bekämpften Enteignungstheorie konserviert haben.

Zumindest so viel dürfte an dieser Stelle klar sein, dass der Verlust des Deutungsmonopols durch eine Religion keineswegs zwingend den Verlust öffentlicher Wirksamkeit bedeutet, sondern lediglich die Notwendigkeit, diesen Bereich mit anderen Institutionen zu teilen.[26] Das impliziert allerdings das Erfordernis klarer Regelungen, die das neuerliche Entstehen eines Monopols wie eines totalitären Staates oder Übergriffe wie die kirchliche Identifikation mit einer politischen Partei verhindern. Das führt uns zu der Frage, welche Rolle die Religion denn heute positiv in der Gesellschaft spielen soll oder kann.

II. Die Funktion der Religion in der modernen Gesellschaft

Die Frage nach der Funktion der Religion in der Gesellschaft spielt mit Recht in der modernen Diskussion eine erhebliche Rolle. Denn ihre Vertreter haben natürlich ein vitales Interesse an einer gesellschaftlichen Relevanz ihres Metiers. Doch davon abgesehen gehört es einfach zur raison d'être jeder Religion, auf alle Lebensbereiche ihrer Anhänger und damit auch auf die umgebende Gesellschaft Einfluss zu nehmen, selbst wenn das durch die Ausbildung einer besonderen religiösen Kaste geschieht, die dann öffentlichen Schutz beansprucht. Und tatsächlich erbringt die Religion auch in der modernen Gesellschaft Leistungen der Lebensdeutung und der Motivation.

[26] Vgl. J. Casanova, Europas Angst vor der Religion, Berlin 2009, 83.

Problematisch ist jedoch die *Reduktion* der Religion auf ihre gesellschaftliche Funktion, wie sie besonders Niklas Luhmann in seiner Systemtheorie vertritt. Sie ist nach ihm eines derjenigen Teilsysteme, denen die Funktion der Sinndeutung zufällt.[27] Als solches Teilsystem ist sie dem Ganzen der Gesellschaft untergeordnet, das als selbstreferentielles – auffällig technikaffines! – System von interdependenten Teilen begriffen wird. Sie hat demnach den diesem Ganzen innewohnenden Sinn zu formulieren bzw. mit religiöser Weihe zu versehen. Die Leistung der Sinngewährung besteht also in der fortlaufenden Selbstbestätigung des gesellschaftlichen Prozesses. Das läuft auf eine moderne Reformulierung der These von Émile Durkheim hinaus, nach dem es die Gesellschaft selbst ist, welche die in ihr geltenden Normen mit der Aura der Heiligkeit versieht.[28]

Eilert Herms hat gegen diese einflussreiche Theorie zu Recht den Einwand erhoben, die Struktur der Welt (der Gesellschaft) dürfe nicht immanent bestimmt werden, sondern müsse „als die einzige *notwendige*, weil *schlechthin passiv konstituierte* Struktur" zu erkennen sein. Doch scheint mir diese Kritik nicht weit genug zu gehen. Sie läuft nämlich im Grunde auf eine theologische Legitimierung des Funktionalismus hinaus. Sinn wäre danach der göttliche Konstruktionsplan der Gesellschaft, der dieser

---

[27] Vgl. N. LUHMANN, Funktion der Religion (stw 407), Frankfurt [3]1992, 9–71, bes. 50–54.

[28] Vgl. É. DURKHEIM, Les formes élémentaires de la vie religieuse. Le système totémique en Australie, Paris 1912, Neudruck (= 5. Aufl.) 1968, 50–58 (dt. Übers. v. L. Schmidts, Die elementaren Formen religiösen Lebens, Frankfurt 1984, 62–68).

vorausliegt. Das erinnert an das frühneuzeitliche Bild von Gott als dem großen Uhrmacher.[29] Demgegenüber ist geltend zu machen, dass zur jüdisch-christlichen Tradition seit den Propheten des Alten Testaments immer auch Gesellschaftskritik gehört hat, also der Nonkonformismus, der auf die Ausschaltung funktionierender aber unmenschlicher Strukturen aus ist. Bildlich ausgedrückt: Die Religion ist nie bloß das Öl, sondern immer auch der Sand im Getriebe. Ja, in der Sicht des christlichen Glaubens kommt einer konstruktiven Gesellschaftskritik sogar der Vorrang vor der bloßen Affirmation zu.

Genau dagegen hat Luhmann offenbar Bedenken. Das zeigt sich an seiner Positionierung des individuellen Subjekts (psychisches System) als zur Umwelt des Systems gehörig.[30] Als solchem traut er ihm offenbar nicht die letzte Verantwortung für die Gestaltung der Gesellschaft zu; vielmehr stelle es als gefühlsbestimmter Umweltfaktor sogar eine potenzielle Bedrohung des gesellschaftlichen Systems dar[31] – sofern es sich nicht selbst von diesem System funktionalisieren lässt, muss man wohl hinzufügen.[32]

---

[29] Vgl. E. Herms, Das Problem von „Sinn“ als Grundproblem der Soziologie bei N. Luhmann (ZEE 18, 1974, 341–359), 359 (Hervorhebung im Orig.). Vgl. dazu meine Glaubenslehre, Bd. 1, Tübingen 2001, 476, Anm. 93.

[30] Vgl. N. Luhmann, Soziale Systeme. Grundriß einer allgemeinen Theorie (stw 666), Frankfurt (1984) 1987, 47–65; ders., Die Religion in der Gesellschaft, hg. von A. Kieserling, Frankfurt 2000, 247.

[31] Vgl. N. Luhmann, Soziale Systeme, 365.

[32] Das hat E. Gräb-Schmidt gemeint, wenn sie von einer Funktionalisierung des Subjekts durch Luhmann spricht, vgl. ihren Aufsatz: Kirche als moralischer Akteur oder entweltlichter Sinnvermittler, in: Moral ohne Bekenntnis? Zur Debatte um Kirche als

Schließlich scheint mir ein ungelöstes Problem der Systemtheorie in der Zuweisung der Sinndeutungsfunktion an die Religion überhaupt zu bestehen. Luhmann sieht durchaus, dass sie in dieser Funktion in der pluralistischen Wirklichkeit mit anderen Religionen und mit allen möglichen Weltanschauungen konkurriert. Schließlich gab es ja auch zu seiner Zeit in Deutschland schon eine kleine, aber durchaus öffentlich wirksame jüdische Minderheit und eine große Zahl türkischer „Gastarbeiter". Wie aber soll „die" Religion ihre Funktion der Sinngebung erfüllen, wenn die unterschiedlichen Instanzen einander nicht nur ergänzen, sondern auch miteinander unvereinbare Deutungsansprüche vertreten? Diese Frage wäre nur dann leicht zu beantworten, wenn man bei den verschiedenen beteiligten Partnern die Bereitschaft zur Selbstrelativierung voraussetzen könnte.[33]

Damit ist die Aufgabe gestellt, eine Konzeption zu entwickeln, die von einer irreduziblen Vielfalt der Deutungsinstanzen, also von einem vollendeten Pluralismus ausgeht und von da aus den Ort der Religion in der modernen Gesellschaft zu bestimmen versucht.

---

zivilreligiöse Moralagentur, hg. von C. CORDEMANN und G. HOLFERT, Leipzig 2017 (89–124), 114.

[33] Anders liegen die Dinge bei U. BARTH, Religion in der Moderne, Tübingen 2003, der ebenfalls der Religion die Funktion der Sinndeutung zuschreibt, dabei aber vom religiösen Individuum ausgeht. Vgl. dazu im vorliegenden Band das Kapitel Wort Gottes und menschliche Sprache, S. 36–40.

III. Pluralismus

Pluralismus im Sinne einer Eigengesetzlichkeit der gesellschaftlichen Institutionen ohne eine metaphysische oder verbindliche systemtheoretische Steuerungsinstanz ist unwiderruflich. Genauer müsste man freilich sagen: er sollte unwiderruflich sein. So unterschiedliche Phänomene wie autoritäre Tendenzen in der gegenwärtigen Politik, Fremdenhass und Rassismus, oder auch die Sehnsucht nach einer straff geführten christlichen Einheitskirche weisen auf eine Gefährdung des Pluralismus hin, die in der Neuzeit potenziell immer gegeben war und heute nur zu offensichtlich ist.

Pluralismus zeichnet sich – im Idealfall – durch friedliche Koexistenz religiös und weltanschaulich unterschiedlicher Gruppierungen aus. In der Zeit, als noch der Maßstab religiöser und weltanschaulicher Einheit gesellschaftliche Geltung hatte, wurde dieser gegen allfällige Abweichungen rigoros durchgesetzt, notfalls mit Gewalt. Wo heute Gruppierungen aufeinander stoßen, die je für sich noch in einer „verzauberten" Welt leben, sind Konflikte zwischen verschiedenen Konfessionen oder Religionen programmiert. Die leidvollen Erfahrungen eines besonders grausamen solchen Konflikts, des 30jährigen Krieges, haben im Abendland den Pluralismus entscheidend vorangetrieben; die europäische Aufklärung ist nicht zuletzt durch diesen Krieg forciert worden.

Wie wenig selbstverständlich dieser Ausgang der Dinge war, kann man in anderen Teilen der Welt zur Genüge studieren, die auch religiös motivierte Kriege, aber keine Aufklärung erlebt haben. Das ist ein Hinweis darauf, dass der eigentliche Ursprung des europäisch-amerikanischen Pluralismus mit den eben genannten Faktoren noch nicht im Blick ist. Er liegt in dem die „Säkularisierung" heraufführenden protestantischen Aufbegehren gegen klerikale Herrschaft im Namen der Unverfügbarkeit göttlicher Offenbarung. Aus diesem Grund hat das Christentum, insbesondere der Protestantismus, keinen Grund zur Klage über die pluralistische Verfasstheit der modernen Welt, sondern muss im Gegenteil an der Erhaltung dieses Zustandes interessiert sein.

Das hat in jüngster Zeit besonders Eilert Herms betont und gefordert, er müsse zu einem „Pluralismus aus Prinzip" befestigt werden.[34] Dazu kommt es nicht von selbst. Ohne ausdrückliche Anstrengungen besteht vielmehr die Gefahr, dass er zur bloßen Beliebigkeit verkommt, wo religiöse Überzeugungen nur noch Privatsache und damit diskursunfähig sind. Ein funktionsfähiger Pluralismus setzt vielmehr die öffentliche Relevanz dieser Überzeugungen voraus.

Damit stellt sich die Frage, wer für diese Funktionsfähigkeit verantwortlich sein soll. Herms gibt zunächst eine negative Antwort: Einer „civil religion" dürfe diese Aufgabe nicht anvertraut werden, weil eine solche immer die Tendenz habe, zur Staatsreligion und damit totalitär zu werden. Doch in Wirklichkeit neigt eine civil religion eher zur Beliebigkeit. Reale Gefahr geht dagegen von dem von ihr zu unterscheidenden Populismus aus, der zurzeit überall in der Welt Furore macht. Die Warnung jedoch,

---

[34] Vgl. zum Folgenden E. Herms, Pluralismus aus Prinzip, in: Vor Ort. FS P.C. Bloth, Nürnberg/Berlin 1991, 77–95.

die Erhaltung des Pluralismus bedürfe unbedingt aktiver Förderung, kann man nur nachdrücklich unterstreichen.

Positiv vertritt Herms die Meinung, diese Rolle könne allein das Christentum, ja im Grunde nur das protestantische Christentum übernehmen, weil dieses mit seiner Zwei-Reiche-Lehre sowohl die Unverfügbarkeit der Wahrheit als auch einen pragmatischen Umgang mit der gesellschaftlichen Wirklichkeit verkünde. Dass ihm da zumindest im deutschen Kontext eine wichtige Rolle zufällt, leuchtet ein. Gegen die Forderung einer exklusiven oder gar weltweiten Führungsposition dagegen erheben sich gewichtige Einwände. Zum einen kann diese Aufgabe faktisch nur in Kooperation sehr verschiedener gesellschaftlicher Kräfte wahrgenommen werden, denen man wohl kaum pauschal die Pluralismusfähigkeit absprechen kann. Dieses Argument wird dadurch verstärkt, dass in anderen Ländern religiöser Pluralismus faktisch ohne christliche Führungsfunktion praktiziert wird. Dafür zwei Beispiele. Das eine ist Indonesien, ein Land mit überwältigender muslimischer Mehrheit, dessen Verfassung das Prinzip der Pancasila enthält. Dieses räumt zwar nicht allen, doch jedenfalls allen monotheistischen Religionen gleiche Rechte ein. Das andere Beispiel ist Südkorea, wo das Christentum zwar zahlenmäßig die relativ größte, aber zugleich extrem zersplitterte und schon darum keineswegs dominante Religion ist. Hier sind Christentum, Konfuzianismus, Buddhismus und sogar Schamanismus gleichberechtigt unter einer säkularen Verfassung.

Zu diesem pragmatischen Argument tritt ein grundsätzliches. Wenn dem evangelischen Christentum die

Funktion des Garanten eines echten Pluralismus zugeschrieben wird, dann bekommt es damit faktisch den Charakter einer herrschenden Religion, wenn auch nicht die eines totalitären, so doch sozusagen die eines demokratischen Ministerpräsidenten. Abgesehen davon, dass dieser sich auch nur auf die liberalen Kräfte im eigenen Lager stützen könnte, steht das Christentum für das Paradoxon einer zwar Universalität beanspruchenden, aber gerade nicht herrschenden Religion. Überdies ist mit der Möglichkeit zu rechnen, dass bei solchen Bemühungen sogar solche Kooperationspartner den Protestantismus überflügeln, die keine lupenreinen „Pluralisten" sind, dafür aber über größere Einflussmöglichkeiten verfügen. So hat die römisch-katholische Kirche ihrem Unfehlbarkeitsdogma auf dem II. Vatikanischen Konzil zumindest ein freundlicheres Gesicht gegeben, indem sie sich zu einem Dialog „cum prudentia et caritate" mit den anderen Religionen verpflichtete. Ihre Begründung, diese enthielten doch nicht selten einen Strahl der christlichen Wahrheit und seien dadurch erkennbar auf Gott als ihren ultimus finis hin ausgerichtet, verrät zwar, dass sie ihren Absolutheitsanspruch keineswegs aufgegeben hat, dass sie sich aber im Rahmen des ihr innerhalb der selbstgesetzten Grenzen Möglichen auf den modernen Pluralismus eingestellt hat.[35] Offenbar kann also die Vielfalt einer immer enger zusammenrückenden Welt auch widerstrebende Akteure dazu nötigen, Monopolansprüche zu relativie-

---

[35] Vgl. die Erklärung Nostra aetate, DH 4195 f., sowie Dominus Iesus, deutsche Fassung: Über die Einzigartigkeit und Heilsuniversalität Jesu Christi und der Kirche, Vatikanstadt 2000.

ren, und sei es nur im Interesse eines friedlichen Zusammenlebens.

Die Entwicklung des Pluralismus zu seiner voll ausgebildeten Gestalt hat sich in mehreren charakteristisch voneinander unterschiedenen Phasen vollzogen. Sie können als konfessioneller, weltanschaulicher und religiöser Pluralismus bezeichnet werden. Der *konfessionelle* Pluralismus ist rein binnenchristlich, betrifft also nur die Konfessionen und Unterkonfessionen des Christentums. *Weltanschaulicher* Pluralismus ist religionsneutral und bezieht auch nichtreligiöse und religionskritische Positionen ein. *Religiöser* Pluralismus meint die Gleichberechtigung unterschiedlicher Religionen auf einem und demselben Territorium. Alle drei Formen haben sich natürlich nur allmählich entwickelt, und zudem überschneiden sich die Entwicklungen.

Diese verschiedenen Pluralismen werden heute meistens separat diskutiert. Konfessioneller Pluralismus ist Gegenstand von Gesprächen einzelkirchlicher und ökumenischer Gremien. Weltanschaulicher Pluralismus wird in religionsphilosophischen und soziologischen Zusammenhängen, insbesondere in der Säkularisierungsdebatte erörtert, ist aber auch Gegenstand von Kultur- und Schulpolitik. Religiöser Pluralismus endlich wird vor innen- wie außenpolitischem Hintergrund zum Thema von Religionswissenschaft und interreligiösen Dialogen sowie von praktischen Überlegungen zur Integrationspolitik. Die Verschiedenheit der Diskussionsforen entspricht den ursprünglich verschiedenen Kontexten, denen sich diese Pluralismen verdanken. In der gegenwärtigen Lebenswirklichkeit treten sie jedoch de facto gemeinsam auf, ja sie durchdringen einander. Deshalb wird hier der Versuch unternommen, jene Diskurse zusammenzuführen und ihre gegenseitigen Beziehungen aufzuzeigen. Dass dies an dieser Stelle nur skizzenhaft geschehen kann, versteht sich angesichts der Stoffmassen von selbst. Aber es ist die Voraussetzung für eine Analyse des Gesamtphänomens in seiner heutigen Gestalt, der ich mich sodann zuwenden werde.

1. Konfessioneller Pluralismus

Die Entstehung des konfessionellen Pluralismus wird gerne auf die protestantische Reformation zurückgeführt. Damit wird freilich die ganze lange Vorgeschichte ignoriert. So fand bereits ganz im Anfang des sich ausbildenden Christentums die im Neuen Testament dokumentierte Spaltung in Judenchristentum und Heidenchristentum statt. Während das damalige Judenchristentum bald zur Bedeutungslosigkeit verkümmerte, bildeten sich immer wieder neue Trennungen. Die bedeutendste von ihnen, die große Kirchenspaltung zwischen der östlichen Orthodoxie und der römischen Kirche vom Jahre 1054, hat sich bis heute erhalten, ist aber im Abendland kaum im Bewusstsein geblieben. In den beiden so entstandenen großen Kirchenkörpern hat es weiterhin eine nicht abreißende Kette von teils häretischen, teils schismatischen Sonderbildungen gegeben, die zumeist von den Kirchenbehörden abgestoßen wurden, jedoch in etlichen Fällen bis in die Gegenwart überlebt haben (z.B. syrische Monophysiten im Osten, Waldenser im Westen). Die Spaltungen entlang nationaler Grenzen im Osten waren von Dauer, weil es dort keine Zentralinstanz gab, die sie hätte verhindern oder beenden können.

Damit ist zumindest so viel klar, dass die lange Zeit durch die konfessionelle Polemik geisternde Vorstellung, die christliche Kirche sei über anderthalb Jahrtausende hinweg eine monolithisch in sich geschlossene Körperschaft gewesen, die erst durch die Reformation mutwillig und frevelhaft zerstört worden sei, historisch nicht zu halten ist. Das Körnchen Wahrheit in dieser Vorstellung besteht jedoch darin, dass das Auftreten des Protestantismus sich in einer fundamentalen Hinsicht von allen früheren Ausdifferenzierungen des Christentums (auch von der Trennung von Ost- und Westkirche) unterscheidet. Dieser Punkt wird gern mit der Rechtfertigungslehre bezeichnet. Das ist freilich zumindest ungenau, ja sogar irreführend. Ungenau ist es deshalb, weil sich Luthers Rechtfertigungslehre auch als konsequenter Paulinismus oder als Weiterführung des augustinischen Ansatzes verstehen ließe, wie man denn auch auf protestantischer Seite immer wieder argumentiert hat, die Reformation habe doch eigentlich nur eine Rückkehr zum Ursprung des Christentums vollzogen. Irreführend ist die Fixierung auf die Rechtfertigungslehre, weil damit die konfessionelle Differenz auf der doktrinalen Ebene verortet wird. Der Kern von Luthers Rechtfertigungslehre, das sola fide, meint aber gerade nicht die intellektuelle Zustimmung zu einer kirchlichen Lehre, sondern das persönliche Vertrauen zu dem Sünde vergebenden Gott, das dieser selbst im Menschen stiftet. Karl Holl hat das in seinem klassischen Aufsatz *Was verstand Luther unter Religion?* Gewissensreligion in dem Sinn genannt, dass nach Luther das Gewissen unmittelbar durch die Offenbarung Gottes in Christus und nicht durch die vermittelnde Autorität der Kirche bestimmt sei.[36] Die Kirche ist demnach zwar für die Vermittlung des Glaubenszeugnisses unentbehrlich, nicht aber zur Herrschaft über die Gewissen autorisiert. Das lässt sich schon an Luthers großen Schriften der reformatorischen Anfangszeit schlüssig aufweisen. Das Revolutionäre der Reformation besteht also nicht in der Aufstellung der *Lehre* von der Rechtfertigung, sondern in der Fokussierung auf die persönliche Gottesbeziehung der *Frömmigkeit*. Hier ist die persönliche Religion an die Stelle der institutionellen getreten. Damit ist nicht ein seelischer Affekt, sondern die durch die Gottesbegegnung begründete und die gesamte Lebensführung bestimmende Gewissheit des Glaubens gemeint.[37] Die früheren kirchli chen Trennungen dagegen bezogen sich samt und sonders entweder auf dogmatische Fragen der Lehrautorität (Häresien) oder auf den Anspruch juridischer Autorität (Schismata). In dieses Schema lässt sich der Gegensatz von Katholizismus und Protestantismus nicht einordnen; er ist elementarer. Er steht damit am Beginn einer neuen

---

[36] Vgl. K. Holl, Was verstand Luther unter Religion? in: ders., Gesammelte Aufsätze zur Kirchengeschichte Bd. 1, Tübingen [6]1932 (1–110), 35–107.

[37] Vgl. N. Söderblom, Humor und Melancholie und andere Lutherstudien (Humor och melankoli och andra lutherstudier, 1919), in: D. Lange (Hg.), N. Söderblom, Ausgewählte Werke Bd. 4, Göttingen 2015 (23–318), 269–284; R. Schwarz, Martin Luther – Lehrer der christlichen Religion, Tübingen 2015. Vgl. auch F.D.E. Schleiermacher, Der christliche Glaube ([2]1830/31), hg. von R. Schäfer, Berlin/New York 2008, § 24.

Form des Pluralismus, die alsbald alle Bereiche der abendländischen Gesellschaft erfasste.

Nun lautet der Vorwurf Luthers gegen die römische Kirche, sie usurpiere die Macht Gottes über die Gewissen, indem sie die Auslegungshoheit über die Schrift als das Wort Gottes beansprucht, und mache damit den Glauben zu einem unfreien Gehorsamsakt. Man hat darum die Frage gestellt, ob die Devise des sola scriptura nicht ihrerseits eine lediglich abgewandelte Autoritätsgläubigkeit enthält, insofern die Schrift doch eine Sammlung menschlicher Glaubenszeugnisse sei, die ihre Autorität der Einsetzung durch die Kirche verdanke. Indessen setzt dieser Einwand moderne historische Denkweise voraus. Für Luther war es noch selbstverständlich, dass die Schrift das in menschlicher Sprache ergehende Wort Gottes selber, ja gewissermaßen die Verlängerung der Inkarnation in Christus ist.[38] Davon war in dem ersten Kapitel dieses Bandes ausführlich die Rede.[39] Diese Grundvoraussetzung der Lehre von der Schrift teilte er mit dem römischen Stuhl. Der entscheidende Punkt im gegenwärtigen Zusammenhang ist die Differenz hinsichtlich der *Machtfrage*. „Ministerium verbi facit sacerdotem et Episcopum", d.h. das Wort Gottes hat Macht über die Kirche und nicht umgekehrt.[40]

Die Schrift als unmittelbare Anrede Gottes an den Menschen dient der Begründung der persönlichen Glau-

---

[38] Vgl. dazu A. BEUTEL, In dem Anfang war das Wort (HUTh 27), Tübingen 1991, 320–344.

[39] S. o., S. 2–5.

[40] Vgl. M. LUTHER, De captivitate Babylonica ecclesiae praeludium (1520), WA 6, 566,9.

bensgewissheit und damit sowohl der Abwehr des römischen Anspruchs auf das Auslegungsmonopol als auch – nach dem Auftreten der „Schwärmer" – als Schutzschild gegen spiritualistische Willkür (das „innere Licht").[41] Durch die göttliche Rede werden die einzelnen Christen im Gottesdienst zugleich zu Gliedern der christlichen *Gemeinde* vereint. Wo „das lautter Euangelion gepredigt wirt", da ist Gemeinde. Ihm gegenüber sind alle Gläubigen gleichberechtigt; jeder Christ ist „von gott gelert und gesalbet [...] tzum priester". Die Glieder der Gemeinde haben deshalb in gemeinsamer Verantwortung coram Deo das Recht, über Fragen der Lehre zu entscheiden. Dabei „ist eyn iglicher des andern richter und widderumb auch dem andern unterworffen."[42] Dieser Unterschied zum hierarchischen System der römischen Kirche ist im Prinzip die institutionelle Gestalt des konfessionellen Pluralismus. Faktisch steht freilich im deutschen Protestantismus die immer noch staatsförmige Hierarchie der Landeskirchen in krassem Widerspruch zu jener Einsicht Luthers.

Es entspricht dem prinzipiellen Charakter der reformatorischen Grundentscheidung, dass ihre Reichweite sich nicht auf den rein religiösen Bereich beschränkte, sondern in einen schon in Gang befindlichen *allgemeinen gesellschaftlichen Wandel* einging. Die kirchliche Ausdif-

---

[41] Vgl. dazu E. HIRSCH, Lutherstudien, Bd. 1, Gütersloh 1954, 183–204.

[42] Vgl. M. LUTHER, Dass ein christliche Versammlung oder Gemeine Recht und Macht habe, alle Lehre zu urteilen und Lehrer zu berufen, ein- und abzusetzen, Grund und Ursach aus der Schrift (1523), WA 11 (408–416), 408,9 f. 411,31 f. 410,29 f.

ferenzierung stand von vornherein in Wechselwirkung mit der Ablösung von kirchlicher Autorität im Zeitalter des Humanismus. Soziologisch ist das an der herausragenden Rolle zu erkennen, welche die freien Reichsstädte als Träger der Reformation gespielt haben.[43] Dieses Wechselspiel betrifft alle Bereiche des gesellschaftlichen Lebens. So hat Luther auf der strikten Trennung von religiöser Kompetenz der Kirche und jeglicher Form weltlicher Gewalt insistiert. Die amtlichen Vertreter der Kirche hätten sich in weltlichen Dingen der Autorität der Obrigkeit ebenso zu fügen wie alle anderen Christen.[44] Analog dazu hat er sich im Bereich der Bildung nachdrücklich für eine Förderung des Schulwesens eingesetzt, und zwar ganz dezidiert nicht nur im Interesse des Verstehens der Bibel, sondern auch für die Ausbildung zu weltlichen Berufen.[45]

Bei alledem muss man freilich beachten, dass im Rahmen dieser Wechselwirkung der Kräfte das Motiv der reformatorischen Gewissensreligion nicht das Streben nach Autonomie des Individuums und nach Eigenständigkeit der gesellschaftlichen Teilbereiche im neuzeitlichen Sinne religiöser Neutralität gewesen ist. Vielmehr ging es ihr allein um die scharfe Unterscheidung zwischen göttlicher und menschlicher Macht, zwischen der unentrinnbaren

---

[43] Vgl. B. Moeller, Reichsstadt und Reformation, Neue Ausgabe, hg. v. Th. Kaufmann, Tübingen 2011; Th. Kaufmann, Geschichte der Reformation, Frankfurt/Leipzig 2009, 55–57.

[44] Vgl. M. Luther, An den christlichen Adel deutscher Nation von des christlichen Standes Besserung (1520), WA 6, (404–469), 407,9–411,7.

[45] Vgl. M. Luther, An die Ratsherren aller Städte deutschen Landes, dass sie christliche Schulen halten sollen (1524), WA 15, 27–53.

Immanenz äußerer Lebensführung des Menschen und der sich ihm offenbarenden unverfügbaren Transzendenz Gottes *innerhalb* der noch geschlossen christlichen Gesellschaft.[46] Dabei stand für ihn außer Frage, dass Gott der Herr beider „Reiche" sei – nur eben auf verschiedene Weise. Diese Grundvoraussetzung seines ganzen Redens und Handelns kommt prägnant heraus in Luthers Freiheitsschrift. Dort heißt es: „Du solt ynn den selben (scil. Christus) mit festem glauben dich ergeben, und frisch ynn yhn vortrawen", d.h. es ist die mit Christus in die Immanenz der Welt eindringende transzendente Macht Gottes, der sich die Freiheit des Glaubens verdankt. Auf diesem Boden ist er in der Welt „eyn freyer herr über alle ding und niemandt unterthan", nämlich in eigener Verantwortung. Diese Freiheit ist innerlich als Freiheit des an Gott gebundenen Gewissens, aber eben deshalb nicht als Freiheit eines wie auch immer gearteten Rückzugs aus der Welt, sondern zugleich als äußere Freiheit zu weltlichem Handeln bestimmt. Deshalb ist der Christ „eyn dienstpar knecht aller ding und yderman unterthan", nämlich indem er sich in Freiheit der Macht der in ihm wirksamen Liebe unterwirft.[47] Immer hat dabei die Innerlichkeit den

---

[46] Vgl. J. Dierken, Zwischen Innen und Außen, Relativem und Absolutem. Dimensionen des Religionsbegriffs, (KuD 49, 2003, 180–209), 195. 198f.

[47] Vgl. M. Luther, Von der Freiheit eines Christenmenschen (1520), WA 7 (20–38), 22,33–33,1; 21,1–4. Da diese Freiheit in der Welt Gott verdankt wird, stellt es keinen Widerspruch dar, wenn Luther in der späteren Schrift De servo arbitrio (1525, WA 18, 600–787) dem Menschen Gott gegenüber einen unfreien Willen zuschreibt. Schleiermacher hat das später die schlechthinnige Abhängigkeit genannt. Vgl. dazu G. Ebeling, Luther. Einführung in

Primat vor der äußeren Gestaltung, die Gewissheit des Glaubens vor den Werken der Liebe, vor der denkenden Reflexion und dem öffentlichen Auftritt.

Aus diesem Ansatz der so genannten Zwei-Reiche-Lehre ergab sich von selbst ihre öffentliche und institutionelle Relevanz für die „Stände" der Gesellschaft. Bekanntestes Beispiel ist die der christlichen Obrigkeit zugewiesene Pflicht, im Auftrag Gottes die Verkündigung des Evangeliums zu schützen und die äußere Sicherheit der Untertanen zu garantieren.[48] Die Gründung einer eigenen kirchlichen Institution dagegen hat Luther ursprünglich nicht beabsichtigt. Sie ergab sich aber zwangsläufig aus seiner Verbrennung der Bannbulle, die faktisch einen aus der Vollmacht des persönlichen Glaubens geschleuderten, ebenso kompromisslosen Gegenbann darstellte.[49]

Trotz dieses revolutionären Aufbruchs stand der konfessionelle Pluralismus natürlich nicht von Anfang an fertig da, sondern musste *verschiedene Stadien* durchlaufen, ja er hat seine vollendete Gestalt bis heute nicht in jeder Hinsicht voll erreicht. Zwei Momente müssen hier in aller Kürze erwähnt werden. Erstens entstand auf dem Gebiet kirchlicher Sozialisation nicht schon eine „zwanglose" Nachbarschaft verschiedenkonfessioneller Gemeinden, sondern zunächst nur – und auch das erst nach langen und schweren Kämpfen, deren Ausläufer sich noch bis in die

---

sein Denken, Tübingen 1965, 239–258; DERS., Lutherstudien, Bd. 1, Tübingen 1971, 319–324.

[48] Vgl. M. LUTHER, Von weltlicher Oberkeit, wie weit man ihr Gehorsam schuldig sei (1523), WA 11, 245–281.

[49] Vgl. dazu M. MOXTER, Luthers Exkommunikation – in systematischer Perspektive (ZThK 114, 2017, 417–439), 430. 434 f.

jüngste Zeit erstrecken (Irland) – eine territoriale Trennung der Konfessionen (cuius regio eius religio), in denen jeweils die vorneuzeitliche Selbstverständlichkeit religiöser Zugehörigkeit galt. Seit dem Augsburger Religionsfrieden 1555, endgültig nach dem Grauen des Dreißigjährigen Krieges 1648, existierten so im Abendland, also innerhalb desselben kulturellen Umfeldes, zwei Grundformen des Christentums legal nebeneinander, doch lange Zeit hindurch noch nicht frei von Vertreibungen (Österreich) und blutigen Auseinandersetzungen (Frankreich).

Zweitens haben beide Konfessionen ihre Kontroversen ganz überwiegend auf der *doktrinalen* Ebene ausgefochten. Das gilt bis hin zu dem Lehrkompromiss zwischen Rom und dem Lutherischen Weltbund in Augsburg 1999, bei dem man sich von vornherein darauf verständigt hatte, die eigentlich entscheidende Differenz, das unterschiedliche existenzielle Verhältnis zur Institution der Kirche, auf spätere Debatten zu verschieben.[50] Beide Seiten haben in diesem Gegensatz lediglich einen dogmatischen Streitpunkt neben anderen gesehen, der zwar ein besonders „heißes Eisen" darstelle, aber prinzipiell ebenso auf rein dogmatische Weise auflösbar sei.

Trotz dieser Einschränkungen gilt die Auflösung der kirchlichen Einheit im Abendland (samt der alsbald folgenden weiteren Ausdifferenzierung auf reformatorischer Seite) mit Recht als historische Epochenschwelle. Strittig

---

[50] Vgl. Gemeinsame Erklärung zur Rechtfertigungslehre (Endgültige Fassung), in: Die Gemeinsame Erklärung zur Rechtfertigungslehre. Dokumentation des Entstehungs- und Rezeptionsprozesses, hg. von F. Hauschildt u.a., Göttingen 2009 (272–285), 275 Anm. 9 (lediglich eine kurze Anmerkung!).

ist freilich bis heute die *Beurteilung* dieses Faktums. Es wird nicht nur von katholischer, sondern häufig auch von protestantischer Seite als ein Unglück oder sogar als „Skandal" gesehen, den man schleunigst überwinden müsse. Das ist vom römisch-katholischen (auch vom östlich-orthodoxen) Standpunkt zwingend. Für den Protestantismus dagegen steht diese Sicht im Widerspruch zu seinem Wesen. Denn für seine Grundposition gilt, dass die Einheit der Kirche allein im Glauben an Jesus Christus und nicht in der Autorität der Organisation und ihrer Lehre besteht. Vielmehr muss auf dieser Seite die Entstehung eines konfessionellen Pluralismus als etwas völlig Natürliches angesehen werden, das sich aus der Ausbreitung des christlichen Glaubens in ganz verschiedene Kulturkreise mit ihren unterschiedlichen Menschen von selbst ergibt. Sie hat ja auch in allen Weltreligionen ihre klaren Parallelen. Man denke nur an liberales, orthodoxes und mystisches Judentum, an sunnitischen, schiitischen und sufistischen Islam, Mahayana-, Hinayana- und Zen-Buddhismus usw. Eine ganz andere Frage ist, wie die verschiedenen Konfessionen miteinander umgehen. Der wirkliche Skandal ist allein der jahrhundertelange brutale Umgang der Kirche(n) mit den „Ketzern", ebenso wie die Austragung konfessioneller Differenzen mit kriegerischen Mitteln oder auch nur durch gesellschaftliche Diskriminierung – das Letztere bis tief ins 20. Jahrhundert hinein.

2. Weltanschaulicher Pluralismus

Mit weltanschaulichem Pluralismus bezeichne ich das Nebeneinander von religiösen (zunächst nur christlichen und jüdischen) und nichtreligiösen Weltsichten. Unter Weltanschauung versteht man heute eine nichtmetaphysische, auf geschichtlicher Erfahrung und bestimmten sie interpretierenden Grundüberzeugungen beruhende Gesamtschau, die von einer gesellschaftlichen Gruppe oder sogar Mehrheit geteilt wird.[51]

Die Ausbildung solcher Weltanschauungen setzt eine Reihe von *Entwicklungen innerhalb des Protestantismus* voraus. Nachdem sich zunächst in den evangelischen Volkskirchen eine der katholischen Seite ganz analoge objektive Vorgegebenheit der Religion entwickelt hatte, haben Pietismus und Aufklärung in unterschiedlicher Weise das Moment subjektiver Gewissensentscheidung deutlicher hervortreten lassen. Der *Pietismus* hat sich einerseits bis in die Gegenwart sowohl in Deutschland als auch in anderen Ländern (z.B. durch den Methodismus) als geistliches Rückgrat evangelischer Kirchen bewährt. Andererseits hat er durch seine (berechtigte) Kritik an der kirchlichen Institution und erst recht durch seine separatistischen Ableger – im Interesse der Frömmigkeit – zur Unterminierung der Kirchlichkeit und damit der sozialen Grundlage der christlichen Religion beigetragen. Häufig stand er auch – bis in die Gegenwart hinein – mit einer

[51] Aus der Fülle der einschlägigen Literatur nenne ich hier nur W. Dilthey, Das geschichtliche Bewusstsein und die Weltanschauungen, GW 8, Stuttgart/Göttingen, [6]1991, 3–7. 163–165; H. Thomé, Weltanschauung, HWP 12, 453–460.

theologisch konservativen bis evangelikalen Haltung dem Werden einer dem weltanschaulichen Pluralismus aufgeschlossenen Einstellung im Weg.

Das hat die *Aufklärung* geändert. Sie wollte das Christentum anschlussfähig machen für die veränderte moderne Welt. Es wurde für sie zur Vernunftreligion par excellence. Das hatte einmal eine Verschärfung der Kritik an der kirchlichen Institution zur Folge. So unterschied Johann Salomo Semler zwischen der öffentlichen Religion für das naive Volk und der höheren, privaten Religion für die „fähigern Christen". Ähnlich unterscheidet Immanuel Kant zwischen natürlicher, moralischer und statutarischer Religion und noch der junge Schleiermacher zwischen der breiten kirchlichen Masse der die Religion noch Suchenden und der wenig zahlreichen religiösen Elite der verborgenen wahren Kirche.[52]

Zum anderen bereitete die Aufklärung den weltanschaulichen Pluralismus mit dem Gedanken der *Toleranz* vor, wenn auch zunächst noch wie z.B. bei John Locke mit Ausschluss des Atheismus.[53] Die radikaleren französischen Enzyklopädisten wie Denis Diderot (1713–1784)

---

[52] Vgl. J.S. Semler, Versuch einer freiern theologischen Lehrart. Zur Bestätigung und Erläuterung seines lateinischen Buchs, Halle 1777, 5–13. 158f.; I. Kant, Die Religion innerhalb der Grenzen der bloßen Vernunft, Akad.-Ausg. Bd. 6, 149–202; F.D.E. Schleiermacher, Reden über die Religion an die Gebildeten unter ihren Verächtern, KGA I/2 (185–326), 273f. (Originalausgabe: 191–193). Semler steht hier für die gesamte Aufklärungstheologie, vgl. A. Beutel, Von der Nutzbarkeit des Glaubens. Die Umrisse einer funktionalen Religionstheorie bei Justus Möser, (ZThK 115/2018, 260–294), 276.

[53] Vgl. J. Locke, A Letter concerning Toleration, London 1689.

haben dann das Bündnis von Vernunft und Glaube aufgekündigt und die Vernunftwidrigkeit des Letzteren nachzuweisen gesucht. Weltanschaulicher Pluralismus ist auch das nicht, aber jetzt wurde zum ersten Mal im christlichen Abendland der Atheismus eine ernsthafte Option.

Damit sind die teils christlichen, teils antichristlichen Bestandteile angedeutet, aus denen sich allmählich der weltanschauliche Pluralismus entwickelt hat. In ihm tritt neben den verschiedenen Gestalten des Christentums auch dezidierte Religionslosigkeit als gleichberechtigte Alternative auf. Der damit auf den Plan getretene Zustand vollendeter Religionsfreiheit ist in Deutschland seit der Weimarer Reichsverfassung rechtlich festgeschrieben in dem Sinn, dass nicht nur jeder einer der christlichen Konfessionen seiner Wahl (oder auch der jüdischen Religion) angehören, sondern auch sich jeglicher religiösen Zugehörigkeit enthalten kann.

Zum Schluss des Abschnitts ist darauf hinzuweisen, dass Weltanschauung nicht notwendig zur Grundlage eines Pluralismus der Normen wird. Sie kann vielmehr selbst *normative* Bedeutung annehmen. Das geschieht, wenn sie auf dem säkularen Gegenbild von Religion, einer ideologischen Basisannahme, aufbaut, also ein weltliches Machtmonopol für sich beansprucht.[54] Diese Verbindung ist im 20. Jahrhundert besonders häufig gewesen; so wurde der Begriff Weltanschauung im Dritten Reich nahezu ausschließlich für die NS-Ideologie verwendet. Die Ge-

[54] Vgl. K. MANNHEIM, Ideologische und soziologische Interpretation der geistigen Gebilde (1922), in: V. MEJA /N. STEHR (Hg.), Der Streit um die Wissenssoziologie, Bd. 1, Frankfurt 1982, 213–231.

fahr einer Ideologisierung politischer Positionen ist mit dem Ende der Großideologien keineswegs gebannt. Heute allerdings wird Weltanschauung durchweg als ein der Religion und der Ideologie sowie allen diesen beiden gegenüber neutralen Auffassungen übergeordneter Begriff verstanden. Das Faktum solcher Überordnung zeigt, dass die Begriffsprägung den Verlust des Deutungsmonopols nicht nur einer bestimmten Religion, sondern aller Religionen voraussetzt und damit jeglicher gesellschaftlichen und politischen Sonderstellung eines Transzendenzbezugs widerstreitet. Deshalb ist der Pluralismus der Weltanschauungen nicht nur ein umfassenderes, sondern auch ein prinzipiell anderes Phänomen als der religiöse Pluralismus, von dem nun die Rede sein muss.

3. Religiöser Pluralismus

Religiöse Mannigfaltigkeit hat es gegeben, solange es überhaupt Religion gibt. Was ihre heutige westliche Form von der Vielgestaltigkeit religiösen Lebens anderer Zeiten und Weltgegenden unterscheidet, ist ein grundlegender Bewusstseinswandel, der im Übergang vom Mittelalter zur Neuzeit stattgefunden hat. In der Antike übte das Religiöse eine objektive Macht über den Menschen aus, und für viele Religionen in anderen Teilen der heutigen Welt gilt das immer noch. Der moderne Pluralismus dagegen setzt die Möglichkeit innerer Distanz auch zu der eigenen religiösen Bindung voraus. Denn diese hat hier ihre gesellschaftliche Selbstverständlichkeit verloren.

Diese Problematik hat sich gegenüber dem Zustand des (nur) weltanschaulichen Pluralismus durch die massenhaften Migrationen des 20. und 21. Jahrhunderts verschärft (in den USA infolge der Kriege in Korea und Vietnam etwas früher als in Europa). Mit ihnen, insbesondere mit den Muslimen, treten genau solche Religionen in den westlichen Kulturkreis ein, denen noch die Vorstellung ihrer objektiven Macht zugrunde liegt. Sie haben keine Aufklärung kennengelernt und stehen deshalb dem konfessionellen und weltanschaulichen Pluralismus ihrer neuen Heimat fremd gegenüber. In ihren Herkunftsländern haben sie entweder unumschränkte gesellschaftliche Dominanz ausgeübt oder waren in Konflikte mit anderen gleichermaßen Alleinherrschaft beanspruchenden Religionen oder intern mit anderen Konfessionen verwickelt (z.B. Schiiten und Sunniten im Islam).

An eine Gewährung von Rechten für solche Religionen hatte man im weltanschaulichen Pluralismus zunächst nicht gedacht; es gab sie hier ja bis vor kurzem nur in verschwindender Anzahl. Seit der Ankunft der türkischen „Gastarbeiter" und der Flüchtlinge aus Syrien aber (in denjenigen europäischen Ländern, die früher einmal Kolonien hatten, schon wesentlich länger) werden die Gefahren wie die Chancen für das Zusammenleben mit Angehörigen dieser Religionen deutlicher erkennbar. Sie sind spezifisch andere als diejenigen, die aus dem innerwestlichen Pluralismus der Weltanschauungen entstehen, auch andere als die des Nebeneinanders christlicher Konfessionen. Fremde religiöse Absolutheitsansprüche stoßen mit entsprechenden christlichen ebenso wie mit dem im Pluralismus entwickelten Verzicht auf die Verabsolutierung der eigenen Position zusammen.

Mit diesem nicht leicht zu bewältigenden, schon gar nicht zu eliminierenden Gegensatz der Religionen ist der gesellschaftliche Pluralismus vollständig, aber zugleich auch erheblich komplizierter geworden. Dass dies eine noch weithin unbewältigte Herausforderung ist, zeigt sich etwa an den Debatten in der Bundesrepublik und anderen westlichen Ländern darüber, ob der Islam einen legitimen Ort in ihnen beanspruchen könne, oder an der neuen Einwanderungspolitik der Vereinigten Staaten unter der Regierung Trump, sowie praktisch an der nur unzureichend geleisteten sozialen Integration der Menschen. In globaler Perspektive hat der Widerstreit zwischen verschiedenen Religionen natürlich schon seit Langem – zumindest latent – eine Rolle gespielt, etwa im Zusammenhang mit der äußeren Mission oder im Blickwinkel der Religionswissenschaft. Aber zumindest in Europa stellte er bis vor kurzem kein eigenes Lebensproblem dar, sondern betraf allenfalls Außenbeziehungen. Weder die eher spielerische Vorliebe für Chinoiserien im 18. Jahrhundert noch die Buddhismus-Begeisterung innerhalb der Bildungsschicht des späten 19. und frühen 20. Jahrhunderts hatten je die Vorherrschaft der christlich bestimmten Kultur ernsthaft in Frage gestellt.

Die neue Herausforderung hat das einstmals christliche oder zumindest indirekt durch christliche Tradition geprägte Abendland unvorbereitet getroffen. Dementsprechend ruft sie allerorten Ängste vor Überfremdung, ja vor fundamentalistisch motivierter Gewalt hervor, die von populistischen Politikern mit Berufung auf die „christliche Leitkultur“ oder gar mit der kaum verhüllten Forderung völkischer Reinheit eifrig geschürt werden.

Möglicherweise ist das der Anfang einer ähnlichen kollektiven Nostalgiewelle, wie sie angesichts der Bedrohung durch Materialismus und Ökonomismus nach der gescheiterten Revolution von 1848 über Europa hinweggerollt und zum Wurzelgrund der beiden großen Staatsideologien Sozialismus und Nationalsozialismus geworden ist.[55] Heute wie damals steht die Sorge vor einem „Untergang des Abendlandes" im Raum.[56] Wie immer man zu dieser Sorge stehen mag, sicher ist einerseits, dass sie viele Menschen bewegt und deshalb ernst zu nehmen ist, andererseits dass jede Bemühung, den vorherigen Zustand wiederherzustellen, nicht nur kontraproduktiv, sondern auch potenziell gefährlich ist.

IV. Option und Transzendenz

Die Diskurse über Säkularisierung und Pluralismus wurden definitiv miteinander verknüpft durch Charles Taylor; ihm hat sich Hans Joas weitgehend angeschlossen. Beide lehnen eine lineare Säkularisierungstheorie ab, und zwar nicht nur für ihre konservative Gestalt als Verfallstheorie, welche die Klage über den Rückgang des eigenen Einflusses zum Ausdruck bringt, sondern auch für die „kulturprotestantische Metaerzählung" eines fortschreitenden Freiheitsgewinns, die ihre eigenen Hoffnungen in

[55] Vgl. dazu D. Lange, Political correctness – Ideologie – Dogmatismus (ZThK 114/2017, 440–470), 446f.

[56] Vgl. den enormen Erfolg des – wissenschaftlich fragwürdigen – Buches von O. Spengler, Der Untergang des Abendlandes, München 1918/1922 und viele weitere Auflagen.

die empirische Wirklichkeit hineinliest.[57] Ideologisch aufgeladen ist die eine wie die andere. Taylor geht von der gesellschaftlichen Differenzierung als Folge der Entzauberung der Welt aus. Für die Religion bedeutet das ihre „Entbettung" (disembedding), d.h. sie rückt aus dem Mittelpunkt in eine Position unter anderen ein (251–274. 457 u.ö.).[58] Doch führen die weiteren Überlegungen der beiden Autoren nicht zu einer erneuten Konstruktion einer in sich geschlossenen Entwicklung, sondern rechnen mit dem freien Spiel der Kräfte als Charakteristikum geschichtlicher Prozesse, allenfalls mit „Wellen" der Säkularisierung.[59] Denn die Selbstbestimmung der neuzeitlichen Individuen und der durch sie gebildeten sozialen Zusammenschlüsse lässt weltanschauliche Eigenständigkeit zu und führt damit zur Wahlmöglichkeit, zu „*Optionen*", in der ganzen Bandbreite von hingebungsvollem religiösem Engagement bis zu einem exklusiven, d.h. atheistischen Humanismus. Zwar lasse sich eine faktische Expansion des Unglaubens (sei es expliziter Atheismus oder bloße Indifferenz) in Teilen der westlichen Kultur nicht leugnen (591–630. 887 u.ö.). Doch dürfe man weder die ganz anderen Entwicklungen in anderen Weltgegenden noch die mannigfachen neuen Aufbrüche der Religion in der Ge-

---

[57] Vgl. Ch. Taylor, Ein säkulares Zeitalter (A Secular Age, dt. v. J. Schulte), Frankfurt 2009, 511 Anm. 3; H. Joas, Glaube als Option. Zukunftsmöglichkeiten des Christentums, Freiburg/Basel/Wien 2012, 72. 86–105, bes. 93. Seitenzahlen im Folgenden nach diesem Werk.

[58] Vgl. auch B. S. Gregory, Disembedding Christianity. The Reformation Era and the Secularization of Western Society, in: Reformation und Säkularisierung (wie Anm. 5), 25–55.

[59] So H. Joas, Glaube … (wie Anm. 57), 66–85. 106–128.

schichte übersehen (als Beispiele für die letzteren führt Taylor die Herz-Jesu-Frömmigkeit des römischen Katholizismus und die protestantischen Erweckungen im 19. Jahrhundert an, 779).

Das Neue am Vorgang der Säkularisierung ist also nicht ein allmähliches Verschwinden der Religion, sondern das Eintreten der neuen Bedingung, dass es Alternativen zu ihr, andere Optionen gibt (14 u.ö.). Diese Entwicklung wird durch einen Wechsel des Standpunkts hervorgerufen: Menschen fühlen sich nicht mehr eingebunden in eine vom Göttlichen bestimmte Weltordnung, sondern nehmen eine Haltung der Distanz, der Eigenständigkeit ein. Charakteristisch dafür sind nach Taylor die Gottesbeweise der frühen Aufklärung; sie haben faktisch die Tür zum Atheismus geöffnet (500).[60] Das Auftreten dieser Option ist jedoch kein Beweis für ihre Überlegenheit. Vielmehr beruht diese selbst auf einer Art von Glauben (938f); Religion und Unglaube stellen verschiedene Formen des Erlebens dar (18–35. 1271), nicht verschiedene Argumentationsniveaus. Beide konkurrieren miteinander auf derselben Ebene. Die neue Situation für die Religion ist also nicht die eines unerbittlichen Niedergangs, wohl aber die einer „Fragilisierung" (990), weil an die Stelle

[60] Dass ein solcher Standpunktwechsel im Grunde schon mit den Gottesbeweisen der Scholastik vollzogen wurde, darauf geht der katholische Autor nicht ein. Natürlich darf man bei solcher Analogie nicht den entscheidenden Unterschied übersehen, dass jener Standpunktwechsel im Mittelalter noch von der Klammer der faktisch als selbstverständlich geltenden Glaubensbindung umgriffen war, also hypothetischen Charakter hatte. Dennoch gehört er in die Vorgeschichte seines neuzeitlichen Pendants hinein.

selbstverständlicher Vorgegebenheit die Notwendigkeit einer Entscheidung getreten ist.[61]

Das so skizzierte Konzept hat nicht umsonst viel Zustimmung in westlichen Ländern gefunden. Es beschreibt den faktischen Zustand der Gesellschaft überall dort, wo rechtlich garantierte Religionsfreiheit herrscht, und leistet überdies viel für die Erklärung ihres Entstehens und für ihre Begründung. Trotzdem bleiben offene Fragen. Damit meine ich nicht die Bedenken konservativer Kreise, die an einer selbstverständlichen Einbettung in die religiöse Gemeinschaft festhalten. Denn wo es noch Milieus gibt, die so leben, wird man damit rechnen müssen, dass sich auch dort die Optionalität irgendwann durchsetzen wird – ganz abgesehen von der Frage, ob jene Selbstverständlichkeit eigentlich jemals ein Segen gewesen ist.

Dennoch stellt der Begriff der Option ein Problem dar. Da er in dieser Funktion zuerst in dem englischsprachigen Werk Taylors benutzt worden ist, erörtere ich es am englischen Sprachgebrauch.[62] Sieht man von altertümlichen und ganz speziellen Bedeutungen ab, so ist der Begriff definiert als „an act of choosing, the power or right to choose, something that is offered for choice or that is chosen". In allen diesen Varianten ist die Freiheit der Distanznahme vorausgesetzt, die mit Recht als Charakteristikum der Neuzeit gilt. Freie Wahl erfolgt aus einem Angebot von Möglichkeiten.

---

[61] Vgl. H. Joas, Glaube … (wie Anm. 57), 124.

[62] Vgl. zum Folgenden Webster's Third New International Dictionary of the English Language Unabridged, Merriam-Webster, Springfield MA 1993, 1585.

Es liegt nahe, darin ein Kennzeichen der durchgehenden *Ökonomisierung* der Gesellschaft zu sehen: Religionen und Weltanschauungen werden auf dem Markt als Waren angeboten.[63] Dem entspricht genau der Ausdruck des church shopping in der amerikanischen Alltagssprache und in der Sache auch das Phänomen der patchwork-Religion. Es geht mir allerdings nicht darum, mit diesem Hinweis auf solche relativ banalen Formen der Marktförmigkeit von Religion das Problem zu verharmlosen. Dieses ist vielmehr grundsätzlicher Art. Es besteht darin, dass Religion als Option tendenziell zum Gegenstand menschlicher Willkür wird, ja dass letzten Endes Gott selbst zum ökonomischen Objekt wird.

Freilich haben die Vertreter der Optionstheorie dieses Problem durchaus erkannt. Nicht zuletzt deshalb hat Tay lor Religion und exklusiven, atheistischen Humanismus als verschiedene Formen des *Erlebens* bestimmt. Damit hat er das passive Moment zur Geltung gebracht. Hans Joas bringt in diesem Zusammenhang die Würde der Person als unhintergehbare Vorgabe ins Spiel.[64] Elisabeth Gräb-Schmidt präzisiert die Problematik dahingehend, dass das ökonomische Markt-Modell mit Sachzwängen und Mechanismen der Bürokratie operiert, welche die behauptete Freiheit der Option selbst in Frage stellen und tendenziell das verantwortliche Individuum zur gesell-

[63] Vgl. E. Herms, Die Moderne im Lichte des reformatorischen Erbes, in: Reformation und Säkularisierung (wie Anm. 5, 175–234), 198f. Vgl. auch K. Polanyi, The Great Transformation. Politische und ökonomische Ursprünge von Gesellschaften und Wirtschaftssystemen (1944), dt. v. H. Jelinek (stw 260), Frankfurt [2]1990.

[64] Vgl. H. Joas, Glaube … (wie Anm. 57), 201–218.

schaftlichen Irrelevanz verurteilen. Sie erinnert dagegen an das Ergriffensein durch den transzendenten Grund menschlicher Existenz, wie er im Gewissen wahrgenommen werden kann. Da dieser Grund unverfügbar ist, müsse in der Gesellschaft zugleich der Raum für andersgeartete Überzeugungen offen gehalten werden.[65]

Ich kann dieser Argumentation durchaus folgen, meine allerdings, dass sie – angesichts des weltanschaulichen Pluralismus – nicht genügend gegen den Verdacht gesichert ist, die Religion könne ein Produkt des Gewissens sein. Deswegen muss man m.E. mit etlichen älteren Autoren noch einen Schritt weitergehen zu der These, dass man für alle Religionen mit einem Ursprung in göttlicher Offenbarung rechnen müsse.[66] Dabei ist natürlich nicht an „geoffenbarte Religionen" zu denken, denn alle Religionen (auch die christliche) als geschichtliche Erscheinungen sind Menschenwerk. Sie deuten und gestalten die ihnen zuteilgewordene Offenbarung je nach Kulturkreis und geschichtlicher Situation auf verschiedene Weise. Die feste Überzeugung des einzelnen Menschen von der Wahrheit je seiner eigenen Religion ist damit ebenso wenig ausgeschlossen wie die Möglichkeit einer ernsthaften (d.h. nicht opportunistischen) Konversion. Der Rekurs auf Offenbarung ist ebenso gegen die Reduktion der Religion zu einer bloßen Kultursphäre ins Feld zu führen: Sie

---

[65] Vgl. E. Gräb-Schmidt (wie Anm. 32), 98. 114–120.

[66] Vgl. F.D.E. Schleiermacher, Der christliche Glaube (wie Anm. 37), § 10 Zusatz; O. Pfleiderer, Religionsphilosophie auf geschichtlicher Grundlage, Bd. 2, Berlin ^{2}1883/84, 428–430. 433; N. Söderblom, Offenbarungsreligion (Orig.: Uppenbarelsereligion, ^{2}1930), in: ders., Ausgewählte Werke, Bd. 1, dt. von D. Lange, Göttingen 2011 (55–163), 20. 116–166.

ist das als ein menschliches Unternehmen *auch*, aber auf Grund ihres Bezugs auf transzendente Offenbarung geht sie nicht darin auf.

Damit ist der für alle Religion konstitutive *Transzendenzbezug* zur Geltung gebracht. Freilich wird dagegen nicht selten eingewandt, in der modernen westlichen Gesellschaft sei ein radikales Verständnis von Transzendenz nicht mehr zu vermitteln. Auch wenn man nicht auf eine lineare Säkularisierungstheorie zurückgreifen will, so sei doch auch in weiten sich als religiös verstehenden Kreisen Transzendenz auf ein „menschliches", innerweltliches Maß geschrumpft. Sollte man sich also nicht darauf einstellen und sich mit einer ermäßigten Transzendenz begnügen, um zumindest radikalen Formen von Reduktionismus und Materialismus wirksam begegnen zu können? Die amerikanische Philosophin Martha Nussbaum hat diese Frage für den Bereich der Ethik gestellt. Ein völliger Verzicht auf jegliche Art von Transzendenz sei zwar schon aus praktischen Gründen nicht angezeigt, aber man solle sich tunlichst auf eine rein innerweltliche humane Form, eine „internal transcendence of virtue" beschränken, die ja durchaus in der Lage sei, über die „dullness and obtuseness of the everyday" zu erheben. Eine radikale „external transcendence" dagegen berge die Gefahr, die ethische Motivation zu neutralisieren.[67]

Mit der Wendung „external transcendence" scheint Nussbaum die Vorstellung von einer metaphysischen

---

[67] Vgl. M. NUSSBAUM, Transcending Humanity, in: DIES., Love's Knowledge. Essays on Philosophy and Literature, New York/Oxford 1990 (365–391), 378–381. Vgl. auch TH. LUCKMANN, Die unsichtbare Religion (wie Anm. 24), 166–173.

„Hinterwelt" oder Überwelt zu verbinden. Das ist allerdings ein Verständnis, das schon durch die Abkehr von dem vorneuzeitlichen Weltbild seine Plausibilität eingebüßt hat. Der Begriff Transzendenz wird etwa von Paul Tillich sachgemäßer mit Ausdrücken wie „Seinsgrund" und „Dimension der Tiefe" beschrieben.[68]

Mit dieser Korrektur soll nicht in Zweifel gezogen werden, dass man solche „kleinen" oder „immanenten" Formen des Transzendierens als Ausdruck der Verweisstruktur aller Wirklichkeit zu achten hat. Für die Religion jedoch können sie Transzendenz im strengen Sinn nicht ersetzen. Hier ist eine „immanente Transzendenz" in dem von Nussbaum vorgeschlagenen Sinn ein Oxymoron. So wenig Religion als vorfindliche Lebensform selbst transzendent ist, so sehr gehört der Bezug zu radikaler, den Menschen im Innersten treffenden Transzendenz, zum Heiligen, zu ihrem Wesen; ohne ihn würde sie zu einem beliebig austauschbaren Gegenstand der Ethnologie oder der Psychologie. Nicht zuletzt im Interesse begrifflicher Klarheit empfiehlt es sich deshalb, Transzendenz als jenen letzten Grund zu begreifen, den das Denken nicht als sein Ziel vor sich, sondern unerreichbar im Rücken hat.[69] Die Annahme, dass der Moderne der Sinn für

---

[68] Vgl. P. Tillich, Systematische Theologie Bd. 3, Stuttgart 1966, 136 u.ö.

[69] Vgl. S. Kierkegaard, Zwo kleine religiöse Abhandlungen (1849; GW übers. v. E. Hirsch 21.–23. Abt., Düsseldorf/Köln 1960, 75–147), 126. Vgl. außerdem das energische Plädoyer von I. U. Dalferth für einen eindeutigen, radikalen Transzendenz-Begriff: Transzendenz und säkulare Welt. Lebensorientierung an letzter Gegenwart, Tübingen 2015. Seine Argumentation leidet jedoch unter der Verwendung eines an K. Barth angelehnten Religionsbegriffs,

Transzendenz in diesem Sinne abhandengekommen sei, ist im Übrigen leicht als Produkt der Säkularisierungstheorie im Sinne eines Verfallsprozesses zu entlarven, die, wie wir gesehen haben, mit guten Gründen bestritten worden ist.

V. Pluralismus als Chance für religiöse Identität

Wenn an einer strengen Transzendenz als für alle Religion wesentlich festzuhalten ist, dann drängt sich der oben beschriebene bedrohliche Aspekt des religiösen Pluralismus unausweichlich auf. Der relativierten Transzendenz der Philosophie und der säkularen Weltanschauungen steht nicht nur eine (die christliche) Religion gegenüber, sondern deren mehrere, die gleichermaßen auf einen radikalen Transzendenzbezug Anspruch erheben. Soweit sie dies tun, verstehen sie sich selbst nicht als auf einer Option beruhend, sondern als alternativlos der einen und einzigen offenbarten Wahrheit verpflichtet. Dieses Problem wird von der Säkularisierungsdiskussion weitgehend ausgeklammert. Hier sind entweder nur „verträgliche" Religionen im Blick, oder es herrscht sogar die Tendenz, unter dem Begriff Religion insgeheim einfach das Christentum oder sogar nur das liberale protestantische Christentum zu begreifen. Es geht dann lediglich um das Verhältnis „der" Religion zur modernen Kultur.

---

der nicht religionswissenschaftlich, sondern theologisch als Gegenentwurf zum Christentum konzipiert ist, um dessen alleinigen Anspruch auf göttliche Offenbarung zu rechtfertigen (42f.).

Ein Beispiel für die zuletzt genannte Tendenz ist Falk Wagners spekulative Theorie der Religion, die er dem im Anschluss an Hegel behaupteten Subjektivismus der Tradition Schleiermachers entgegensetzt.[70] Dementsprechend arbeitet er durchweg mit einem allgemeinen Begriff von Religion. Von einem solchen allein handeln auch seine Ausführungen über die Religionswissenschaft (305–333). Deshalb kommen auch dort die Individualität der einzelnen Religionen und daher das Problem des Pluralismus nicht vor. Wagners angeblich allgemeine Theorie mündet in der Behauptung, in der Trinitätslehre sei die einzig mögliche objektive Lösung des Religionsproblems zu suchen (585). Er hat also in der Tat unter Religion nichts anderes als das Christentum verstanden.

Noch weniger wird die Konzeption John Hicks dem Antagonismus der Religionen gerecht. Er schlägt im Anschluss an Ernst Troeltsch und Karl Jaspers vor, vom Absolutheitsanspruch des Christentums zugunsten einer umfassenden Religionssynthese abzurücken. Denn die letzte, transzendente Wirklichkeit sei in der Welt der Religionen nur in mannigfacher Brechung zugänglich. Diese seien daher prinzipiell gleichberechtigt als „manifestations of the one ultimate Reality". Als solche seien sie alle „expressions of the more basic notion of the realisation of a limitlessly better possibility for human existence".[71] Diese Theorie überspringt auf unhistorische Weise die

---

[70] Vgl. F. Wagner, Was ist Religion? Studien zu ihrem Begriff und Thema in Geschichte und Gegenwart, Gütersloh 1986, 587–589. Seitenzahlen im Text nach diesem Buch.

[71] J. Hick, An Interpretation of Religion. Human Responses to the Transcendent, London 1989, 373f.

Unterschiede zwischen den einzelnen Religionen und erweist sich dadurch als lebensfremdes Schreibtischprodukt. Sie erinnert an die „natürliche" Religion der Aufklärung, die – nach einem Bonmot des schwedischen Philosophen Erik Gustaf Geijer – weder natürlich noch Religion ist, weil Religion nur als positive, Gemeinschaft bildende geschichtliche Größe existiert; eine „natürliche" Kirche gibt es nicht.[72]

Wenn man sich also dem Konkurrenzverhältnis mehrerer positiver Religionen nicht durch eine Einheitstheorie „der" Religion entziehen kann, liegt es nahe, sich mit der Forderung von *Toleranz* zu begnügen. Diese klassische Forderung der Aufklärung hat ihren Niederschlag ja bereits im religiös neutralen Staat und der von ihm garantierten Religionsfreiheit gefunden. Sie stellt in der Tat die Grundvoraussetzung für eine zureichende Lösung religiöser Konflikte dar, die in vielen Ländern der Welt erst einmal geschaffen werden muss. Sie bietet allerdings noch nicht die Lösung selber, aus zwei Gründen. Auf der einen Seite werfen religiös radikale Gruppen dem weltanschaulich neutralen Staat vor, sich eine Autorität anzumaßen, die sich über diejenige Gottes erhebt. Auf der anderen Seite stellt sich die alte Vexierfrage, ob Toleranz denn auch der Intoleranz gelten könne. Beide Einwände richten sich gegen den aufklärerischen Optimismus der klassischen Toleranzforderung, der die Möglichkeit einer Suspendie-

---

[72] Vgl. E. G. GEIJER, Om falsk och sann upplysning med avseende på religionen (1811), Samlade skrifter, hg. von J. LANDQUIST, Bd. 1, Stockholm 1923 (171–237), 172; zur „natürlichen Kirche" vgl. F. D. E. SCHLEIERMACHER, Der christliche Glaube (wie Anm. 37), § 6 Zusatz; vgl. auch § 10 Zusatz S. 87.

rung von Absolutheitsansprüchen durch religiöse Gruppen ohne weiteres voraussetzt. Das klassische Beispiel dafür bietet Lessing mit seinem Schauspiel *Nathan der Weise* (veröffentlicht 1779), in dem er die Wahrheitsfrage am Ende programmatisch offen lässt. Solche friedliche Indifferenz mochte zu seiner Zeit gegenüber der Agitation des Hauptpastors Goeze und vor dem Hintergrund der kulturellen Erinnerung an den Dreißigjährigen Krieg plausibel erscheinen. Im Zeitalter fundamentalistischer Bestrebungen in allen großen Weltreligionen dagegen reicht sie nicht mehr aus.

Einen Schritt weiter führen die Überlegungen Nathan Söderbloms. Als vergleichender Religionshistoriker und als ökumenischer Kirchenmann hatte er sowohl den interreligiösen als auch den intrareligiösen (christlichen) und weltanschaulichen Pluralismus und außerdem die internationalen Verwerfungen während und nach dem Ersten Weltkrieg im Blick. Für dieses ganze Feld hat er, zum Teil an Gedanken Schleiermachers anknüpfend, die Grundzüge einer sozialethischen Theorie entworfen, die – mutatis mutandis – für das gegenseitige Verhältnis sowohl der Sozialpartner als auch der Religionen, der Konfessionen und der Nationen gelten soll. Ausgangspunkt ist die auch von ihm selbst praktizierte Forderung eines intensiven Dialogs zur Ergründung eventueller Einigungsmöglichkeiten und zum besseren Verständnis der Differenzen. Das schließt sowohl das Verharren in einem prinzipiellen Antagonismus als auch die Nivellierung fundamentaler Unterschiede aus. Das Ziel ist ein friedliches Zusammenleben im Wechselspiel von Wettbewerb (tävlan) und Einvernehmen bzw. praktischer Zusammenarbeit (samförstånd bzw. samarbete) zum Wohl der menschlichen Gesellschaft.[73] Für den interreligiösen und den interkonfessionellen Dialog folgt daraus einerseits die Suspendierung jedes eigenen Absolutheitsanspruchs (keine Religion, auch das Christentum nicht, kann den *Besitz* absoluter Wahrheit für sich behaupten), andererseits zugleich das Festhalten an der eigenen gut begründeten Überzeugung und die Vermeidung unehrlicher Kompromisse. Für den politischen Bereich schreibt Söderblom dem Völkerbund die Aufgabe zu, eine internationale Rechtsordnung als juristische Voraussetzung solcher Verhältnisse durchzusetzen. Dem Christentum soll dabei die Funktion zukommen, als „Seele" des Völkerbunds die Heiligkeit solcher Rechtsordnung als Fortsetzung der Schöpfung Gottes einzuschärfen und damit deren Letztbegründung zu liefern.[74] Sieht man davon ab, dass dieser letzte Gedanke insgeheim noch von der Vorstellung einer

---

[73] Für die Sozialpartner vgl. N. SÖDERBLOM, Religion und die soziale Entwicklung (SgV 10; zuerst schwed.: Religion och den sociala utvecklingen, 1897), Tübingen 1898, 95f. Für die Religionen: Om religionsurkunder (1907; neu hg. v. E. EHNMARK, Lund 1954), 166–168; Religionsproblemet inom katolicism och protestantism, Stockholm 1910, 453; in missionstheologischem Zusammenhang: Missionens motiv och kulturvärde (1906) in: DERS., Ur religionens historia, Stockholm 1915 (177–199), 197f. Für die Konfessionen: Leib und Seele der schwedischen Kirche (zuerst schwed. Svenska kyrkans kropp och själ 1916), in: D. LANGE (Hg.), N.S., Ausgewählte Werke Bd. 2, Göttingen 2012 (27–126), 126 und vielfach in späteren Schriften. Für die Nationen: die Predigt Die beiden Götter (zuerst schwed., De två gudarne, 1914), in: D. LANGE (Hg.), N.S., Ausgewählte Werke Bd. 2, 127–137; sowie meine Biographie, D. LANGE, Nathan Söderblom und seine Zeit, Göttingen 2011, 199f. 156. 162. 226. 272. 313–315.

[74] Vgl. N. SÖDERBLOM, Evangelische Katholizität (zuerst schwed.:

christlichen Welt ausgeht, den interreligiösen Pluralismus also für diese politische Frage noch nicht in Anschlag bringt, so kann der heutige interreligiöse Dialog durchaus an seine Grundidee anknüpfen.

Freilich scheint ein solcher Dialog dort völlig unmöglich zu sein, wo der religiöse Fundamentalismus ins Spiel kommt, der sich in seiner christlichen Gestalt zu Söderbloms Zeit noch in seinem Anfangsstadium befand und in anderen Religionen noch später entstanden ist. Hier ist freilich vor unzulässigen Verallgemeinerungen zu warnen. Das gilt insbesondere gegenüber dem vieldiskutierten Buch von Samuel P. Huntington *The Clash of Civilizations.*[75] Martin Riesebrodt hat zu Recht darauf hingewiesen, dass der Fundamentalismus keineswegs immer kriegerisch ist, sondern auch quietistisch und pazifistisch sein kann[76], ganz abgesehen von den tiefen Spaltungen innerhalb der arabischen Welt, die Huntington vernachlässigt hat. Ein Dialog mit gemäßigten Kräften (in der Hoffnung auf eine indirekte Wirkung auch auf die Radikalen) ist allemal besser, als auf Konfrontation zu setzen, wie es die gegenwärtige amerikanische Regierung anscheinend im Sinn hat.

Ebenso problematisch ist die These des Ägyptologen Jan Assmann, jeder exklusive *Monotheismus* berge ein besonderes Gewaltpotenzial in sich. Es ist zwar nicht zu be-

---

Evangelisk katolicitet, 1919), in: D. LANGE (Hg.), N. S., Ausgewählte Werke Bd. 2 (165–208), 194 f. 199 f.

[75] Vgl. S. P. HUNTINGTON, The Clash of Civilizations and the Remaking of World Order, 1998.

[76] Vgl. M. RIESEBRODT, Die Rückkehr der Religionen. Fundamentalismus und der „Kampf der Kulturen“, 2000, 54.

streiten, dass im Alten Testament vielfach extreme Gewaltsprache anzutreffen ist (von Assmann als Kompensation assyrischer Repression erklärt), dass das Christentum sich mit Judenpogromen, Kreuzzügen und Ketzermorden schrecklicher Gewaltexzesse schuldig gemacht hat, und dass es im Koran Suren gibt, die zur Gewalt aufrufen und den islamistischen Terrorgruppen zur Legitimation dienen. Doch hat man zu Recht darauf hingewiesen, dass es in der jüdischen Religion, veranlasst unter anderem durch das Exil, eine Weiterentwicklung des Monotheismus zu einer schöpfungstheologisch begründeten Ablehnung der Gewalt gekommen ist. In der Geschichte des Christentums ließe sich ein ähnlicher Prozess seit dem Ende des 30jährigen Krieges aufzeigen, und im Islam kann man auf viele der Gewalt abholde Suren des Korans und auf die große Zahl friedliebender Muslime verweisen.[77] Im Übrigen ist religiös begründete Gewalt keineswegs bloß ein Problem des Monotheismus. Ich erinnere nur an die Zerstörung der Babri-Moschee in Ayodhya 1992 durch radikale Hindus[78] und weitere hinduistische Gewaltausbrü-

---

[77] Vgl. J. ASSMANN, Die mosaische Unterscheidung und der Preis des Monotheismus, München 2003, differenzierter dann DERS., Monotheismus und die Sprache der Gewalt, in: P. WALTER (Hg.), Das Gewaltpotential des Monotheismus und der dreieine Gott (QD 216), Freiburg u.a. 2005, 18–38. Zur Kritik in Bezug auf das AT: E. ZENGER, Der Mosaische Monotheismus im Spannungsfeld von Gewalttätigkeit und Gewaltverzicht. Eine Replik auf J. Assmann, aaO, 39–73.

[78] Vgl. H. KULKE, Der militante Hindu-Nationalismus und die Zerstörung der Babri-Moschee in Ayodhya, in: D. LANGE (Hg.), Religionen – Fundamentalismus – Politik. Vorträge im Rahmen des Studium generale der Georg-August-Universität Göttingen im W.S. 1994/95, Frankfurt u.a. 1996, 177–208.

che 2002 und 2014 in Indien, oder an die gegenwärtige Verfolgung der muslimischen Rohingya in Myanmar durch die herrschende buddhistische Bevölkerungsmehrheit. Nicht zuletzt ist zu bedenken, dass auch die „Göttin Vernunft" der Französischen Revolution und die beiden Großideologien des 20. Jahrhunderts ein grauenhaftes Gewaltpotenzial entwickelt haben. Es ist zwar richtig, dass die religiöse (monotheistische oder anderweitige) Begründung von Gewalt eine besonders infame Qualität besitzt. Doch innerhalb einer pluralistischen Weltgesellschaft wächst ihr dadurch keine Sonderstellung gegenüber anderen absoluten Autoritätsansprüchen zu.

Letzten Endes bleibt auch gegenüber solchen Schreckensszenarien eben doch nur der ernsthafte *Dialog* als Weg zum friedlichen Zusammenleben der Religionen übrig – und hilfsweise der Rekurs auf staatliche Ahndung religiös motivierter Gewalt (auch dann, wenn es die eigenen Leute betrifft!). Dann stellt sich die nicht einfache Frage, ob sich weltanschaulich neutrale Staatswesen als institutionelle Basis von Religionsfreiheit auch in solchen Ländern schaffen lassen, welche die in Europa im christlichen Kontext entstandene Aufklärung und damit die Trennung von Staat und Religion nicht kennen. In jedem Fall müsste die Schwebe des fortgesetzten Dialogs und nicht das Christentum als Meta-Institution fungieren.[79]

---

[79] Demgegenüber scheint mir die vielzitierte Frage BÖCKENFÖRDES, „ob nicht auch der säkularisierte Staat letztlich aus jenen inneren Antrieben leben muss, die der religiöse Glaube seiner Bürger vermittelt", noch die vorneuzeitliche Herrschaft des Christentums über das Abendland vorauszusetzen und den faktischen Pluralismus auszublenden. (vgl. E.-W. BÖCKENFÖRDE, Die Entstehung des Staa-

Immerhin gibt es da, wie oben vermerkt, durchaus ermutigende Beispiele.[80]

Des Weiteren ist der Erfolg eines internationalen, interreligiösen Dialogs an sehr handfeste äußere *Voraussetzungen* gebunden, die mit dem Dialog selber scheinbar in gar keinem Zusammenhang stehen. Die Gleichberechtigung der Dialogpartner müsste nämlich durch politische und ökonomische Veränderungen im Verhältnis des Westens zu Ländern der so genannten Dritten Welt flankiert werden, wenn sie am Konferenztisch glaubwürdig sein soll. Da sind die politische Unterstützung autoritärer Regimes und ökonomisch die Ausfuhr von agrarischen Produktionsüberschüssen zu Dumpingpreisen sowie von Sondermüll in Drittweltländer kontraproduktiv. All das zeigt, dass die Weltherrschaftsmentalität des Kolonial zeitalters die formelle Entlassung der Kolonien in die Unabhängigkeit erfolgreich überdauert hat – für das Christentum doppelt fatal wegen der Assoziation, durch die das kulturelle Langzeitgedächtnis die universale Herrschaft Christi an die Kollaboration der Mission mit den Kolonialherren geknüpft hat.[81]

Sofern die erwähnten Veränderungen in Angriff genommen werden, kann man hoffen, dass sie religiös motivierter Gewalt den Boden entziehen und dem interreligiösen Dialog über bloßes Krisenmanagement hinaus zur

---

tes als Vorgang der Säkularisation, in: DERS., Staat – Gesellschaft – Freiheit, Frankfurt 1976 (42–64), 61.

[80] S. o., S. 118.

[81] Zu dieser Problematik vgl. die Monographie von H. GRÜNDER, Welteroberung und Christentum. Ein Handbuch zur Geschichte der Neuzeit, Gütersloh 1992.

Verstetigung verhelfen. Es ist dann sogar denkbar, dass er zu einer Stärkung der religiösen Option führt, wie Hans Joas meint, nämlich dann, wenn seine Teilnehmer die gewährte Religionsfreiheit nicht als Aufforderung zur Relativierung ihrer Positionen, sondern im Gegenteil als Ermutigung verstehen, zu ihrer *Identität* zu stehen und sie sogar zu profilieren. Mit Recht warnt Joas vor Versuchen der Vereinnahmung oder der Verschleierung bestehender Unterschiede. Beispiele sind unklare christlich-ökumenische Lehrkompromisse und interreligiöse Synthesen wie „christlich-jüdische Tradition" oder „abrahamitische Religionen".[82]

Ich füge hinzu (was der katholische Denker Joas – vielleicht aus Taktgefühl – nicht sagt), dass derlei Unklarheiten insbesondere ein Problem des Protestantismus sind. Hier gab man in der *Gemeinsamen Offiziellen Feststellung* von 1999 in den entscheidenden Punkten gegenüber dem Katholizismus nach.[83] Gegenüber dem Judentum scheuen viele eine klare (unpolemische) Formulierung der sachlichen Differenzen. Auf dem liberalen Flügel befürchtet man, nicht „modernitätstauglich" genug zu sein. An allen Enden ist der Protestantismus heute, wie Notger Slenczka es kürzlich ausgedrückt hat, beherrscht von ei-

---

[82] Vgl. H. Joas, Glaube ... (wie Anm. 57), 147. 149–163.

[83] Man griff dort reformatorische Formulierungen wie *sola fide* und *simul iustus et peccator* auf, interpretierte sie aber im römisch-katholischen Sinn. Vgl. Gemeinsame Offizielle Feststellung, Annex A und C, in: Die Gemeinsame Erklärung zur Rechtfertigungslehre. Dokumentation des Entstehungs- und Rezeptionsprozesses, hg. v. F. Hauschildt u.a., Göttingen 2009, 921. Vgl. dazu die Stellungnahme deutscher evangelischer Theologieprofessoren, aaO (944–949), Ziffer 3 (S. 944f.).

ner tiefsitzenden „Angst [...], etwas Eigenes zu sein".[84] Dies liegt nicht nur daran, dass das Profil des Protestantismus rein faktisch vielerorts stark abgeschliffen ist, sondern hat seinen Grund auch in der verbreiteten Unsicherheit über die Grundlagen des Glaubens, die von dem im vorigen Kapitel behandelten unterschiedlichen Verständnis des „Wortes Gottes" hervorgerufen wird. Hinzu kommen die Konflikte, die mit dem Stichwort political correctness bezeichnet werden können.[85] Diese könnte sogar eine der Ursachen für die vielbeklagte Verflachung sein. Wie immer, es kostet offenbar angesichts dieser Lage große Mühe zu sagen, was das dem real existierenden Protestantismus gemeinsam „Eigene" heute eigentlich sei. Um es ganz zugespitzt zu formulieren: Jene Angst könnte Ausdruck der uneingestandenen Befürchtung sein, dass er „des Kaisers neue Kleider" trägt.

Im Prinzip teile ich durchaus Joas' Hoffnung, der Pluralismus könne einer Stärkung der Religion den Weg bereiten, auch in Bezug auf den Protestantismus. Aber dafür bedarf es korrespondierender Anstrengungen insbesondere im Umgang mit den internen Gegensätzen. Selbstredend kann es nicht darum gehen, sie zu beseitigen, sehr wohl aber sie einerseits zu entschärfen, andererseits ehrlich und selbstkritisch auszutragen, d.h. ihre emotionale und / oder ideologische Aufladung in den Griff zu be-

---

[84] Vgl. N. Slenczka, Vom Alten Testament und vom Neuen. Beiträge zur Neuvermessung ihres Verhältnisses, Leipzig 2017, 323–325. Zu Augsburg vgl. D. Lange, Glaubenslehre, Bd. 2, Tübingen 2001, 168–170.

[85] Dazu vgl. meinen oben (Anm. 55) genannten Aufsatz *Political correctness ...*

kommen. Solange da zwischen den Parteien nur entweder verächtliches Schweigen oder rabiate Polemik statthat, wird ein Dialog mit ökumenischen oder gar nichtchristlichen Gesprächspartnern die protestantische „Angst, etwas Eigenes zu sein" nicht beheben, sondern eher noch weiter verstärken.[86]

Dass alle diese Maßnahmen dringlich sind, wird niemand im Ernst bezweifeln. Ihr primäres Ziel ist nicht Einigkeit in der Sache, sondern das friedliche Zusammenleben der Vertreter aller christlichen Konfessionen, Weltanschauungen und Religionen. Ob und ggf. inwiefern es dabei doch einmal zu Einvernehmen in der „Sache" kommen kann, lässt sich nicht voraussagen. Hier muss es, um noch einmal auf Söderblom zurückzukommen, bei dem dialektischen Verhältnis bleiben, dass man an der eigenen, in religiöser Erfahrung gründenden, Überzeugung festhält und zugleich das Ergebnis Gott überlässt. Absolutheit kann nicht dingfest gemacht werden und gehört auf die Metaebene. Anders ausgedrückt: Die Hoffnung auf religiöse Einheit ist eine *eschatologische Hoffnung*. Der strahlende Optimismus, mit dem einst John R. Mott (1865–1955) seine berühmt gewordene Parole „Evangelisierung der Welt in dieser Generation" ausgeben konnte,

---

[86] F. WAGNER hat ohne Bezug auf diese Voraussetzung die Meinung vertreten, dass der weltanschauliche Pluralismus einer säkularen Gesellschaft schon für sich genommen diesen Effekt haben könne, vgl. F. WAGNER, Christentum und Moderne (1990; in: DERS., Religion und Gottesgedanke. [Beiträge zur rationalen Theologie 7], Frankfurt 1996, 247–268), 254. Im Blick auf die Verhältnisse im Protestantismus bin ich da skeptisch.

wirkt heute befremdlich.[87] Der Pluralismus in allen seinen Formen ist, soweit man sehen kann, das unumkehrbare Schicksal der Moderne. Jeder Versuch, ihn rückgängig zu machen, müsste entweder auf Gewalt zurückgreifen oder mithilfe unwahrhaftiger Kompromisse eine instabile Einheit hervorbringen, die jederzeit explodieren kann. Die friedliche Weiterentwicklung des Pluralismus im Sinne von „Wettbewerb und Zusammenarbeit" aller betroffenen Partner auf gleicher Ebene, die bewusst den Ausgang offen lässt und Gott anheimstellt, ist die einzig realistische Handlungsoption. Mit Pessimismus hat das nichts zu tun, eher mit der Gelassenheit des Glaubens.

---

[87] Vgl. J. R. Mott, The Evangelization of the World in this Generation, New York 1900.

Gewissheit und Vergewisserung

I. Die Fragestellung

Die revolutionäre religiöse Wirkung der Reformation bestand darin, dass sie die persönliche Glaubensgewissheit proklamierte, die allein durch die überwindende Macht des Wortes Gottes und die von ihm geweckte eigene Einsicht gewonnen werden kann, nicht durch Gehorsam gegenüber der Autorität der Kirche. Dabei stand für sie noch prinzipiell fest, dass die Heilige Schrift selber dieses Wort Gottes sei. Luther hat die Gefahr geahnt, dass seine Position als eine lediglich quantitative Reduktion kirchlicher Autorität verstanden werden könne, weil ja schließlich die Kirche sich den Schriftenkanon gegeben hat. Er war jedoch überzeugt, dieser Gefahr durch das Postulat des Sachkriteriums „was Christum treibet", das in gewissem Maß eine inhaltliche Kritik erlaubte, hinreichend vorgebeugt zu haben. Das konnte so lange plausibel erscheinen, wie zweifellos feststand, dass in der Tat die ganze Bibel einschließlich des Alten Testaments Christus verkündet. Hinter dieser Annahme stand die Grundvoraussetzung, dass in Christus allein die Wahrheit zu finden sei. Sie galt ja für die gesamte abendländische Welt, also auch für die römische Kirche, und wurde lediglich von der zahlenmäßig unbedeutenden Minderheit der Juden nicht akzeptiert. (Das macht Luthers heftige Reaktion gegen eben diese

Minderheit, als diese auf sein Werben für die evangelische Sache nicht eingehen wollte, zwar nicht entschuldbar, doch verständlich.)

Inzwischen sind beide Prämissen durch zwei Phasen kritischer Reflexion problematisch geworden. In der *ersten* Phase wurde das Prinzip scriptura sui ipsius interpres aufgebrochen, demzufolge biblische Schriften einander gegenseitig interpretieren können (reformatorisch de facto am paulinisch-johanneischen Maßstab sowie an der Bergpredigt orientiert). Das geschah zuerst durch den neu ins Spiel kommenden Maßstab naturwissenschaftlich orientierter Vernunft (sog. natürliche Wundererklärung als Versuch, die Wahrheit des Christentums rational zu erweisen), dann auf Dauer sehr viel wirksamer durch eine historisch differenzierende, am jeweiligen Autor (bzw. der jeweiligen Quelle) und seinem (ihrem) Umfeld orientierte Auslegung. Insbesondere durch die Arbeiten Ferdinand Christian Baurs über den Gegensatz zwischen Paulus und Petrus und die Entstehung des Frühkatholizismus trat historische Pluralität an die Stelle lehrmäßiger Einheit. Das führte Ernst Käsemann zu der spitzen Formulierung, dass der neutestamentliche Kanon nicht die Einheit der Kirche, sondern die Vielzahl der Konfessionen begründe.[1] Nachdem inzwischen auch die katholische Theologie zu historisch-kritischer Interpretation der Bibel gefunden hat (wenn auch nur innerhalb gewisser Grenzen), ist die interkonfessionelle Debatte erheblich komplexer geworden. Was im Grunde schon sämtliche

---

[1] Vgl. E. Käsemann, Begründet der neutestamentliche Kanon die Einheit der Kirche? (1951), in: ders., Exegetische Versuche und Besinnungen Bd. 1, Göttingen 1960 (214–223), 221.

Lehrstreitigkeiten im Lauf der Kirchengeschichte gezeigt haben und was lediglich durch kirchenamtliche Machtworte immer wieder verdeckt worden ist, liegt jetzt am Tage: *Die Identität des Christentums selbst ist strittig.*

Diese Erkenntnis wird noch verschärft durch religionsphilosophische Überlegungen zum Gottesverständnis. Sie haben zu der Einsicht geführt, dass der Begriff des Wortes Gottes selbst, sofern man ihn im wörtlichen Sinn als sprachliche Äußerung versteht, einen unzulässigen Anthropomorphismus darstellt und deshalb nur metaphorisch verstanden werden kann. Diese im Grunde bereits durch die johanneische Benennung Jesu Christi als des Wortes Gottes vorbereitete Erkenntnis wird begreiflicherweise bis heute nicht nur von kirchlichen Kreisen vehement bestritten.

Die *zweite* Phase hat ihren Ursprung in den großen Entdeckungsreisen zu Beginn der Neuzeit. Durch sie wurde, verstärkt durch die Mission sowie vollends durch die Revolutionierung des Verkehrswesens und die Intensivierung des Welthandels, der Blick für andere Religionen frei. Zugleich führte die Aufklärung in ihrer radikalen Form, zunächst in Westeuropa, seit dem frühen 19. Jahrhundert dann auch in Deutschland, zu einer dramatischen Schwächung kirchlicher Bindungskraft und legte den Grund zu einem weltanschaulichen Pluralismus. Diese Entwicklung wurde verstärkt durch die Probleme der Industrialisierung und das Aufkommen der modernen Großideologien sowie in neuester Zeit durch die Migrationsbewegungen, die zuerst den weltanschaulichen und dann auch den religiösen Pluralismus in den westlichen Gesellschaften endgültig etabliert haben. Innerchristliche

Pluralität wurde zu einem bloßen Aspekt weltanschaulicher und interreligiöser Pluralität. Die klassische Formulierung dieser Problematik ist die Frage nach der absoluten Geltung des Christentums, wie sie von Ernst Troeltsch schon lange vor den modernen Migrationen im Blick auf die Religionsgeschichte formuliert worden ist.[2] Aber während er jedenfalls für seinen Erweis der „Höchstgeltung" des Christentums noch auf mehrheitliche Zustimmung rechnen konnte, wäre ihm eine solche heute weniger sicher. *Die Selbstverständlichkeit, mit der die westlichen Gesellschaften als christlich gelten konnten, ist heute nicht mehr gegeben.*

Das sind, kurz zusammengefasst, die beiden Stufen der Entwicklung, von der in den vorangegangenen Kapiteln ausführlich die Rede war. Es liegt auf der Hand, dass dieser vielgestaltige Prozess eine enorme Herausforderung nicht nur für das theologische Denken, sondern auch für die Glaubensgewissheit der einzelnen christlichen Gläubigen bedeutet. Dieser Aspekt soll jetzt unter die Lupe genommen werden. Er ist noch elementarerer Natur als die theoretischen Fragestellungen. Erst mit ihm treffen wir auf das eigentliche religiöse Problem des modernen Christentums, ohne dessen Erhellung alle theoretische Reflexion auf halbem Wege steckenbleibt.

Ich habe mich oben bereits mit den gegensätzlichen Beurteilungen auseinandergesetzt, die der durch die beiden genannten Problemkomplexe gebildete Prozess in der protestantischen Theologie und Kirche gefunden hat und

---

[2] Vgl. E. Troeltsch, Die Absolutheit des Christentums und die Religionsgeschichte, Tübingen 1902.

weiterhin findet. Die eine Seite sieht darin einen verheerenden Verfallsprozess, die andere Seite eine legitime Fortsetzung der durch die Reformation in Gang gesetzten Freiheitsgeschichte des Christentums. Ich habe dargelegt, warum ich beide Argumentationsreihen für einseitig und unzureichend halte. Die Aufgabe, vor die uns sowohl die Debatte über das Wort Gottes als auch die Entwicklung zum religiösen und weltanschaulichen Pluralismus stellt, besteht weder in der Wiederherstellung angeblich verlorener Substanz noch in der Feier eines angeblichen Fortschritts. Vielmehr ist an die Bipolarität zu erinnern, die dem Christentum wie allen Offenbarungsreligionen eignet. Diese Bipolarität hat Nathan Söderblom mit der klassischen Formel beschrieben, dass der sich offenbarende Gott unzugänglich und zugleich unentrinnbar (oåtkomlig bzw. oundkomlig) ist. Der Unzugänglichkeit versuchen auf der Reflexionsebene religionsphilosophische Alternativen zum Gottesbegriff wie z.B. „das Woher meiner schlechthinnigen Abhängigkeit" (Schleiermacher) oder „Grund des Seins" besser gerecht zu werden. Ein solcher Grund ist nicht selber wieder ein Sein, und sei es die Spitze der Seinspyramide, wie die Formel „ipsum esse per se subsistens" bei Thomas von Aquin suggeriert[3], sondern ἐπέκεινα τῆς οὐσίας. Nur so ist er dasjenige, ohne welches das Sein kein Sein ist. Auf der anderen Seite hebt jene Formel für die Ebene der Unmittelbarkeit verstärkt hervor, dass dieser Grund seinen „Sitz" im „Innersten" des Menschen (und der Welt) hat, ihm näher ist als er sich selbst und damit unentrinnbar. Er ist das ihn „unbedingt Ange-

---

[3] THOMAS VON AQUIN, Summa theologiae I q. 44 a.1 resp.

hende" und deswegen einer psychologischen Analyse nicht zugänglich. Beides in personal-metaphorischer Sprache zusammengefasst: Nur als der ganz Andere, von dem ich schlechthin abhängig bin, und zugleich als der Urvertraute ist Gott mein Schöpfer und Erlöser.

In neuerer Zeit hat sich die Bipolarität dahingehend verschärft, dass ihre Pole im Bewusstsein der Menschen ebenso wie in der gesellschaftlichen Wirklichkeit immer häufiger zu einem unüberbrückbar erscheinenden Gegensatz auseinanderdriften. Während die Momente der Unzugänglichkeit und der Unentrinnbarkeit der Transzendenz eigentlich eine Spannungseinheit bilden, die jede echte Frömmigkeit kennzeichnen, werden sie heute zunehmend je für sich von unterschiedlichen Parteiungen vertreten.

Auf der einen Seite entspricht der stärkeren Betonung der Unzugänglichkeit Gottes auf der Reflexionsebene häufig seine abnehmende Präsenz in der Lebenswirklichkeit vieler Menschen. Hier überwiegt der Eigenwert der natürlichen Selbst- und Welterfahrung, herkömmlich als Säkularisierung beschrieben. Dazu gehören nicht nur nichtreligiöse und/oder kirchenferne Menschen, sondern auch viele traditionelle Kirchenglieder, die ein vernunftgeleitetes, bürgerliches Leben führen. Sie sind für wissenschaftliche Erkenntnisse offen und setzen sich für eine ideologiefreie Politik ein.

Demgegenüber findet die Gegenseite oft weniger Beachtung, die primär für die Unentrinnbarkeit Gottes für den einzelnen Menschen eintritt. Sie wurde lange Zeit, teilweise bis heute, durch die Frömmigkeit des Pietismus und der Erweckungsbewegungen repräsentiert. Etwa seit dem Beginn des 20. Jahrhunderts, mit dem Aufkommen der Princeton Theology in den USA, beobachten wir eine Radikalisierung dieser Front zum Fundamentalismus bzw. seinen Varianten, den Evangelikalen und Charismatikern. Sie sollten schon deswegen von den „traditionellen“ oder „liberalen“ Christen nicht ignoriert werden, weil sie in vielen Teilen der Welt die am schnellsten wachsende Gruppierung innerhalb der Christenheit sind. Sie treten für eine strenge Orientierung aller Lebensbereiche an den Grundsätzen des christlichen Glaubens ein und sind vielfach straff organisiert. Sie neigen dazu, sich gegen wissenschaftliche Erkenntnisse abzuschotten und sich eine eigene religiöse Realität zu schaffen.

Es handelt sich bei dieser Frontbildung nicht um einen einfachen Bildungsgegensatz. Es gibt ja auf beiden Seiten Gebildete und Ungebildete. Vielmehr haben wir es mit einem spezifisch religiösen Gegensatz zu tun. Er tritt natürlich nicht immer und überall in voller Schärfe auf; es gibt hier wie überall vielfältige Mischformen und Synthesen. Vielleicht das eindrucksvollste Beispiel bietet der Pietismus, der gewissermaßen das religiöse Rückgrat gebildet hat in Kants unbedingtem Pflichtbewusstsein, in Schleiermachers „Herrnhutertum höherer Ordnung“ und in Söderbloms Religionstheologie. Aber aufs Ganze gesehen stellt jener Gegensatz eine potenziell ernste Bedrohung der Christenheit und darüber hinaus sogar des gesellschaftlichen Friedens dar. Zwar gehen sich die Parteien meist gegenseitig aus dem Weg. Aber wie die neuere Geschichte z.B. der USA zeigt, gibt es auch handfeste Konflikte zwischen ihnen. Deren Lösung wird freilich nicht nur durch die Isolierung voneinander erschwert. Die mehr oder weniger ausschließlich an der Unentrinnbarkeit der Transzendenz orientierten Radikalen reklamieren den Besitz der absoluten Wahrheit für sich und tendieren dementsprechend zum religiösen Fanatismus, sei es aus Angst, sei es aus Hass auf die Gegenseite. Die vorwiegend an der Unzugänglichkeit der Transzendenz Interessierten dagegen heben die Vorläufigkeit aller Erkenntnis hervor und neigen zur Verachtung der angeblich religiös Primitiven. Was die beiden Lager trennt, ist also in erster Linie eine *gegensätzliche Auffassung von religiöser Gewissheit.* Beide Seiten verkennen zu ihrem eigenen Schaden das Wahrheitsmoment der jeweils anderen.

Im Folgenden will ich versuchen, in Anknüpfung an und Widerspruch zu repräsentativen Lösungsvorschlägen zu zeigen, in welcher Weise die beiden Aspekte der Unentrinnbarkeit und der Unzugänglichkeit der Transzendenz im Blick auf die religiöse Gewissheit zusammengehören, in der Hoffnung, dadurch etwas zur Verständigung beitragen zu können.

Bevor ich mich dieser Aufgabe zuwende, erscheint es mir nützlich, erst einmal einen Schritt zurückzutreten, die Szene zu wechseln und eine theologie-externe Instanz zu befragen. Dafür eignet sich besonders gut ein berühmter literarischer Text, dessen Autor die einschlägige Problematik in einem fiktiven religionsphilosophischen Dialog erörtert, nämlich ein Stück aus dem Josephsroman von Thomas Mann.

II. Zwischenspiel: Thomas Manns religionsphilosophische Betrachtungen

Im vierten Band seines Josephsromans, „Joseph der Ernährer", lässt Thomas Mann seinen Helden, nachdem er die Träume des Pharao von den sieben fetten und sieben mageren Jahren gedeutet hat und daraufhin zu dessen höchstem Berater aufgestiegen ist, ein denkwürdiges Gespräch mit ihm über ihrer beider Religionen führen.[4] Dabei identifiziert er den Pharao mit Amenophis IV., der die Verehrung des Sonnengottes Aton als des einzigen Gottes in seinem Land einführte und sich dann Echnaton nannte. Diese Gleichsetzung ist genauso wie das Gespräch selber literarische Fiktion. Dahinter steht eine doppelte Absicht. Zum einen bringt der Dichter damit die Grundüberzeugung zum Ausdruck, die er in einem Essay aus der Frühzeit seiner Arbeit am Josephsroman niedergelegt hat, dass in der Welt der Religionsgeschichte „eigentlich von Anfang an alles da ist" und nichts prinzipiell Neues mehr auftritt. Die „Menschenbildung [ist] also ein einheitliches Ganzes" und die verschiedenen Kulturen lediglich „Dialekte der einen Geistessprache"[5]. Er knüpft damit an Anregungen Goethes und der frühen Romantik, aber auch

---

[4] TH. MANN, Joseph und seine Brüder II, in: Große kommentierte Frankfurter Ausgabe Werke – Briefe – Tagebücher Bd. 8.1, Frankfurt 2018, 1513–1540.

[5] TH. MANN, Die Einheit des Menschengeistes, in: DERS., Essays Bd. 3: Appell an die Vernunft, hg. von H. Kurzke und S. Stachorski, Frankfurt 1984 (301–306), 301. Der Essay ist eine Rezension des Buches von A. JEREMIAS, Das Alte Testament im Lichte des Alten Orients, Leipzig [3]1916. Jeremias, der zunächst zu den Panbabylonisten gehört und sich nach deren Desavouierung auf die Sumerer konzen-

der amerikanischen Unitarier Ralph Waldo Emerson und Walt Whitman an.[6]

Die beiden untereinander sehr verschiedenen Religionen Echnatons und Josephs sind demnach als solche „Dialekte“ zu verstehen. Ihre Nähe ergibt sich schon daraus, dass beide monotheistisch sind. Sie wird noch dadurch unterstrichen, dass der Pharao die Deutung seiner Träume (anders als in der biblischen Quelle Gen. 41) im Grunde seines Herzens bereits gewusst hat, bevor Joseph sie aussprach (S. 1504), weshalb der entsprechende Abschnitt auch mit „Pharao weissagt“ überschrieben ist. Noch deutlicher ist der Gedanke einer letzten Einheit alles Religiösen in den früheren Partien des Romans ausgesprochen, wo im Denken sowohl Josephs als auch seines Vaters Jakob die altisraelitische Religion immer wieder übergangslos in verschiedene altorientalische Mythen hinüberspielt.

Die zweite Absicht im Dialog mit dem Pharao ist der ersten scheinbar entgegengesetzt. Gerade weil er statt einer Konfrontation der jüdischen Religion mit dem alten ägyptischen Polytheismus zwei monotheistische (und insofern prinzipiell gleich „hochstehende“) Religionen einander gegenüberstellt, soll er die Unterschiede der „Dialekte“ umso schärfer herausarbeiten. Thomas Mann will hier bei aller Feinsinnigkeit des ägyptischen Gesprächspartners die Überlegenheit der jüdischen Religion dartun. Der Pharao erscheint als Repräsentant spätkultureller Dekadenz, während Joseph aus der lebendigen Urkraft des

---

triert hatte, war einer der wichtigsten religionsgeschichtlichen Anreger Th. Manns.

[6] Vgl. dazu H. Detering, Thomas Manns amerikanische Religion, Frankfurt 2012, 60–66.

Mythos schöpft. Man wird auch daran denken dürfen, dass Joseph als Traumdeuter nach ägyptischem Verständnis magische Qualität zukam, insofern dem Wort eines solchen Deuters performative Kraft zugemessen wurde.[7]

Die Gegenüberstellung der Religionen wird in zwei verschiedenen Phasen des Dialogs vollzogen. In der ersten Phase spricht der Pharao begeistert von seinen Plänen, den Glauben an Aton als einzigen Gott, also den Sonnenkultus, im Lande durchzusetzen. Er versteht diesen Kult als Anbetung des reinen Lichts und verwirft den Glauben an die Unterwelt und das Endgericht. Dem entspricht eine radikalpazifistische, gänzlich unpolitische Vorstellung von seiner Regierungsaufgabe. Joseph entgegnet ihm, dass auch der Zorn zu Gott gehöre: „Gott ist das Ganze." Dementsprechend müsse der König den Frieden aktiv gegen Bedrohungen von außen verteidigen: „der Friede Gottes hat starke Hände" (S. 1519f. 1523).[8] Die jüdische – und damit implizit auch die christliche – Religion wird also als natürliche, kraftvolle, ethische gegenüber der verspielten, ästhetisierenden ägyptischen Religion geschildert. Ihr Gottesbild ist auf den Gegensatz von Schöpfung

[7] Vgl. dazu J. Assmann, Religio duplex. Ägyptische Mysterien und europäische Aufklärung, Berlin 2010, 33f.

[8] Der Kommentar weist darauf hin, dass diese 1941 in Amerika geschriebene Passage die dortige politische Situation widerspiegelt: Frankfurter Ausgabe (wie Anm. 4), Bd. 8.2, Frankfurt 2018, 1403f. Es gab damals in den USA eine starke isolationistisch-pazifistische Strömung. Amerika unterstützte zwar bereits England durch Lieferung von Kriegsmaterial, aber Roosevelt hätte den von ihm gewollten offenen Eintritt in den Krieg ohne den japanischen Angriff auf Pearl Harbor wohl kaum durchsetzen können. Das hat übrigens zu der sich bis in die jüngste Zeit haltenden Verschwörungstheorie geführt, er habe diesen Angriff bewusst provoziert.

und Sünde, Unschuld und Schuld bezogen und stellt nicht die bloße Verlängerung menschlicher Wunschvorstellungen dar.[9]

In der zweiten Phase des Gesprächs zwischen Echnaton und Joseph plädiert dieser wiederum dafür, über die Sonne hinaus zu denken, jetzt aber nicht mehr in dem Sinn, dass die göttliche Macht auch die Nacht umfasst, sondern so, dass sie beides, das Licht und die Finsternis in ihrer natürlichen Gegebenheit übersteigt, also wirklich transzendent ist (S. 1533–1540). Das „Sein des Seins, das größer ist als seine Werke, [...] ist außer der Welt, und ist es der Raum der Welt, so ist doch die Welt nicht sein Raum" (1538). Der Pharao antwortet wie anlässlich der Traumdeutung, im Grunde habe er das bereits gewusst, man solle also nicht den Aton, sondern den Herrn des Aton anbeten.[10] Doch hat er als nicht nur weltliches, sondern auch geistliches Oberhaupt seines Volkes Vorbehalte: Solche Einsicht möge ja wahr sein, aber sie sei nicht lehrbar, denn kaum jemand werde sie verstehen. „Ich aber

---

[9] Der Kommentar (S. 1401) sieht hier die spinozistische Tendenz am Werk, die im Deutschen Idealismus, der Naturphilosophie des 19. Jahrhunderts und bis hin zu C. G. Jung fortgewirkt habe. Das leuchtet mir im Blick auf Wendungen wie den Zorn Gottes an dieser Stelle noch nicht ein. Der Vergleich von jüdischer und ägyptischer Religion läuft ja auf die Unterscheidung zwischen ethischer und ästhetischer Religiosität hinaus. Doch s. unten.

[10] Der Kommentar erinnert daran (aaO, S. 1410), dass der historische Echnaton die Verehrung der Sonne im rein kosmologischen Sinn verstanden hat. J. Assmann macht darauf aufmerksam, dass die Unterscheidung von „Aton" und „Herr des Aton" in Ägypten zwar vorkommt, dort jedoch, anders als bei Mann, belanglos ist, vgl. J. Assmann, Thomas Mann und Ägypten. Mythos und Monotheismus in den Josephsromanen, München 2006, 168–170.

bin ein König und Lehrer, ich darf nicht denken, was ich nicht lehren kann."

Daraufhin greift die Königinmutter ein, die gegenüber ihrem Sohn die Staatsräson repräsentiert. Die Priester hätten doch noch nie alles verraten, was sie wussten, und das sei auch richtig. Es müsse bei der Trennung von priesterlicher Weisheit und Volksreligion bleiben. Vermutlich ist sie mit ihrer Befürchtung politischer Gefahr für das Reich gedanklich noch bei der Einbeziehung der Nachtseite des Seins in die göttliche Herrschaft. Wie immer, Echnaton jedenfalls lehnt eine politisch motivierte religio duplex rundheraus ab.[11] Er weist seine Mutter mit der für das Muttersöhnchen, als das Thomas Mann ihn schildert, erstaunlich kühlen, sehr amerikanischen Wendung „Danke für den Beitrag" ab (1537). Das sei Hochmut, den er nicht akzeptiere. Er müsse vielmehr wirklich an der Verbesserung der Lehre arbeiten, damit alle seine Untertanen in der Lage seien, wie er geradezu johanneisch formuliert, den Gott „im Geiste und in der Wahrheit anzubeten" und „eins werden im Lichte und in der Liebe" (1540).

Thomas Mann hat die zweite Gesprächsphase gegenüber der ersten einer höheren Reflexionsebene zugeordnet, denn in ihr geht es um den göttlichen Geist, an dem der Mensch teilhat, und „der Geist ist vor dem Werk" (S. 1538).[12] Demnach ist die Einheit des „Oberen" und des

---

[11] Vgl. zu diesem Konzept J. ASSMANN, Religio duplex (wie Anm. 7), bes. 27–62. Für die Aufklärung weist er besonders auf die höchst wirkmächtige Idee des Priesterbetrugs bei John Toland und anderen hin (88–97).

[12] Vgl. auch sein Fragment über das Religiöse (1931), in: TH. MANN, Essays Bd. 3, Frankfurt 1994, 296–298.

„Unteren" (in der Terminologie des Romans), oder des Lebens und des Todes, des Positiven und des Negativen in Gott nun doch der Unterscheidung von Geist und Natur zu subsumieren, wie es der spinozistischen Tradition entspricht. Gegen diese Sicht wäre theologisch der alte Einwand geltend zu machen, dass dies dem Ernst des Negativen, sei es in Gestalt des Leidens, sei es in Gestalt der Sünde nicht gerecht wird. Im Übrigen wird damit die grundsätzliche Unterscheidung ethischer (jüdischer) und ästhetischer (ägyptischer) Religion um der höheren „Einheit des Menschengeistes" willen wieder eingezogen oder zumindest relativiert.

Dennoch führt der Dialog des Romans für unsere Problemstellung einen Schritt weiter. Er tut dies mit der Frage nach der *Lehrbarkeit* einer „über die Sonne hinausgehenden", d.h. konsequent die Transzendenz Gottes herausarbeitenden Auffassung. Damit ist mehr ausgesagt als der philosophische Satz, dass der Gottesbegriff lediglich als Grenzbegriff aufgefasst werden kann. Das anvisierte Problem ist nicht in erster Linie die begriffliche und logische Angemessenheit einer Aussage, sondern ihre Verständlichkeit „für alle", auch für theoretisch nicht geschulte Menschen. Es handelt sich also um ein hermeneutisches Problem. Doch auch damit ist der Kern der Sache noch nicht getroffen. Mitzudenken ist vielmehr die Verantwortung des Pharao dafür, dass ihm alle folgen können, und zwar nicht in einem lediglich intellektuellen Sinne, sondern so, dass sie den Gott aus ehrlichem Herzen „im Geiste und in der Wahrheit" anbeten können. Das Problem der metaphorischen Indirektheit – und man kann hinzufügen: auch das Problem pluralistischer Relativität – hat in der Tiefe nicht bloß intellektuellen, sondern existenziellen Charakter. Der Pharao hat als Lehrer erkannt, dass mit der Steigerung der transzendenten Ferne Gottes ins ganz und gar Unanschauliche dessen andringende Nähe und damit seine Wirklichkeit dem Blick zu entschwinden droht. Wenn er diese Schwierigkeit im Namen seiner gottmenschlichen Verantwortung anspricht, so will er – im Sinne Thomas Manns, anders als der historische Echnaton – die „verbesserte" Lehre seinem Volk nicht durch autoritäres Dekret aufzwingen, sondern er setzt auf freie Überzeugung. Damit ist von vornherein ausgeschlossen, die Bedenken und Einwände konservativ geprägter Frömmigkeit als „primitiv" abzutun. Christlich-theologisch ausgedrückt: Es geht ihm nicht um ein Glaubensgesetz, sondern um den Kern aller Religion, die religiöse Gewissheit.

Damit ist die Frage präzisiert, wie mit diesem urreformatorischen Anliegen der Glaubensgewissheit in einem gegenüber der Reformationszeit tiefgreifend veränderten Umfeld umzugehen sei. Um sie beantworten zu können, müssen wir zuerst den Begriff der Gewissheit genauer bestimmen.

III. Vorläufige Begriffsbestimmung von Gewissheit

Gewissheit ist ein Wort, das sowohl der Alltagssprache als auch der philosophischen und theologischen Fachsprache angehört. Es bezeichnet in beiden Disziplinen ein zentrales Motiv. So ist etwa die Auffassung Descartes', welche die Selbstgewissheit des Subjekts zur Basis aller objektiven Gewissheit und auf Grund ihres „Eingeborenseins" auch der Gewissheit der Gottesidee macht, philosophisch außerordentlich wirkmächtig gewesen. Dennoch ist der *Begriff* Gewissheit nicht sonderlich häufig analysiert worden, wiewohl der gemeinte *Sachverhalt* natürlich allgegenwärtig ist. Für die vorliegende Untersuchung ergibt sich daraus methodisch zuerst die Notwendigkeit, selber eine solche Analyse vorzunehmen, sowie für die dann folgenden theologischen und philosophischen Erörterungen eine gewisse Präferenz für solche Texte, die den Begriff ausdrücklich verwenden und ihn entweder explizit analysieren oder jedenfalls durch den Kontext verdeutlichen.[13]

Ich wende mich zunächst dem allgemeinen sprachlichen Befund zu. Das deutsche Wort „gewiss" geht auf eine alte Partizipialform Präteritum Passiv von „wissen" zurück.[14] Die Bedeutungsgeschichte hat sich dann gegabelt in „bewusst" und „gewusst". Es gibt auch eine Einwirkung des lateinischen „certus", das ebenfalls eine alte Partizipialform zu cernere, wahrnehmen, ist. Der für das Deutsche festgestellten Bedeutungsgabelung entspricht der Unterschied im Englischen zwischen certitude (per-

---

[13] Vgl. W. Halbfass, Gewißheit, HWP 3, 592f. Es ist bezeichnend, dass das große theologische Nachschlagewerk TRE keinen Artikel zu diesem Stichwort enthält. Auch die Zahl der theologischen Abhandlungen, die ausdrücklich diesem Begriff gewidmet sind, ist recht überschaubar. Die Monographie von K. Stock, die ihn im Titel trägt (Die Theorie der christlichen Gewißheit, Tübingen 2005), ist keine einschlägige Begriffsanalyse, sondern eine theologische Enzyklopädie.

[14] Vgl. zum Folgenden J. und W. Grimm, Deutsches Wörterbuch Bd. 6, die Artikel Gewiß und Gewißheit, sowie Gewissen, Nachdruck München 1984.

sönliche Gewissheit) und certainty (objektive Gewissheit bzw. Sicherheit).

Dem durch diesen Sprachgebrauch bezeichneten Sachverhalt liegt ein noch elementareres Phänomen zugrunde, eine Primärgewissheit oder ein Urvertrauen.[15] Das ist das präreflexive, unmittelbare Eins-Sein des Menschen mit sich selbst und der umgebenden menschlichen wie nichtmenschlichen Welt. Es liegt jeglicher sekundär auf Grund von Erfahrung und Reflexion gebildeter Gewissheit zugrunde, die sich in Selbstbewusstsein, Vertrauen zu anderen Menschen und Zutrauen zur richtigen Wahrnehmung von Sachverhalten sowie zur Zuverlässigkeit logischen Denkens auseinanderlegt. Diese Formen expliziter Gewissheit fasse ich im Folgenden unter dem Begriff Selbst- und Weltgewissheit zusammen. Es gibt sie nicht ohne Primärgewissheit. (Dass diese durch psychische Krankheit gestört sein kann, lasse ich im Folgenden unberücksichtigt.)

Explizite Gewissheit ist immer die feste subjektive Überzeugung des einzelnen Menschen (gewiss sein, auch reflexiv: sich gewiss sein). Sie ist aber kraft der intersubjektiven Verfasstheit menschlicher Existenz stets durch gegenseitige Mitteilung vermittelt und kann auf demselben Wege umgekehrt zu einer gemeinsamen Überzeugung führen. Solche Mitteilung wird durch gegenseitiges Vertrauen und den gemeinsamen Bezug auf äußere Sachverhalte ermöglicht. Sprachgeschichtlich kann die mit Gewissheit bezeichnete Verlässlichkeit deshalb schon früh

---

[15] Vgl. E. Herms, Gewißheit II. Fundamentaltheologisch, RGG[4] 3 (909–913), 909–911.

auf ein Subjekt außerhalb des Ich projiziert werden: ein gewisser Bote ist im Mittelhochdeutschen ein zuverlässiger Bote. Damit ist der Übergang zu der objektiven Bedeutung gegeben: ein gewisses Zeugnis ist unabhängig vom redenden Subjekt objektiv zuverlässig (Luther: „es ist gewisslich wahr"). Subjektive und objektive Gewissheit stützen sich gegenseitig, durch Lebenserfahrung im Wechselspiel mit der umgebenden Welt, durch eigene Leistung und bestätigende Anerkennung. Personale Beziehung und Sachbezug, emotionale und epistemologische Funktion sind in unterschiedlichem Maß Elemente jeglicher Gewissheit. Deren intersubjektive Konstitution hat zur Folge, dass sie ihre Entstehung weder autonomer Setzung noch der puren Überwältigung durch ein Gegenüber verdankt. Vielmehr halten sich passives Affiziertwerden durch ein Gegenüber sowie das Sich-Zeigen der Phänomene einerseits und aktive Vergewisserung durch persönliche Überzeugungsarbeit und Überprüfung von Sachverhalten andererseits die Waage.

Daraus ergibt sich eine Querverbindung zu dem verwandten Begriff Gewissen. Dieser bedeutete ursprünglich ganz allgemein Bewusstsein, wurde dann immer mehr auf das Gebiet konkreter Lebensgestaltung bezogen und erst später auf das Gebiet der Moral eingeschränkt. In der Zeit der weiten Verbreitung des Lateinischen ist außerdem der Einfluss des Wortes con-scientia (griechisch συνείδησις) zu berücksichtigen, dessen Grundbedeutung Mitwisserschaft ist, ursprünglich Mitwisserschaft mit anderen Personen, später dann immer mehr mit sich selbst, so dass das seiner selbst bewusste Ich sich gewissermaßen in zwei Subjekte aufspaltet. Doch ging der relationale

Charakter des Begriffs nie ganz verloren, insofern jede Berufung auf mein Gewissen eine Rechenschaftspflicht gegenüber anderen Menschen impliziert. Im religiösen Zusammenhang bezeichnet er die Rechenschaftspflicht des Einzelnen gegenüber Gott, und zwar in einem transmoralischen Sinn. Im heutigen Sprachgebrauch könnte man Gewissen von Gewissheit so unterscheiden, dass der erste Begriff eher eine innere Differenz innerhalb des Subjekts anzeigt (das Gewissen „spricht"), während der zweite eher eine innere Übereinstimmung mit sich selbst und anderen bezeichnet. Doch ist diese Unterscheidung nur von begrenztem Wert, weil das entschiedene Gewissen gerade die Einheit des Subjekts mit sich selbst zum Ausdruck bringt und der Gewissheit im Unterschied zur inneren Sicherheit (securitas) leicht etwas Prekäres anhaftet, das im Selbstgespräch erscheint.

Wenn wir uns nun dem spezifisch religiösen Sprachgebrauch zuwenden, so zeigt sich, dass Gewissheit eng mit dem Begriff des Glaubens verbunden ist, ja geradezu mit diesem gleichgesetzt werden kann. Dabei bleibt die ursprünglich dominierende passive Bedeutung maßgebend: Glaubensgewissheit ist ein Vertrauen, das auf empfangener Offenbarung, auf göttlicher Mitteilung beruht. Damit ist bereits die eigentümliche Schwierigkeit angezeigt, die dieser Art von Gewissheit eignet. Sie hat ihren Ort wie alle Gewissheit im einzelnen menschlichen Subjekt, doch ihr Gegenüber ist Gott. Dieser ist weder eine andere Person wie ein Mensch, noch ein objektiv gegebener Gegenstand, der sich dingfest machen ließe. Das Verhältnis zu ihm hat von Seiten des Menschen personalen Charakter (das ist der Sinn der metaphorischen Rede von Gott als

Person), aber es ist *zunächst* ein indirektes Verhältnis, vermittelt durch Menschen und von ihnen geschaffene Gegenstände wie Kultobjekte, Traditionen und Institutionen. Insofern kann man auch hier ein subjektives und ein objektives Element unterscheiden. Damit ist zugleich die Frage aufgeworfen, wie genau das Verhältnis der Vermittlungsinstanzen zu dem intendierten Gott zu bestimmen ist. Denn da dieser nicht unmittelbar zugänglich ist, besteht immer die Tendenz, die menschlichen Vermittler oder die Kultobjekte mit der Gottheit zu identifizieren – oder am Ende gar das religiöse Subjekt selbst zu vergöttlichen und damit faktisch Gott zu leugnen.

Diese Problematik lässt sich gut anhand eines Vergleichs des römisch-katholischen mit dem evangelischen Verständnis von Gewissheit veranschaulichen. In katholischer Sicht ist der persönliche Glaube an die objektive Autorität der kirchlichen Lehre gebunden. In ihr gewinnt die Gegenwart des die Lehre autorisierenden Heiligen Geistes sichtbare Gestalt. Zwar ist nach heutiger Lehre die römische Kirche nicht mit der wahren Kirche identisch, aber diese „subsistiert" (subsistit) allein in ihr. Sichtbares Zeichen kirchlicher Verfügungsmacht ist die Fronleichnamsprozession. In evangelischer Sicht dagegen ist alle kirchliche Lehre gegenüber der persönlichen Glaubensbindung an Christus sekundär.[16] Freilich so gewiss diese Grundunterscheidung nach wie vor ihre Gültigkeit hat[17], lässt sie

---

[16] Vgl. die klassische Formulierung dieses Gegensatzes bei F. D. E. SCHLEIERMACHER, Der christliche Glaube, Berlin ²1830/31, § 24.

[17] Das wird zwar im gegenwärtigen ökumenischen Dialog oft bestritten oder relativiert. So heißt es in einem großen katholischen

sich in der konfessionellen Wirklichkeit nicht immer so klar erkennen. Denn es gibt in der römischen Kirche ausgeprägte unmittelbare Frömmigkeit, die nicht – zumindest nicht bewusst – den Umweg über die kirchliche Vorschrift geht, und in evangelischen Äußerungen tritt gar nicht so selten der Wortlaut der Bibel genau an die Stelle eines Glaubensgesetzes, die das I. Vatikanische Konzil der kirchlichen Lehre zuweist.[18] Andererseits hat die Betonung des Primats der persönlichen Gewissheit im Protestantismus nicht selten einen religiösen Individualismus zur Folge, der nur allzu leicht zur bloßen Beliebigkeit ausartet.

Für das Verständnis religiöser Gewissheit, der im Folgenden mein Hauptinteresse gelten soll, ist schließlich von entscheidender Bedeutung, dass sie stets in engem Zusammenhang mit der Selbst- und Weltgewissheit steht. Diese ist sowohl von dem Charakter und der persönlichen Lebenssituation des einzelnen Menschen abhängig als auch durch die allgemeine geschichtliche Situation bestimmt.

Nachschlagewerk zunächst, „[T]rotz gewisser verbleibender Differenzen" träfen die gegenseitigen Verurteilungen in Bezug auf die Glaubensgewissheit heute nicht mehr zu. Wenig später fordert derselbe Autor jedoch für die Zukunft in dieser Frage „eine stärkere Einbindung in den ekklesiologischen Kontext". Vgl. J. Wohlmuth, Heilsgewißheit, in LThK 4 (1344–1346), 1345f.

[18] Vgl. für die katholische Seite die klassische Formulierung aus dem I. Vaticanum: „Porro fide divina et catholica ea omnia credenda sunt, quae in verbo scripto vel tradito continentur et ab Ecclesia ... tamquam divinitus revelata credenda proponuntur" (DH 3011). Ein analoges Beispiel für die gleiche Tendenz auf evangelischer Seite ist das Buch von R. Slenczka, Kirchliche Entscheidung in theologischer Verantwortung. Grundlagen, Kriterien, Grenzen, Göttingen 1991, bes. 115–117. 120–141.

Dementsprechend nimmt die mit ihr verbundene religiöse Gewissheit sehr unterschiedliche Gestalt an, die von dem Bewusstsein extremer Bedrohung über eine konventionelle Selbstverständlichkeit bis zu unerschütterlicher Sicherheit und sogar Fanatismus reicht.

Es kann natürlich nicht das Ziel der folgenden Erwägungen sein, in auch nur annähernder Vollständigkeit das sich daraus ergebende komplexe Bild nachzuzeichnen. Andererseits kann man aber auch nicht von der Vielfalt und dem geschichtlichen Wandel absehen und ein angeblich zeitlos gültiges dogmatisches Konzept erstellen. Ich beschränke mich daher im folgenden Abschnitt IV, „Gewissheit im Streit", auf den Bereich des neueren deutschen Protestantismus und die Herausforderungen, denen er sich zu stellen hat. Selbst das lässt sich nur exemplarisch durchführen. Ich lasse einige charakteristische Stimmen aus Theologie und Philosophie zu Wort kommen, die Grundlegendes und noch für heutige Debatten Relevantes zum Thema beigesteuert haben. Das ist zuerst der Gegensatz von Luther und Feuerbach, die beide ausdrücklich den Begriff der Gewissheit benutzen. Sodann widme ich mich einigen Äußerungen aus der Krisensituation nach dem I. Weltkrieg, deren Nachwirkung bis heute anhält.[19] Für die nach dem Abklingen der Krise beginnende und

---

[19] Man wird hier eine Darstellung der beiden Erlanger Theologen F.H.R. VON FRANK und L. IHMELS vermissen, die beide umfangreiche Monographien unter dem Titel der Gewissheit hinterlassen haben. Ich habe sie nicht berücksichtigt, weil mein Hauptinteresse in diesem Kapitel auf der Zeit nach der durch den I. Weltkrieg ausgelösten Krise liegt. Ich verweise stattdessen auf die gründliche Untersuchung von N. SLENCZKA, Der Glaube und sein Grund. F.H.R. von Frank, seine Auseinandersetzung mit A. Ritschl und die Fort-

bis heute anhaltende Periode (Abschnitt V), die im Zeichen des neuen Wohlstandes und der rapide zunehmenden gesellschaftlichen Ausdifferenzierung steht, stellt sich gegenüber den radikalen Theorien der Krisenzeit auf neue Weise das Problem der „Vergewisserung", das ebenfalls anhand zweier Konzepte erörtert wird. Im letzten Abschnitt (VI) entwickle ich unter dem Titel „Gewissheit und Vergewisserung im Zeichen des Kreuzes" in Anknüpfung und Widerspruch die Grundzüge einer eigenen Stellungnahme, die hoffentlich der weiteren Diskussion dienlich sind.

IV. Gewissheit im Streit

Ich beginne mit *Luther*. Das tue ich nicht bloß aus dem naheliegenden Grund, dass er für das Thema der religiösen Gewissheit nun einmal der klassische protestantische Kronzeuge ist, der es in der Auseinandersetzung mit der Papstkirche zum entscheidenden Streitpunkt theologischer Lehre gemacht hat. Ebenso wichtig ist in unserem Zusammenhang, dass er im Kampf um seine persönliche Glaubensgewissheit selber durch alle Höhen und Tiefen der Frömmigkeit gegangen ist. Er hat diese Erfahrungen einmal in einem einzigen Satz prägnant zusammengefasst: „Ego ipse non semel offensus sum usque ad profundum et abyssum desperationis, ut optarem nunquam esse me creatum hominem, antequam scirem, quam salutaris illa

---

führung seines Programms durch L. Ihmels. Studien zur Erlanger Theologie Bd. 1 (FSÖTh 85), Göttingen 1998.

esset desperatio et quam gratiae propinqua."[20] Das verleiht seinen theologischen Äußerungen zum Thema ihre besondere Glaubwürdigkeit. Überdies haben neuere Forschungen gezeigt, dass Luthers Denken ohnehin nicht nur aus dem theologiegeschichtlichen Zusammenhang, sondern mehr noch aus seiner Frömmigkeit verstanden werden muss.[21] Das gilt nicht nur für die Klosterkämpfe, wo das ja evident ist, sondern grundsätzlich. Er hat das in einer Tischrede selbst mit Nachdruck hervorgehoben: „Vera theologia est practica, et fundamentum eius est Christus, cuius mors fide apprehenditur. [...] Speculativa igitur theologia, die gehort in die hell zum Teuffel."[22] Den Tod Christi im Glauben zu erfassen ist demnach etwas anderes, als einen theologischen Lehrsatz darüber zu begreifen und anzuerkennen. Es heißt vielmehr, in der Anfechtung mit ihm zu sterben und in ihrer Überwindung an seiner Auferstehung Teil zu bekommen.

Diesen Zusammenhang gilt es im Sinn zu behalten, wenn wir uns nun Luthers ausdrücklichen Äußerungen zum Begriff Gewissheit zuwenden. Wegweisend ist dafür

---

[20] M. LUTHER, De servo arbitrio (1525), WA 18 (600–787), 719,9–12.

[21] Repräsentativ für einen solchen Ansatz sind K. HOLL, Was verstand Luther unter Religion? (1917), in: DERS., Gesammelte Aufsätze zur Kirchengeschichte, Bd. 1, Tübingen [6]1932, 1–110; N. SÖDERBLOM, Humor und Melancholie und andere Lutherstudien (Humor och melankoli och andra lutherstudier, 1919), in: DERS., Ausgewählte Schriften, hg. von D. Lange, Bd. 4, 2015, 23–318; G. EBELING, Luthers Seelsorge an seinen Briefen dargestellt, Tübingen 1985, und R. SCHWARZ, Martin Luther – Lehrer der christlichen Religion, Tübingen 2015.

[22] WATR 1, 72,16 f. 20 f. (Nr. 153, 1531). Zitiert bei EBELING, aaO, 3 in sprachlich leicht modernisierter Form.

eine Stelle aus seiner Großen Galatervorlesung: „[…] haec est ratio, cur nostra Theologia *certa* sit: Quia rapit nos a nobis et ponit nos extra nos, ut non nitamur viribus, conscientia, sensu, persona, operibus nostris, sed eo nitamur, quod est extra nos, Hoc est, promissione et veritate Dei, quae *fallere non potest*."[23] „Nostra Theologia" meint dabei nicht die Wittenberger Theologie oder überhaupt die so bezeichnete akademische Disziplin, sondern „die Rede […], die dem Menschen zum wahrheitsgemäßen Gottesverhältnis verhelfen will", also das in der Verkündigung ergehende lebendige Wort Gottes, das „Christum treibet".[24] Die Gewissheit (certitudo), von der „unsere Theologie" spricht, beruht also darauf, dass wir uns unmittelbar und ausschließlich auf die bloße Zusage (promissio) Gottes stützen (nitamur). Diese kann nicht ihrerseits noch einmal abgestützt werden, etwa durch die Autorität kirchlicher Hierarchie, sondern verbürgt allein aus sich selbst heraus Untrüglichkeit (fallere non potest). Menschliche Kräfte schwinden; das Gewissen kann irren; sinnliche Wahrnehmung kann trotz Kontrolle versagen; das gesellschaftliche Ansehen der Person zählt nicht; ethische Leistungen sind zwiespältig; auch die Leistungen theologischer Argumentation sind unzuverlässig, wenn sie auf ihre intrinsische Beweiskraft bauen. Im Zusammenhang der Vorlesung wendet sich Luther damit gegen das Papsttum: „In Papatu impossibile, quod aliquis certus", denn der Papst setzt „mea opera", also notorisch unzuverlässige irdische Sicherungen, an die Stelle der Gewissheit und da-

[23] WA 40/I, 589,25–28. Hervorhebungen von mir.

[24] So R. Schwarz, Martin Luther (wie Anm. 21), 3; vgl. den Zusammenhang S. 3–6 und 349–361.

mit an die Stelle des verheißenden Gottes selber (588,7; 589,4).

Der Begriff certitudo ist bei Luther meistens auf das Verhältnis des Menschen zu Gott bezogen. Deswegen gebraucht er ihn gern im Zusammenhang mit fides.[25] Doch kennt er daneben auch eine „certitudo legum in prophanis politiis, ubi de temporalibus agitur". Das ist die durch Vernunft und menschliche Arbeit gestützte, lebensnotwendige Gestalt der Selbst- und Weltgewissheit im sozialen Zusammenleben. Doch sind die diese objektivierenden Gesetze als Produkte menschlicher Leistung nicht die Primärursache solcher Gewissheit. Diese verdankt sich vielmehr einer alle menschlichen Werke übergreifenden und lenkenden göttlichen Absicht: „divino munere conceditur toti mundo gratis [...]".[26] Damit dürften die von Gott geschaffenen drei „Stände" gemeint sein. Weltliche Gewissheit verdankt sich also der Verbindung von Vertrauen in die geschaffene Wirklichkeit mit Selbsttätigkeit und konstituiert so das Wechselspiel von relativer Abhängigkeit und relativer Freiheit.

Die Glaubensgewissheit ist stets bedroht. In welchem Maß das bei Luther der Fall war, zeigen die wiederholten Phasen tiefer Verzweiflung, die er in Briefen, Tischreden und Predigten bezeugt. Dabei handelte es sich keineswegs nur um Gewissensnot und Anfechtungen des Gewissens, sondern auch um natürliche Widrigkeiten des Lebens wie Krankheit und Trauer. Die Glaubensgewissheit betrifft also nicht nur die Rechtfertigung und das Heil, sondern

---

[25] Vgl. z.B. WA 25, 21,29 f.35 f. (1532/34); WA 39/II, 194,15–18 (1542).

[26] WA 18, 654,13 f. (1525).

auch die Güte Gottes als des Schöpfers. Auch die Selbst- und Weltgewissheit ist von Anfechtung betroffen.[27] Für die Heilmittel, die er dafür gefunden hat, rekurriert Luther in keinem Fall auf kirchliche Autorität. Er nennt in erster Linie das Gebet und das Evangelium von Christus, auch seelsorgerliche Gespräche, und daneben z.B. Musik oder Humor. Bei aller menschlichen Vermittlung bleibt jedoch der eigentliche Zugang zu Gott stets unmittelbar.

Solche Unmittelbarkeit zu Gott im Glauben galt der römischen Polemik gegen Luther lange Zeit als superbia, als freche Bestreitung ihrer eigenen gottgesetzten Autorität. Nathan Söderblom hat in dem grundlegenden Kapitel seines Lutherbuches über die Gewissheit einleuchtend gemacht, dass in dieser Polemik das uralte religionsgeschichtliche Motiv der Hybris als Erregung des Neides der Götter wieder zum Vorschein komme. Damit gibt er eine einleuchtende Erklärung für die – weder bloß katholischen noch auch nur christlichen – Versuche religiöser Institutionen, durch pädagogische „Arrangements mit dem Himmel" (Molière, Le Tartuffe) die Gläubigen vor der direkten Konfrontation mit der göttlichen Macht zu schützen.[28] Sie sind nichts anderes als die im vorigen Abschnitt erwähnte Strategie einer religio duplex, also „gutgemeinte" Unwahrhaftigkeit. Sie ist der tiefste Grund da-

---

[27] Das hat besonders N. Söderblom herausgearbeitet, Humor … (wie Anm. 21), 81–106. Er unterscheidet sich damit von K. Holl, der Luthers Anfechtungen so gut wie ausschließlich auf die Gewissensnot bezieht und behauptet, „mit der Frage des Übels [sei er] verhältnismäßig leicht und restlos fertig geworden", K. Holl, Was verstand Luther … (wie Anm. 21), 47.

[28] Vgl. N. Söderblom, Humor … (wie Anm. 21), 269–284, zu Molière dort S. 274.

für, dass Luther innerhalb der römischen Kirche nicht zur Gewissheit des Glaubens finden konnte.[29]

Luther hat, wie wir gesehen haben, die Unmittelbarkeit der Gottesgewissheit klar von der Selbst- und Weltgewissheit und auch von der elementaren Primärgewissheit, dem Urvertrauen unterschieden. Diese Formen verbleiben auf der Ebene der sinnlichen Gegenwart des Miteinanderseins. Die Selbst- und Weltgewissheit ist ein durch das Wechselspiel von passiven Widerfahrnissen und aktiver Weltgestaltung bestimmtes emotionales und intellektuelles Phänomen. Von diesen natürlichen Gegebenheiten die ihnen allen zugrunde liegende und sie fundierende, schlechthin unmittelbare Glaubensgewissheit zu unterscheiden, stellt in der Religionsgeschichte eine große emotionale und intellektuelle Leistung dar. Denn Gottvertrauen ist ja stets durch Selbst- und Weltgewissheit, etwa durch Vertrauen zu bestimmten Menschen oder durch Naturerlebnisse, vermittelt. Die Selbst- und Welterfah-

---

[29] Ein neueres römisch-katholisches Beispiel für religio duplex ist der so genannte Fries-Rahner-Plan: H. Fries und K. Rahner, Einigung der Kirchen – reale Möglichkeit (QD 100, 1983), Freiburg u.a. [3]1987. Dort heißt es, die Protestanten brauchten nur auf ausdrücklichen Widerspruch zur katholischen Lehre zu verzichten; für eine Wiedervereinigung genüge völlig die fides implicita, die „grundsätzliche Überzeugung [...], dass [...] die Kirche die Wahrheit Gottes verkündigt" (42f. 47, das Zitat 44), also ganz allgemein den christlichen Glauben vertritt. Zur Kritik vgl. E. Herms, Einheit der Christen in der Gemeinschaft der Kirchen. Die ökumenische Bewegung der katholischen Kirche im Lichte der reformatorischen Theologie. Antwort auf den Rahner-Plan (KiKonf 24), Göttingen 1984, 135–157, sowie die berühmte Abhandlung von A. Ritschl, Fides implicita. Eine Untersuchung über Köhlerglauben, Wissen und Glauben, Bonn 1890.

rung ist, mit Schleiermacher geredet, als Verhältnis von relativer Abhängigkeit und relativer Freiheit der Reflexion durch den täglichen Umgang jederzeit verifizierbar. Die Einsicht in die schlechthinnige Abhängigkeit jedoch, in der sich der Mensch als in der Transzendenz gegründet versteht, ist weder auf diese Weise noch auch durch einen stringenten logischen Schluss zu erreichen, sondern nur durch das Wagnis, sich ungesichert auf sie einzulassen. Diese Unterscheidung hat deshalb einen langen geschichtlichen Prozess erfordert, in dem anthropomorphe Züge (etwa die Vorstellung eines do-ut-des Verhältnisses) sukzessive aus dem Gottesbild ausgeschlossen wurden. Das ist insbesondere innerhalb der alttestamentlichen Tradition zu beobachten, wenngleich die Unterscheidung hier noch nicht vollendet ist, wie die Bindung der Gottesgewissheit an die Zugehörigkeit zum Volk Israel zeigt. Entsprechend könnte man sagen, dass die Selbstverständlichkeit, welche die Bindung des christlichen Glaubens an die Autorität der römischen Kirche in ihrer langen vorreformatorischen Geschichte angenommen hatte, eine Gestalt der Weltgewissheit zur Grundlage des Glaubens macht. Die Metapher „Mutter Kirche" spricht dafür. Dass Luthers These der unmittelbaren Glaubensgewissheit diese Verhältnisbestimmung auflöste, erklärt – trotz der Geschichte sich verstärkender Zweifel an der kirchlichen Autorität schon in dem ihm voraufgehenden Jahrhundert – ihre explosive Wirkung.

Die Unterscheidung zwischen Glaubensgewissheit und Selbst- und Weltgewissheit verschärfte sich in der Neuzeit. Schon die großen naturwissenschaftlichen Entdeckungen in der Renaissance hatten zu einer ersten Problematisierung des Wort-Gottes-Begriffs geführt. Sodann widersprach die konfessionelle Spaltung der gewohnten, sichtbaren Einheit des Christentums, und die Entdeckungen fremder Kulturen forderten den Glauben an die Selbstverständlichkeit seiner Geltung heraus. Aus diesem Wandel ergab sich in der Gewissheitsgeschichte der abendländischen Menschheit als Reaktion der Gedanke Descartes', die Selbstgewissheit zur Grundlage der Glaubensgewissheit zu erklären. In anderer Form bekräftigte Kant dies mit seinem moralischen Gottespostulat. Im Gegensatz zu diesen den Frieden mit dem Christentum wahrenden Versuchen bestritten die französischen Enzyklopädisten jeglichen Gottesglauben. In Deutschland waren es dann radikale Denker wie David Friedrich Strauß, Bruno Bauer und Ludwig Feuerbach, die aus dem Schutz der großartigen Denkgebäude des Deutschen Idealismus ausbrachen und dessen Synthesen von Christentum und Philosophie kündigten. Zugleich befeuerte und radikalisierte diese Entwicklung die historisch-kritische Betrachtung der christlichen Tradition selber und erweckte damit weithin den Eindruck von deren völliger Relativierung oder gar Auflösung.

Das neue Lebensgefühl der Revolutionäre des Vormärz bringt *Ludwig Feuerbachs* Religionskritik exemplarisch zum Ausdruck, und zwar unter expliziter Verwendung des Begriffs der Gewissheit. Er ist in unserem Zusammenhang deshalb von Interesse, weil er die Denkrichtung Luthers in ihr genaues Gegenteil verkehrt: Der Mensch habe Gewissheit schon bisher keineswegs Gott verdankt, sondern sie in Wahrheit mittels einer fiktiven Gottesidee sich selbst verschafft. Die Vorstellung von einem für sich existierenden, transzendenten Gott ist demnach nichts anderes als eine Gestalt menschlichen Selbstbewusstseins, das nur noch nicht zu sich selbst gefunden hat. Denn „die Gewissheit und Realität Deiner Existenz liegt nur in der Gewissheit und Realität Deiner menschlichen Eigenschaften." Analog müsste die Gewissheit der Existenz Gottes in der Gewissheit seiner Eigenschaften liegen. Nun aber gilt: „[...] die Qualität und Bestimmtheit Gottes ist nichts Anderes als die *wesentliche Qualität* des Menschen selbst."[30] Gewissheit gibt es demnach überhaupt nur als Selbstgewissheit des Menschen. Der Fortschritt der Erkenntnis liegt dann gerade nicht in einer Steigerung der jenseitigen Transzendenz des Seinsgrundes, sondern genau umgekehrt in deren allmählicher Verwandlung zu der diesseitigen Transzendenz des Ideals des Menschen selbst. Diesem allein kommt dann Unentrinnbarkeit und Verbindlichkeit zu.

Dieses Schlussverfahren ist so lange überzeugend, wie man nicht sieht, dass das Ergebnis, es könne keinen transzendenten Grund menschlicher Existenz geben, bereits zu Beginn vorausgesetzt ist, das Verfahren also zirkulär ist. Das Gleiche gilt freilich entsprechend, wie insbesondere Kant gezeigt hat, für die Beweise vom Dasein Gottes.

Die neue Selbstgewissheit hat in der Folge verschiedene Formen angenommen. Feuerbach selbst hat daraus eine Ethik der Menschlichkeit und Liebe abgeleitet. Eine entgegengesetzte Möglichkeit war die Legitimierung schran-

[30] Vgl. L. FEUERBACH, Das Wesen des Christentums (1841), SW 6, hg. von W. Bolin, Stuttgart 1960, 23f. Hervorhebung im Original.

kenlosen Machtstrebens. Dieses schloss in den Großideologien des vorigen Jahrhunderts die „Propaganda“ für ihre selbstgeschaffene Wahrheit und den Zwang zu ihrer Anerkennung ein. Das hat bekanntlich zu einer massenhaft zu beobachtenden konformistischen „Gewissheit“ geführt, die „alternative facts“ (wie man das neuerdings nennt) kritiklos akzeptierte.[31] Diese antireligiöse Karikatur der Religion hat heute in vielen Ländern der Welt unter anderer Fahne neue Protagonisten gefunden.

Ein besonders eindrucksvolles Gegenbild zu dieser Fehlentwicklung bietet die Position des vor den Nationalsozialisten ins niederländische Exil geflohenen Philosophen *Helmuth Plessner*. Er hat mithilfe einer Kombination aus biologischen und philosophischen Einsichten eine phänomenologische Anthropologie der Selbsttranszendenz entwickelt. Deren Grundthese lautet, das Wesen des Menschen bestehe im Unterschied zu Pflanzen und Tieren darin, sich von sich selbst distanzieren zu können und so sein vorfindliches Dasein unendlich zu überschreiten. Nicht zufällig spielt der Begriff der Gewissheit in diesem Konzept *keine* Rolle. Er hat trotzdem – oder gerade deswegen – in diesem Zusammenhang seinen Platz, weil für Plessner das einzig Gewisse eben diese „exzentrische Positionalität“ des Menschen ist. „Dem menschlichen Standort liegt zwar das Absolute gegenüber, der

---

[31] Der Begriff Propaganda leitet sich von der Congregatio de propaganda fide her, die 1622 von Papst Gregor XV. ins Leben gerufen wurde, um den protestantischen Einfluss einzudämmen. Der moderne Missbrauch des Begriffs dürfte einer der Gründe gewesen sein, aus denen Paul VI. den Namen 1967 in Congregatio pro Gentium Evangelizatione geändert hat.

Weltgrund bildet das einzige Gegengewicht gegen die Exzentrizität. Ihre Wahrheit, ein existentielles Paradoxon, verlangt jedoch gerade darum und mit gleichem inneren Recht die Ausgliederung aus dieser Relation des vollkommenen Gleichgewichts und somit die Leugnung des Absoluten [...] Der Geist [...] weist Mensch und Dinge von sich fort und über sich hinaus. Sein Zeichen ist die Gerade endloser Unendlichkeit. Sein Element ist die Zukunft."[32] Der menschliche Geist ist dann nicht etwa selbst das neue Absolute, denn er hat seine Gewissheit nicht mehr in sich selbst, sondern in einem unabschließbaren Sich-Voraus. Das ist ein möglicher logischer Endpunkt des Gewissheitsproblems, und es ist konsequent, dass Plessner den Begriff Gewissheit meidet. Angesichts des unabweisbaren Todes könnte man diese radikale Offenheit den Mut zum Fragment nennen. Darüber hinaus dürfte dieses Konzept auch als ein Versuch zu lesen sein, die Situation der kulturellen Krise nach dem I. Weltkrieg konstruktiv zu bearbeiten.

Es liegt nahe, diesem völligen Verzicht auf einen transzendenten Ruhepunkt solche theologischen Interpretationen von Gewissheit gegenüberzustellen, die durch die gleiche epochale, bis heute nachwirkende Krise des I. Weltkriegs geprägt sind. Ich komme dafür noch einmal auf die beiden Denker zurück, die schon im ersten Kapitel dieses Bandes zu Wort gekommen sind, Karl Barth und Emanuel Hirsch, weil sie auch zu der hier verhandelten Thematik besonders Charakteristisches gesagt haben.

---

[32] H. Plessner, Die Stufen des Organischen und der Mensch (1929), GS 4, Frankfurt 1981, 424f.

Die „radikale Kontingenz“[33] des Wortes Gottes bei *Karl Barth* stellt eine der unendlichen Offenheit für eine unbekannte Zukunft bei Plessner genau entgegengesetzte Antwort auf dieselbe Erfahrung der radikalen Ungesichertheit des Menschen dar. Dem entspricht es, dass bei Barth der Begriff der Gewissheit zwar gelegentlich vorkommt, aber im Effekt so gut wie keine Rolle spielt.[34] Doch hat das bei ihm seinen Grund nicht in der selbst das Absolute noch überbietenden Selbsttranszendenz des Menschen, sondern umgekehrt in der alle menschliche Selbsttranszendenz ausschaltenden Objektivität der göttlichen Offenbarung. Objektivität meint hier das radikale Gegenteil von Verfügbarkeit. Das Wort Gottes ergeht, wie wir sahen, absolut souverän und voraussetzungslos und verlangt seine „grundlose“ Anerkennung (KD I/2, 252). Es drängt sich dem Menschen geradezu auf, wenn es ihn in der christologisch zentrierten Verkündigung trifft (I/1, 110). Diese bietet ihm sogar klar erkennbare Handlungsanweisungen für die Gegenwart (II/2, 652). Das hat später den christlichen Anhängern der Friedensbewegung die Gewissheit verliehen, die politisch allein richtige Linie zu vertreten, damit freilich zugleich die pragmatische Analyse möglicher politischer Folgen auf problematische Weise beeinträchtigt oder sogar verhindert.

---

[33] Der Ausdruck stammt von I. U. Dalferth, Radikale Theologie (ThLZ.F 23), Leipzig ²2012, 271–274: „Radikale Kontingenz und Trinität“.

[34] Das Register zur Kirchlichen Dogmatik gibt 11 Stellen an. An den drei genannten Stellen in IV/3 ist der Begriff jedoch nicht zu finden, an weiteren fünf ist die Verwendung unspezifisch. Es bleiben I/1, 482 und 486 (die, da im gleichen Zusammenhang stehend, als eine Stelle gerechnet werden können) und IV/2, 313.

Wie man bereits der Konzentration auf die Verkündigung entnehmen kann, richtet sich das Wort Gottes nach Barth primär nicht an das Herz des einzelnen Menschen, sondern (wie einst bei Albrecht Ritschl) an die Gemeinde (I/2, 229; IV/1, 826f. 838f.). Das ist der vorgegebene Rahmen, innerhalb dessen Glaubensgewissheit „Ereignis [wird] als Ergreifen der göttlichen Verheißung". (I/1, 482). Sie ist zwar dieser Verheißung geschuldet, entsteht aber erst im Akt des Ergreifens. Die Versöhnungslehre präzisiert später diesen Gedanken. Da ist es der Gehorsam des Glaubens gegenüber dem „objektiven Sein" der Versöhnung, der die „subjektive[n] Gewißheit" mit sich führt (IV/2, 313).

Der Souveränität des Wortes Gottes entspricht seine Exklusivität. Barth bringt sie dadurch zum Ausdruck, dass er dem Christentum in der Welt der Religionen von vornherein einen Sonderstatus zuerkennt.[35] Religion ist nach ihm der Versuch des Menschen, sich vor Gott selbst zu rechtfertigen. Insofern ist sie „Unglaube", „Angelegenheit des gottlosen Menschen" (327). Das gelte zwar auch für das vorfindliche Christentum, doch mache die Versöhnung in Christus es zur einzigen wahren Religion. Es ist Barth nicht entgangen, dass auch andere Religionen wie insbesondere der Amida-Buddhismus oder die Bhakti-Religion von göttlicher Gnade zu reden vermögen. Er geht sogar recht ausführlich auf beide ein (372–377). Doch endet der Passus ohne genauere Begründung mit der Fest-

[35] Vgl. zum Folgenden KD I/2, 304–397. Die hier dargelegte Position hat sich in der späteren so genannten Lichterlehre nicht wesentlich geändert. Ihre Grundthese lautet, es gebe zwar viele Offenbarungen, aber nur eine Offenbarung Gottes, KD IV/3, 107f.

stellung, dort seien „allenfalls Symptome“ der allein wahren Gnade zu finden, weil „der Name Jesus Christus“ fehle. Deshalb seien ihre Anhänger am Ende doch nichts als „arme, gänzlich verlorene Heiden“ (376).

Für die Beurteilung all dieser Aussagen muss man noch einmal an ihren zeitgeschichtlichen Kontext erinnern. Mit seiner Sicht der Glaubensgewissheit wollte Barth nicht nur die reformatorische Grundentscheidung wieder zu Ehren zu bringen, sondern auch den Individualismus und die Unkirchlichkeit weiter Kreise des Kulturprotestantismus überwinden helfen. Das konnte seiner Auffassung nach angesichts der politischen und allgemein geistigen Krise seiner Zeit nur durch einen radikalen Neuanfang geschehen. Das bringt die zum Äußersten zugespitzte Auslegung der Souveränität Gottes zum Ausdruck, die beim Menschen auf eine tabula rasa stößt. Sie allein schien ihm auch die Möglichkeit zu bieten, die durch Indoktrination erzeugten „absoluten“ Gewissheiten des Nationalsozialismus religiös zu überbieten. Ebenso richtet sich die Ortsbestimmung der Gewissheit in der Gemeinde nicht nur gegen den Individualismus der liberalen Tradition, sondern muss auch im Zusammenhang mit der Notwendigkeit strikter Solidarität in der Bekennenden Kirche gesehen werden.

Aus dem zeitlichen Abstand werden freilich auch die Probleme deutlich, die dieses imponierende System hinterlassen hat. Dazu gehört in unserem Zusammenhang vor allem die Randposition der persönlichen Gewissheit, die ganz im Schatten der fraglosen objektiven Autorität der Bibel und des Vorrangs der Gemeinde steht. Zwar ist das weder im Sinn der altprotestantischen Inspirationslehre noch gar im katholischen Sinn einer kirchlichen Lehrautorität gemeint. Doch faktisch stellt das eine Rückkehr zu einer vorkritischen Sicht der Bibel dar, und es setzt ein Maß an kirchlicher Bindung des einzelnen Christen voraus, wie es der Wirklichkeit seit der Aufklärung immer weniger entspricht. Durch diese beiden Vorgaben wird der Einzelne auf eine Weise kirchlich eingehegt, die den Gewissheit verheißenden Glaubensgehorsam auf kirchliche Gruppensolidarität zu reduzieren droht. In der gegenüber dem Dritten Reich völlig veränderten kirchlichen Situation der letzten Jahrzehnte konnte solche kollektive Gewissheit in einer späteren Generation allzu leicht zur bloßen political correctness mutieren.[36] Auch die Privilegierung des christlichen Glaubens gegenüber aller Religion gehört in den Zusammenhang kirchlicher Einhegung. Sie läuft auf eine Selbstimmunisierung des Christentums hinaus, die weder den mannigfachen Berührungspunkten des Christentums mit anderen Religionen noch der Vorläufigkeit der christlichen Glaubensgewissheit angemessen gerecht zu werden vermag.

Ganz anders sieht die Sache bei *Emanuel Hirsch* aus. Er hat konsequent mit der historisch-kritischen Interpretation der Bibel und des christlichen Dogmas Ernst gemacht, so sehr die Bibel auch für ihn als Sammlung der ältesten Glaubenszeugnisse selbstverständlich zentrale Bedeutung hat. Ebenso selbstverständlich ist es ihm, dass die einzelnen Christen eine Kirche bilden und auch brauchen, aber diese ist gegenüber dem Glauben des Einzelnen

---

[36] Ich habe diesen Zusammenhang genauer analysiert in dem Aufsatz Political correctness – Ideologie – Dogmatismus (ZThK 114/2017, 440–470), 461–466.

sekundär. In beiderlei Hinsicht stehen also keinerlei objektiv vorgegebene Autoritäten zwischen Gott und dem Menschen. Vor Gott ein Einzelner sein, das ist für Hirsch der Ausgangspunkt alles Nachdenkens über Glaubensgewissheit. Das hat er von Kierkegaard gelernt (wiewohl dieser sich das altgläubige Verhältnis zur Bibel bewahrt hatte). Er nennt das die „wehrlose Subjektivität" des Glaubens, im Unterschied zur fides historica, die sich „objektiv" durch die Annahme eines verzauberten Sonderbereichs der Wirklichkeit abzusichern sucht.[37]

Die Existenz als Einzelner legt Hirsch nun freilich nicht mit dem Begriff der Gewissheit, sondern mit dem des Gewissens aus. Seine Verwendung dieses Begriffs geht zum einen auf Karl Holls Einsicht zurück, dass Religion bei Luther Gewissensreligion sei. Das Gewissen ist demnach das Entscheidungszentrum des Menschen, das durch Gottes richtendes Gesetz und durch sein tröstendes Evangelium getroffen wird. Der Begriff bewahrt hier zwar seine traditionelle ethische Bedeutung, aber diese wird der religiösen Dimension coram Deo klar untergeordnet. Es handelt sich also, mit Paul Tillich zu reden, um eine transmoralische Kategorie.[38] Hirsch verwendet dafür gerne den Doppelausdruck Herz und Gewissen. Daneben hat sein Gewissensbegriff noch eine zweite Quelle, nämlich die Sittenlehre Johann Gottlieb Fichtes. Bei diesem ist das

---

[37] E. Hirsch, Die Auferstehungsgeschichten und der christliche Glaube, Göttingen 1940, 65–69. Für die fides historica tritt „der Glaube an das leere Grab an die Stelle, die allein dem Christusglauben gebühr[t]", 66.

[38] Vgl. P. Tillich, Das religiöse Fundament moralischen Handelns (1963), GW 3, (13–106), 66–70.

Gewissen die letzte Instanz der sittlichen Selbstbestimmung des Menschen und als solche unfehlbar: „Das Gewissen irrt nie, und kann nicht irren, denn es ist das unmittelbare Bewußtseyn unsers reinen ursprünglichen Ich, über welches kein anderes Bewußtseyn hinausgeht [...]. Es entscheidet in der letzten Instanz und ist inappellabel."[39] Hirsch hat sich dieser Auffassung im Großen und Ganzen angeschlossen. Zwar kann er gelegentlich von einem irrenden Gewissen sprechen, eingehender jedoch nur in einer späten Schrift von 1966. Dort ist immerhin von „Unreife, Verkrampfung oder Verblendung" des Gewissens die Rede (eine verklausulierte Selbstkritik an seiner blinden Gefolgschaft gegenüber dem Nationalsozialismus?).[40] Doch ändert das nichts daran, dass die „Gewissenswahrheit" im Grunde, d.h. coram Deo, die „eigentümliche und *letzte* Gestalt menschlichen Wahrheitsbewusstseins" ist.[41] Das gilt in doppelter Hinsicht: zum einen in Bezug auf die Selbsterkenntnis, dass vor dem Gewissensspruch die Subjektivität „als die Unwahrheit sich vernimmt"; zum anderen gegenüber der unausweichlichen „Fügung" bzw. dem „Ruf" durch die von Gott gesetzten Schöpfungsordnungen in einer bestimmten ge-

---

[39] J.G. Fichte, Das System der Sittenlehre nach den Principien der Wissenschaftslehre (1798), Gesamtausgabe der Bayerischen Akademie der Wissenschaften Bd. I/ 5, hg. von R. Lauth, Stuttgart 1977, 161 f.

[40] Vgl. E. Hirsch, Deutschlands Schicksal. Staat, Volk und Menschheit im Lichte einer ethischen Geschichtsansicht, Göttingen ^{3}1925, 141 (nur implizit); Christliche Rechenschaft Bd. 2 (1938; Werke III/2, Berlin/Schleswig-Holstein 1978), 217; Ethos und Evangelium, Berlin 1966, 65–67 (das Zitat 66).

[41] Christliche Rechenschaft Bd. 1, 189. Meine Hervorhebung.

schichtlichen Situation.[42] Durch die Verwendung desselben Begriffs Gewissen für das religiöse Gottesverhältnis und für das ethische Verhältnis zur Welt entsteht – bei aller Betonung der durch das erstere gewährten Freiheit – eine eigentümliche Strukturverwandtschaft bedingungsloser Abhängigkeit in beiden Relationen. Sie ist vermittelt durch den konservativ-lutherischen Topos der Schöpfungsordnung, kraft deren etwa das Volk nicht nur als geschichtlicher Ort *geheiligt* wird, an dem der Mensch aus Glauben handeln soll, sondern auch als solches *heilig* ist.[43] Eben darum wird auch das Gewissen nicht nur als der Ort *geheiligt*, an dem Gott dem Menschen begegnet, sondern der konkrete in der Geschichte ergehende Gewissensruf ist als solcher *heilig*.[44] Er manifestiert sich in der „Ehre des freiwilligen Umschlossen- und Getragenseins im Ringe des [Volks-]Nomos."[45]

Hirschs Denken besticht einerseits durch seine Verbindung von Unmittelbarkeit des Glaubens zu Gott im Sinn der Reformation mit der prinzipiellen Offenheit unbedingter Redlichkeit gegenüber der durch die Aufklärung geschaffenen geistigen Lage. Solche Redlichkeit ist für jede Antwort auf die Frage nach Glaubensgewissheit in

---

[42] AaO 189 (hier das Zitat). 191.

[43] Christliche Rechenschaft Bd. 1, 249. Vgl. hierzu und zum Folgenden D. LANGE, Der Begriff des Heiligen in den theologischen und politischen Schriften Emanuel Hirschs, in: Christentumsgeschichte und Wahrheitsbewußtsein. Studien zur Theologie Emanuel Hirschs (TBT 50), hg. von J. Ringleben, Berlin/New York 1991, 188–225.

[44] Christliche Rechenschaft Bd. 1, 189–195; Bd. 2, 248–257.

[45] E. HIRSCH, die gegenwärtige geistige Lage im Spiegel philosophischer und theologischer Besinnung, Göttingen 1934, 41.

der Moderne unerlässlich. Dafür habe ich ihn hier als Kronzeugen angeführt. Andererseits war er jedoch nicht in der Lage, die solcher Offenheit entsprechende gesellschaftliche Liberalität westeuropäisch-amerikanischen Denkens zu akzeptieren. Daran hinderte ihn die Unbeugsamkeit seines an das traditionale Gesellschaftsbild der Kaiserzeit gekoppelten Gewissens. Das ist nur aus einer tiefsitzenden emotionalen Bindung zu begreifen, die ihn dann für die nationalsozialistische Ideologie anfällig gemacht hat. So hat er zwar ebenso wie Barth die Ungesichertheit des Menschen angesichts der Unverfügbarkeit göttlicher Offenbarung betont. Doch an der Stelle von dessen Gehorsams-Dezisionismus gegenüber dem Ereignis kirchlicher Verkündigung steht bei ihm der Dezisionismus des unbedingt gebietenden Gewissens gegenüber der „deutschen Stunde". So verwickeln sich auf schier unauflösliche Weise religiöse und ideologische Gewissheit.

Analog zum innerchristlichen Problem des Wortes Gottes hat Hirsch seine Argumentation zur Frage des religiösen Pluralismus aufgebaut.[46] Da das Gewissen eine allgemein menschliche Gegebenheit ist, steht für ihn fest, dass es auch ein allgemein menschliches Gottesverhältnis gibt, das sich in der Mannigfaltigkeit von Religionen manifestiert. Das spezielle christliche Gottesverhältnis samt seiner unbedingten Verbindlichkeit wird demgegenüber durch einen bestimmten geschichtlichen Kommunikationsvorgang vermittelt. Zu diesem Vorgang gehört für ihn das Faktum, dass das Christentum zur „Religion des weißen Mannes" geworden sei. Die Lösung des Pluralis-

[46] Vgl. Christliche Rechenschaft Bd. 2, 116–118.

musproblems findet er deshalb darin, dass das Christentum die anderen Rassen überformt. Zur Weltreligion könne es endgültig nur werden, wenn die „Weltherrschaft der weißen Völker" erhalten bzw. ausgebaut werde. Ob dies tatsächlich eintrete, ob sich also seine geglaubte Wahrheit werde durchsetzen können, müsse offen bleiben.[47] Während also zunächst das allgemein menschliche Gottesverhältnis einen interreligiösen Dialog „auf Augenhöhe" zu ermöglichen scheint, der Gemeinsamkeiten und Differenzen angemessen zur Sprache zu bringen erlaubt, wird diese Möglichkeit sogleich wieder abgeschnitten, und zwar nicht durch einen kirchlichen, sondern durch einen rassischen Herrschaftsanspruch. Damit tritt eine hochproblematische Form der Selbst- und Weltgewissheit in Konkurrenz zur eigentlich intendierten Herrschaft des transzendenten Gottes.

Die gesellschaftspolitische Ausformung dieses Konzepts, die offenkundig bei Hirsch kein bloßes Randphänomen ist, hat vielfach die Rezeption seiner Einsicht blockiert, dass die „wehrlose Subjektivität" des Glaubens coram Deo zwingend eine absolut intellektuell redliche Öffnung für die durch die Aufklärung hervorgerufene geistige Situation verlangt.

---

[47] Vgl. E. HIRSCH, aaO, 117; DERS., Hauptfragen christlicher Religionsphilosophie, Berlin 1963, 252.

V. Vergewisserung

Die Nachkriegszeit begann in Deutschland mit einer Art Schockstarre totaler Verunsicherung, die durch eine Mischung aus Traumatisierung, Schuldgefühl oder Trotz, Schmerz über persönliche Verluste und Enttäuschung gekennzeichnet war. Dieser Zustand ist klassisch dokumentiert in dem expressionistischen Kriegsheimkehrerdrama *Draußen vor der Tür* des jungen Schriftstellers Wolfgang Borchert, das zuerst 1947 auf vielen deutschen Bühnen aufgeführt wurde.[48] Das Bedürfnis nach Gewissheit kam damals nicht zuletzt in einer (kurzlebigen) Renaissance der Kirchlichkeit zum Ausdruck. Diese wurde zu einem erheblichen Teil getragen von den Mitgliedern der Bekennenden Kirche, insbesondere von den Schülern Karl Barths, die sich im Kirchenkampf als zuverlässig erwiesen hatten und deshalb in den Kirchenleitungen wie auch an den theologischen Fakultäten stark an Einfluss gewannen.

Schon bald schuf freilich *Rudolf Bultmanns* 1948 veröffentlichtes Programm der Entmythologisierung, das während des Krieges nur ein begrenztes Echo gefunden hatte, neue Unruhe.[49] Die Heftigkeit des daraus resultierenden Streites, der weite Teile der Kirche, insbesondere Pietisten und Evangelikale auf den Plan rief, lässt erkennen, wie stark das Ruhebedürfnis nach dem Ende des Kir-

---

[48] W. BORCHERT, Draußen vor der Tür, Hamburg/Stuttgart 1947. Viele weitere Auflagen.

[49] Vgl. R. BULTMANN, Neues Testament und Mythologie. Das Problem der Entmythologisierung der neutestamentlichen Verkündigung (1941), in: H. W. Bartsch (Hg.), KuM 1, Hamburg 1948, 15–48.

chenkampfes war. Rückblickend kann man sagen, dass Bultmanns energischer Aufruf zu redlicher Weiterführung historisch-kritischer Exegese entscheidend dazu beigetragen hat, einen Rückfall in puren Biblizismus und damit eine Umgehung der Gewissheitsfrage in ihrer neuzeitlichen Gestalt zu verhindern. Positiv formuliert: Er hat an die Spannung erinnert, die in der Neuzeit zwischen der Gewissheit des Glaubens und der Gewissheit über die empirisch-historische Außenseite der Zeugnisse des Glaubens besteht. Diese Spannung bringt er in seiner historisch-kritischen Arbeit einerseits darin zum Ausdruck, dass er die Eigenart des christlichen Kerygmas gegenüber der religiösen Umwelt in Anknüpfung und Widerspruch herausarbeitet. Diese Umwelt gehört auf die Seite des „Vorverständnisses" vom Dasein, das der Mensch immer schon mitbringt und das den Stoff der Neu- und Umdeutung durch die göttliche Offenbarung abgibt.[50] Auf der anderen Seite liegt ihm alles daran, dem Glauben die falschen Stützen historischer „Beweise" zu nehmen, die ein illegitimer Übergriff des Vorverständnisses auf die Souveränität der Offenbarung wären. Daraus erklärt sich seine extreme Skepsis gegenüber dem „historischen Jesus".

Damit hat er das Problem der *Vergewisserung* neu auf die theologische Tagesordnung gesetzt. Die historische Arbeit unterstützt in der Sicht Bultmanns die theologische Grundeinsicht, dass die Vergewisserung über den

---

[50] Zum Vorverständnis vgl. R. BULTMANN, Das Problem der „Natürlichen Theologie", in: DERS. Glauben und Verstehen. Gesammelte Aufsätze Bd. 1, Tübingen ²1954, 294–312, bes. 311 f., sowie DERS., Das Problem der Hermeneutik, Glauben und Verstehen Bd. 2, Tübingen 1952, 211–235.

Glauben nur durch Gott selbst, vermittelt durch das Glaubenszeugnis anderer, gewährt werden kann. Die Vergewisserung über die zugehörigen Aspekte der Selbst- und Weltgewissheit wird dadurch nicht überflüssig. Ihr fällt die Aufgabe zu, den Glauben an das geschichtliche Handeln Gottes in Christus zu binden, ohne ihn jedoch von den stets revisionsbedürftigen Ergebnissen der Forschung abhängig zu machen. Das ist der Sinn des viel kritisierten Redewendung von dem „bloßen Dass des Gekommenseins" Jesu.

Bultmann hat damit nicht nur den Fortgang der historischen Arbeit an der Bibel zu bewahren geholfen, sondern auch den Stachel der „Theologie der Krise" treuer bewahrt, als es deren verkirchlichter Form beim späten Karl Barth gelungen ist. Nicht so sehr der erste, sondern vor allem der zweite Punkt dürfte der tiefere Grund für die Heftigkeit des Streites über die Entmythologisierung in einer Zeit sein, in der es vorrangig nicht mehr um die Auseinandersetzung mit einer Krise, sondern um Kontinuität des Neuaufbaus ging.

Diese allgemeine Lage brachte enorme geistige und soziale Veränderungen mit sich. Seit den fünfziger Jahren nötigten die allmähliche Entwicklung eines demokratischen Bewusstseins, der neue Wohlstand und die wiederum einsetzende Entkirchlichung zu einer durchgreifenden Neubesinnung.[51] Die Glaubensgewissheit musste dem Menschen jetzt als Grund eines realen Lebens in einer auf ruhige Kontinuität angelegten Epoche verständ-

---

[51] Vgl. dazu die kritische Analyse von W. TRILLHAAS, Das Evangelium und der Zwang der Wohlstandskultur, Berlin 1966.

lich werden. Wie kann man Gottes gewiss werden in einer Zeit, die nicht mehr von den schroffen Gegensätzen der Kampfzeit des Dritten Reiches bestimmt war? Welche Orientierungspunkte bietet die neue Erfahrungswelt in ihrer wachsenden Unübersichtlichkeit, um dem Glauben Vergewisserung zu ermöglichen? Damit war die Theologie gefragt. Gegenüber der „radikalen Kontingenz" der Offenbarungstheorie der Dialektiker galt es, den Haftpunkt göttlicher Offenbarung in der nicht mehr im Ausnahmezustand befindlichen Selbst- und Welterfahrung neu zu bestimmen.

Ein erster Schritt in diese Richtung ist innerhalb der Theologie die so genannte neue Frage nach dem historischen Jesus.[52] Bultmanns historische Skepsis erschien jetzt auch vielen seiner Schüler als mindestens teilweise durch theologischen Zweckpessimismus motiviert. Zudem erschien die Reduktion der Bedeutung des irdischen Jesus auf das „bloße Dass seines Gekommenseins" als eine Abstraktion, die tendenziell die Geschichtlichkeit der Offenbarung und damit den Bezug der Glaubensgewissheit zur Selbst- und Weltgewissheit aufs Spiel setzte. Nicht nur hier erwiesen sich Korrekturen als notwendig, sondern im Blick auf die Dialektische Theologie insgesamt verstärkte sich bei der folgenden Generation der Eindruck, dass die Bestreitung eines Haftpunktes für die Offenbarung Gottes auf der Seite des Menschen die Gefahr des Weltverlustes in sich barg. Ja, die Offenbarung drohte geradezu ein Selbstgespräch Gottes zu werden, das die Menschen nicht

---

[52] Vgl. E. Käsemann, Das Problem des historischen Jesus (ZThK 51/1954, 125–153).

erreicht. Dies war das entscheidende Motiv für die nun einsetzende allmähliche Abkehr von dieser theologischen Richtung und für eine Neuorientierung an der Zeit vor der großen Krise, insbesondere an Schleiermacher. Auch der Einfluss der jetzt neu erscheinenden Werke Paul Tillichs gehört in diesen Zusammenhang.

Es war unvermeidlich, dass die in dieser Entwicklung enthaltene Frage nach der Vergewisserung auch explizit aufgeworfen wurde. Damit rückten die in dem vorliegenden Band erörterten Problemkreise in den Fokus der theologischen Arbeit: das Verhältnis der Glaubensgewissheit zur historischen Grundlage in der Bibel und – später – auf das Verhältnis zur gesellschaftlichen, pluralistischen Wirklichkeit. Für das erstere steht im Folgenden das Programm der Gruppe um Wolfhart Pannenberg, für das andere der Entwurf von Eilert Herms.

Pannenberg hatte, in der Auseinandersetzung mit seinem unchristlichen Elternhaus und stimuliert durch die Beschäftigung mit Nietzsche, von Anfang an ein lebhaftes persönliches Interesse daran, die Gewissheit des christlichen Glaubens argumentativ zu erweisen. Das erste öffentliche Zeugnis dafür ist die sofort große Aufmerksamkeit auf sich ziehende Programmschrift *Offenbarung als Geschichte*.[53] Der Titel soll besagen, Offenbarung sei keine direkte Mitteilung nach Art einer inneren Schau oder einer Theophanie, sondern geschehe „indirekt, durch Gottes Geschichtstaten" (91, These 1). Sie ist ein fort-

---

[53] W. PANNENBERG, R. RENDTORFF, T. RENDTORFF, U. WILKENS, Offenbarung als Geschichte, Göttingen 1961. Darin: W. PANNENBERG, Dogmatische Thesen zur Lehre von der Offenbarung, S. 91–114. Danach die folgenden Seitenzahlen.

schreitender Prozess, an dessen Beginn (nach dem Alten Testament) Gott noch verborgen bleibt. Doch bereits hier wird das „gläubige Vertrauen [...] durch die Evidenz der heilschaffenden [...] Geschichtstatsache bewirkt" (ebd.). Vollends offenbar wird Gott zwar erst am Ende der Geschichte sein (104). Doch in Jesu „Geschick" ist er „offenbar als der verborgene Gott" (105), und seine Auferstehung antizipiert die Vollendung der Offenbarung (107). Sie hat damit den Charakter eines „geschichtlichen Erweises der Gottheit Gottes" (111).

Diese Aussagen über die biblische Tradition hat Pannenberg einige Jahre später, angelehnt an Hegels Religionsphilosophie, in den historischen Gesamtzusammenhang eingezeichnet. Er deutet diesen als Prozess fortschreitender Integration religiöser Wahrheiten, die im Christentum als der alle Wahrheit umfassenden Religion ihr Ziel findet.[54] Seine überlegene Integrationskraft dient implizit als Wahrheitsbeweis (270 Anm.), soll also angesichts der Pluralität der Religionen die christliche Glaubensgewissheit stärken.

Das in der Programmschrift thesenhaft skizzierte Konzept hat Pannenberg später ausgebaut und zugleich dessen Beziehung zu Hegel präzisiert. Dieser hatte die Auffassung vertreten, „daß der Geist als ein Selbstbewußtsein d.h. als ein wirklicher Mensch *da ist*, daß er für die unmittelbare Gewißheit ist, daß das glaubende Be-

---

[54] Vgl. W. PANNENBERG, Erwägungen zu einer Theologie der Religionsgeschichte, in: DERS., Grundfragen systematischer Theologie, Bd. 1, Göttingen 1967, 252–297. Danach die folgende Seitenzahl. – Die Erörterung beschränkt sich auf den abendländisch-mediterranen Bereich und bezieht auch den Islam nicht mit ein.

wußtsein diese Göttlichkeit *sieht* und *fühlt* und *hört*". Das sei „nicht Einbildung, sondern es ist *wirklich an dem.*"[55] Doch in der Fortführung des Gedankens hatte Hegel dies als eine im Prozess seines Zu-sich-selbst-Kommens lediglich vorläufige Gestaltwerdung des Geistes charakterisiert, die im Bewusstsein der Gemeinde „aufgehoben" werde. Auch das darauf folgende Stadium des Gemeindeglaubens müsse noch aufgehoben werden im „Begriff", d.h. in der spekulativen Philosophie. Den Begriff der Aufhebung, an dem sich einst die radikale Kritik von David Friedrich Strauß entzündet hatte[56], kann Pannenberg wegen seiner Zweideutigkeit nicht übernehmen. Er sieht die Inadäquatheit des Bewusstseins der Gemeinde nicht wie Hegel in seinem Verhältnis zum Begriff, sondern darin, dass es die endgültige Offenbarung in dem historischen Ereignis der Auferstehung Jesu lediglich antizipiert. Damit wendet er den spekulativen Gedankengang ins Empirische mit der Begründung, die Glaubensgewissheit müsse Allgemeingültigkeit beanspruchen. Sie könne sich darum weder mit der Subjektivität persönlichen Vertrauens

---

[55] G. W. F. HEGEL, Phänomenologie des Geistes, Jubiläumsausgabe Bd. 2, 576. Hervorhebungen im Original.

[56] Vgl. D. F. STRAUSS, Das Leben Jesu, kritisch bearbeitet, Bd. 2, Tübingen 1836, 734: „Das ist ja gar nicht die Art, wie die Idee sich realisiert, in Ein Exemplar ihre ganze Fülle auszuschütten, und gegen alle anderen zu geizen, sondern in einer Manchfaltigkeit von Exemplaren, [...] im Wechsel sich setzender und wiederaufhebender Individuen liebt sie ihren Reichtum auszubreiten." Vgl. zum philosophiegeschichtlichen Zusammenhang dieser These D. LANGE, Historischer Jesus oder mythischer Christus. Untersuchungen zu dem Gegensatz zwischen Friedrich Schleiermacher und David Friedrich Strauß, Gütersloh 1975, 282–289.

begnügen[57] noch in der Abstraktion des reinen Begriffs aufgehen. Ihr alleiniges Ziel sei die Erhellung „des *wahren Sachverhalts*“ im Eschaton (246).[58]

Die Theologie hat also nach Pannenberg die Aufgabe, sich der Glaubensaussagen durch historische Erkenntnis zu vergewissern. Dabei sind allerdings Zusammenstöße mit gesicherten Ergebnissen historisch-kritischer Exegese unvermeidbar. So sieht er sich angesichts der neutestamentlichen Wundergeschichten zu der These genötigt, dass „auch die Naturgesetze nicht unveränderlich gelten“; sie seien vielmehr ein „Ausdruck der Treue Gottes“ und beruhten „nicht auf einer naturhaften Unwandelbarkeit, sondern auf einem von Fall zu Fall bekräftigenden Festhalten an einmal getroffenen Entscheidungen.“[59] Diese okkasionalistische Theorie gewinnt besondere Bedeutung für die Auferstehung Jesu.[60] In der Annahme, die Grabestradition sei unabhängig von der Erscheinungstradition entstanden, findet Pannenberg die Möglichkeit, die letztere als Bestätigung der ersteren zu verstehen (103). Die Jünger hätten also nachträglich *festgestellt*, dass Jesus tatsächlich „zu einem neuen Leben gekommen“ sei, das man sich wohl trotz seiner gewissen „Andersartigkeit“ als zeitweilige Rückkehr ins irdische Leben vorzustellen

---

[57] Vgl. W. PANNENBERG, Wahrheit, Gewissheit und Glaube, in: DERS., Grundfragen systematischer Theologie, Bd. 2, Göttingen 1980 (226–264), 228. 251–256.

[58] PANNENBERG, aaO, 246 (meine Hervorhebung).

[59] W. PANNENBERG, Kontingenz und Naturgesetz, in: A.M.K. MÜLLER/W. PANNENBERG, Erwägungen zu einer Theologie der Natur, Gütersloh 1970 (33–80), 54. 69.

[60] Vgl. W. PANNENBERG, Grundzüge der Christologie, Gütersloh 1964, 95 f. Danach auch die folgende Seitenzahl.

hat.[61] Damit wäre die leibliche Auferstehung als historisches Ereignis erwiesen. Dem grundsätzlichen Einwand von Hans Graß, dass dies einen willkürlichen Eingriff Gottes in den von ihm selbst geschaffenen natürlichen Ablauf der Dinge voraussetze, erteilt er einen Rüffel im klassischen Stil theologischer Apologetik: „Woher weiß Graß so genau, was nach Gottes Willen möglich war und was nicht?"[62] In seiner Systematischen Theologie erläutert er diese Frage so: „‚Historizität' muß nicht bedeuten, daß das als historisch Behauptete analog oder gleichartig mit sonst bekanntem Geschehen sei."[63] Die Auferstehung Jesu soll vielmehr als Vorwegnahme des Eschaton, somit als auf unmittelbarem Eingreifen Gottes beruhend, ein „historisches" Ereignis besonderer, mit anderen historischen Ereignissen nicht vergleichbarer Historizität sein.

Die Gewaltsamkeit dieser Art von empirischem Gottesbeweis zeigt, warum das Konzept einer „Offenbarung *als* Geschichte" die intendierte Stützung religiöser Gewissheit nicht zu leisten vermag und sich deshalb auch nicht hat durchsetzen können. Analog gilt das Gleiche für Pannenbergs Argument, die Integrationskraft des Chris-

[61] Vgl. W. PANNENBERG, Systematische Theologie Bd. 2, Göttingen 1991, 402f. Dass die Erscheinungstradition eine solche „Ergänzung" durch die Grabeslegende gar nicht verträgt, zeigt Paulus I. Kor. 15,50, wo er feststellt: Das φθαρτόν, also der verwesende Leib, „wird die Unsterblichkeit nicht ererben". Auferstehen werde vielmehr ein σῶμα πνευματικόν (V. 44). Das ist eine deutliche Kritik an der „Auferstehung des Fleisches", die sich freilich trotzdem bis in Bekenntnisformulierungen hinein durchgesetzt hat.

[62] Vgl. W. PANNENBERG, Grundzüge … (wie Anm. 60), 103. 99 (hier das Zitat); vgl. den ganzen Zusammenhang S. 85–103.

[63] W. PANNENBERG, Systematische Theologie Bd. 2 (wie Anm. 61) 403; vgl. den Zusammenhang S. 393–405.

tentums als Endstadium der Religionsgeschichte beweise seine höhere Wahrheit. Was hat das Christentum im Lauf seiner Geschichte sich nicht alles angeeignet, auch an höchst zweifelhaften Erwerbungen!

Geradezu entgegengesetzt ist das Konzept von *Eilert Herms* angelegt. Von Apologetik im herkömmlichen Sinn findet sich bei ihm keine Spur.[64] In hohem Maß interdisziplinär, ist es von einer streng durchreflektierten Einheitlichkeit. Voraussetzung für das Zusammenstimmen theologischer, philosophischer, sozialwissenschaftlicher und ökonomischer Gedankengänge in seinem System ist die Grundannahme, dass es nicht nur keine zwei Arten historischer Gewissheit, sondern *überhaupt* nur *eine* Gewissheit von Weltbewusstsein und Gottesbewusstsein geben könne. Die Quelle solcher Gewissheit ist allemal Offenbarung im weitesten Sinn des Wortes, Erschlossenheit überhaupt, die *immer* mit Selbstvergewisserung einhergeht.[65] Ort solcher Gewissheit ist das Erleben (64), in dem ich meiner selbst gewiss werde und diese Gewissheit zugleich als handlungsleitend erfahre. Darin wird mir die „schlechthin passive Konstitution" aller Gewissheit und damit auch ihr transzendenter Ursprung evident (60–62).

In seiner Systematischen Theologie hat Herms klargestellt, dass er mit diesem Gedankengang nicht eine bruchlose Kontinuität zwischen natürlicher und christlich-reli-

---

[64] Vgl. E. Herms, Systematische Theologie, Bd. 1, Tübingen 2017, XXIII: Seine Theologie sei apologetisch nur im Sinne Schleiermachers als Beschreibung des Wesens des Christentums.

[65] Vgl. E. Herms, Offenbarung und Wahrheit, in: W. Brändle/G. Wegner (Hg.), Unverfügbare Gewissheit. Protestantische Wege zum Dialog der Religionen, Hannover 1997, 52–71, hier 59. 67. Danach die folgenden Seitenzahlen.

giöser Gewissheit postulieren will. Vielmehr gibt es in der Offenbarungsgeschichte zwischen Erwartung (Altes Testament) und Erfüllung in Christus ebenso wie auf dem Erkenntnisweg zum christlichen Glauben heute durchaus eine Diskontinuität, die durch Missverständnisse und Verwechslungen gekennzeichnet ist.[66] Das verhält sich so, obwohl die „menschliche Lebensgegenwart“ eigentlich selbst schon „die absolut zuverlässige Verheißung ihres Zieles“ ist (525). „Die Versetzung in das lumen gratiae“ jedoch „erschließt zugleich mit der Herkunft des geschaffenen Personseins im lumen naturae, aus dem absolut Welt schaffenden Versöhnungswillen des Schöpfers auch die Zukunft des geschaffenen Personlebens [...]“[67], und zwar nicht nur die zeitliche, sondern die absolute Zukunft. Jene Diskontinuität ist also in eine sie umgreifende Kontinuität eingebettet. Die sie erschließende Offenbarung durch das lumen gratiae hat darum keinen „mirakelhaften“, supranaturalen Charakter, sondern ist genau im gleichen Sinn unverfügbare Erschließung wie alle sie vorbereitende Offenbarung durch das lumen naturae (500). Ihre „vertrauensvolle Anerkennung“ erfolgt ebenso wie die Anerkennung jener „durch freie Akte des sich-selbst-Verstehens [...]“ (527).

Mit anderen Worten: Ist der Mensch erst einmal durch Christus kraft seines prophetischen Amtes über den Heilswillen Gottes „aufgeklärt“, so ist die „Macht der Täuschung“ im Prinzip überwunden (1022–1026). Dann ist ihm ein für alle Mal gewiss, dass die *relativ* passive

[66] Vgl. Herms, Systematische Theologie, Bd. 1 (wie Anm. 64), 494–500. Danach die folgenden Seitenzahlen.

[67] Herms, aaO, 502.

Konstitution seines Erlebens in Wahrheit eine *schlechthin* passive Konstitution ist, und dass diese im universalen Versöhnungswillen Gottes wurzelt. Damit ist aber jene Diskontinuität faktisch beseitigt und die Einheit aller Gewissheit gesichert.

Diese Konzeption ist von imponierender Geschlossenheit, ein Gebäude, in dem jeder Raum seinen besonderen Zweck hat und alle diese Zwecke genau aufeinander abgestimmt sind. Auch das Kreuz Jesu ist nicht „die große Störung", sondern hat seinen genau umschriebenen Ort. Es scheint so, als ob trotz aller Erfahrungssättigung und trotz aller Betonung der Unverfügbarkeit der Wahrheit Leibniz' spekulativer Gedanke einer prästabilierten Harmonie der heimliche Leitstern dieses Konzepts wäre. Die Behauptung der Einheit aller Gewissheit in dieser sich als lutherisch verstehenden Dogmatik schließt offenbar alle „Anfechtung" aus. Es kommen zwar Missverständnisse und Verwechslungen vor, doch werden diese durch die „Aufklärung" des Heiligen Geistes zuverlässig aufgehoben, und die schlechthin passive Konstitution des Daseins, die doch eigentlich die Unverfügbarkeit der Gewissheit verbürgen soll, wird zu etwas ein für alle Mal Gewusstem. Ohnehin sind solche „Missverständnisse", ja sogar Sünde und Schuld, offenbar von Gott vorn vornherein eingeplant. Damit aber werden sie zur bloßen Negation bzw. zu bloßen Stationen in einem linear gerichteten Prozess. Es hat den Anschein, als werde die Unverfügbarkeit der Offenbarung dem verfügenden Wissen des Christen um Gottes Plan überantwortet. Das aber wäre eine contradictio in adiecto.

Aus den Erörterungen der letzten beiden Abschnitte ergeben sich fünf Fragen, auf die in dem folgenden, letzten Stück Antworten gesucht werden sollen.

1. Wie ist Glaubensgewissheit überhaupt zu gewinnen?
2. Wenn die Glaubensgewissheit und die Selbst- und Weltgewissheit des modernen Menschen weder zu einer doppelten Wahrheit auseinanderfallen dürfen noch einfach zusammenfallen können, wie ist dann ihr gegenseitiges Verhältnis zu beschreiben?
3. Wie ist der Zweifel zu beurteilen, der unter den Bedingungen des weltanschaulichen Pluralismus den Glauben unweigerlich befällt, und zwar einerseits auf der Ebene der Unmittelbarkeit in Gestalt des Theodizeeproblems und andererseits auf der Reflexionsebene in Gestalt der Frage nach der Existenz Gottes?
4. Wie verhält sich die Existenz des Einzelnen vor Gott zu der konstitutiven Intersubjektivität menschlicher Existenz?
5. Wie verhält sich die Überzeugung des Christen von der Wahrheit seiner eigenen Religion zu deren anscheinender Relativierung durch die konkurrierenden Wahrheitsansprüche der anderen Religionen, und wie ist darum die Zukunft des Christentums einzuschätzen?

VI. Gewissheit im Zeichen des Kreuzes

Oberster Grundsatz für alles theologische Reden von Gewissheit muss die absolute *Wahrhaftigkeit* sein. Jegliche Art von doppelter Wahrheit, also auch die Annahme einer besonderen Art von Geschichtlichkeit, für die das Gesetz der Analogie nicht gelten soll, ist schlechthin inakzeptabel. Das gilt gleichermaßen für die Arroganz einer religio duplex, die einzelne Christen oder Gemeinden pädagogisch vor „gefährlichen" Wahrheiten schützen will und sie damit de facto für unmündig erklärt.

Das schließt eine *regionale Differenzierung* von Gewissheit nicht aus: Es gibt „Regionen" menschlichen Empfindens, Denkens und Handelns, die zwar im einzelnen Subjekt ebenso wie im Ganzen des öffentlichen Lebens miteinander verknüpft sind, sich aber nicht aufeinander zurückführen lassen. Man kann, auf das Phänomen der Gewissheit bezogen, logische, empirische, moralische, ästhetische Gewissheit nach dem Grad ihrer Objektivität unterscheiden. Doch ist damit ihre je besondere Eigenart nicht erfasst. Auf diese Thematik kann ich hier nicht näher eingehen, sondern muss mich mit der These begnügen, dass sie miteinander kompatibel sind und in der Lebenswirklichkeit einander mannigfach durchdringen.[68]

Von größerer Relevanz für die gegenwärtigen Überlegungen sind die verschiedenen *Ebenen* der Gewissheit. Ich habe deren drei benannt: 1. die präreflexive Primärgewissheit des unmittelbaren Sich-Gegebenseins (Urvertrauen). 2. die ihrer selbst bewusste Selbst- und Weltge-

[68] Der dieser Unterscheidung zugrundeliegende Gedanke ist in der neuzeitlichen Philosophie in mannigfachen Variationen vertreten worden, so in IMMANUEL KANTS Unterscheidung der drei Kritiken, in WILHELM DILTHEYS Unterscheidung zwischen Natur- und Geisteswissenschaften, in EDMUND HUSSERLS Rede von Regionalontologien oder in LUDWIG WITTGENSTEINS Theorie der Sprachspiele. Von theologischer Seite vgl. I.U. DALFERTH, Kombinatorische Theologie. Probleme theologischer Rationalität (QD 130), Freiburg u.a. 1991, bes. 72–78. 117.

wissheit im Wechselspiel von „Evidenzglauben" und aktiver Vergewisserung. 3. die religiöse Gewissheit der schlechthinnigen Abhängigkeit vom Grund des Seins bzw. von Gott. Der kritische Punkt lässt sich dabei durch den Begriff des *Evidenzglaubens* markieren.[69] Dieser bezeichnet den transzendentalen Akt der Bestätigung empirischer Wahrnehmung (auf der vorreflexiven Ebene) oder des Ergebnisses einer empirischen Untersuchung, der conclusio eines logischen Schlussverfahrens oder auch des „Zündens" einer Idee (auf der reflexiven Ebene). Er ist die Gewissheit von Sachhaltigkeit überhaupt. In allen diesen Fällen kann das Evidenzerlebnis unmittelbar oder durch intersubjektive Vermittlung eintreten. Entscheidend ist, dass jeder als evident behauptete Sachverhalt einer Überprüfung und ggf. einer Revision offenstehen muss. Das heißt, hier ist eine Vergewisserung nicht nur möglich, sondern unbedingt gefordert.

Nun ist die Frage, ob das Bekenntnis einer *Transzendenzerfahrung* ebenfalls auf einem solchen Evidenzglauben beruht. Auch eine solche Erfahrung scheint ja die Gewissheit hervorzurufen: Mir hat sich ein Phänomen so erschlossen, wie es an ihm selber ist. Indessen liegt hier eine – nur allzu leicht sich einstellende – Verwechslung vor. Transzendenz vermittelt sich durch einschneidende weltliche Ereignisse wie biographische Schlüsselerfah-

---

[69] Er stammt von W. STEGMÜLLER, vgl. dessen Arbeit: Metaphysik, Skepsis, Wissenschaft, Berlin u.a. [2]1969, 193. 200. Zur Sache vgl. auch E. HUSSERL, Erfahrung und Urteil. Untersuchungen zur Genealogie der Logik, hg. v. L. Landgrebe (PhB 280), Hamburg [5]1976, bes. 7–20; sowie D. LANGE, Glaubenslehre, Bd. 1, Tübingen 2001, 147. 151–154.

rungen, denen oft der Eindruck eindeutiger Klarheit anhaftet. Dennoch ist die darin begegnende Transzendenz selbst mit keiner solchen Erfahrung identisch, sondern bleibt dahinter verborgen. Das gilt erst recht für Erzählungen von Theophanien, Visionen und Auditionen, die in alter Zeit oft solche Schlüsselerfahrungen vertreten, heutzutage dagegen meistens Symptome psychischer Störungen darstellen, und ebenso für ekstatische Massenphänomene. In allen diesen Erfahrungen sind immer nur ihre äußeren Erscheinungsformen allgemein fassbar, nicht aber deren behaupteter Bezug auf Transzendenz. Denn diese betrifft den Grund meines Seins und alles Seins überhaupt. Hier greift die Metareflexionsebene bis in die der Primärgewissheit hinein.[70] Die Erfahrungen, in denen sich Transzendenz bemerkbar macht, können immer nur symbolisch auf sie verweisen. Ein solcher Verweis wird dann notwendig zum Gegenstand der Reflexion, die jedoch dasjenige, worauf er verweist, nicht abschließend verifizieren kann. Eine argumentative Vergewisserung ist hier nicht möglich.

Gegen diese Sicht hat in jüngerer Zeit besonders Falk Wagner Einspruch erhoben.[71] Er sieht in ihr, auf Feuer-

---

[70] Hier ist an Schleiermachers Begriff des unmittelbaren Selbstbewusstseins zu denken. – K. Kristinová will hier nur von der Meta-Ebene sprechen, vielleicht aus Sorge, dass sich an dieser Stelle ein denkfauler Irrationalismus breitmachen könnte; vgl. K. Kristinová, Die verbotene Wirklichkeit (HUTh 72), Tübingen 2018, 87. Diese Sorge teile ich; die Reflexionsebene darf in der Tat nicht ausgeschaltet werden. Sie liegt aber bei der religiösen Erfahrung nicht auf dem „geordneten Weg" von der präreflexiven Ebene zur Metaebene sozusagen in der Mitte, sondern kommt erst nachträglich ins Spiel.

[71] Vgl. F. Wagner, Was ist Religion? Studien zu ihrem Begriff

bachs Religionskritik rekurrierend, den Fehler aller an Schleiermacher anknüpfenden Bewusstseinstheologie, „die behauptete Wahrheit der Religion auf ein Unbedingtes zu gründen, das eingestandenermaßen vom es bedingenden religiösen Bewußtsein abhängt". Damit komme man jedoch nicht weiter als zu bloßen „Versicherungen" (589). Er hat deshalb versucht, diesen Fehler in Anlehnung an Hegel durch eine allgemeine spekulative Theorie der Religion zu überwinden, die trinitarisch strukturiert sein müsse (587–589). Sie soll die religiöse Erfahrung, die nur in historisch geprägter individueller Religion vorkommt, durch objektive Vernunft überbieten. Dagegen ist freilich einzuwenden, dass selbst die hochabstrakte christliche Trinitätslehre letztlich auf religiöse Erfahrung zurückgeht. Deshalb ist Wagners Argumentation an dieser Stelle zirkulär. Gegen Ende seines Lebens hat er selbst den Mut gehabt einzugestehen, dass seine Theorie des Absoluten sich nicht halten lässt: „Der frühere, spekulativ gewichtete Begründungszusammenhang ist mir weggebrochen [...]"[72]

Lässt man jedoch Wagners spekulativen Lösungsversuch beiseite, so muss man ihm insoweit beipflichten, als die *Möglichkeit*, dass es bei der Behauptung einer Transzendenzerfahrung lediglich um eine Gedankenkonstruktion oder Idiosynkrasie handle, nicht schlüssig widerlegt werden kann. Der Mensch kann sich ja ganz offen-

---

und Thema in Geschichte und Gegenwart, Gütersloh 1986. Seitenzahlen im Text nach diesem Buch.

[72] Interview mit Falk Wagner, in: Chr. Henning/K. Lehmkühler (Hg.), Systematische Theologie der Gegenwart in Selbstdarstellungen (UTB 2048), Tübingen 1998 (277–299), 299.

sichtlich ebenso gut wie für Gott auch lediglich für die innerweltliche Zukunft öffnen. Das ist die *Kehrseite* der wehrlosen Offenheit in der Suche nach dem Grund des Seins. Diese Offenheit kann auch die Gestalt unendlicher Selbsttranszendenz haben wie bei Helmuth Plessner oder die Gestalt der in der Geschichte stets unerfüllt bleibenden Hoffnung auf ein kommendes goldenes Zeitalter wie bei Ernst Bloch. Dann sieht sie der religiösen Offenheit für ein Eschaton zum Verwechseln ähnlich. Vom Standpunkt der religiösen Erfahrung muss sie zwar in allen diesen Fällen als incurvatio in se ipsum beurteilt werden: als ein Verschließen des Bereichs der Selbst- und Welterfahrung gegenüber dem allein letzte Gewissheit gewährenden Gott. Doch gibt es keine übergeordnete weltliche Instanz, welche diese Alternative an der Grenze menschlichen Denkens unparteiisch entscheiden könnte. Dieser Befund scheint für die Glaubensgewissheit fatal zu sein. Das macht die mannigfachen Versuche theologischer Apologetik, ihm irgendwie zu entkommen, ebenso begreiflich wie die Selbstisolierung evangelikaler und fundamentalistischer Kreise in einer religiösen Parallelwelt. An der Tatsache, dass jene Alternative besteht, seit die gesellschaftliche Geltung des Christentums in der Neuzeit ihre Selbstverständlichkeit verloren hat, ändert das nichts. Sie ist nach menschlichem Ermessen unumkehrbar.

Bei Lichte besehen ist dieser Zustand freilich gar nicht neu, zumindest nicht überraschend. Er entspricht nämlich im Grunde genau dem Wesen des christlichen Glaubens. Denn hier kommt die Transzendenz Gottes so konsequent wie sonst nirgends zum Ausdruck. Gott erscheint zugleich unnahbar fern wie überwältigend nah, liebender

Schöpfer und verhängnisvolles Schicksal, strenger Richter und gnädiger Versöhner. Der Mensch versteht sich vor Gott als zum Guten geschaffen und doch seiner Bestimmung ständig widersprechend, Sünder und Gerechtfertigter zugleich. Die Klammer, welche dies alles miteinander verbindet, ist nach christlicher Glaubensüberzeugung das *Kreuz Jesu*. Das Kreuz ist geradezu der Inbegriff des nicht Selbstverständlichen. Im Kreuz gibt sich der allmächtige Gott leidend für die Versöhnung mit den Menschen hin. Damit kehrt er die religiöse Opferlogik um, nach der es der Mensch ist, der Gott durch seine Bemühungen gnädig stimmen muss. Gottes Niederlage vor dem Hass erweist sich als Sieg seiner Liebe.

Alle diese Aussagen des christlichen Glaubens bilden eine dialektische Widerspruchseinheit. Das Heil ist danach nur sub contrario zu haben. Diese Sicht war von Anfang an eine extreme Herausforderung der Glaubensgewissheit. Schon Paulus stellte fest, das Wort vom Kreuz sei „den Juden ein Ärgernis und den Griechen eine Torheit" (I. Kor. 1,23) und nur uns „eine Gotteskraft" (V. 18). Diese „Juden" und „Griechen" finden sich auch innerhalb der Christenheit. Ihre Frage lautet heute: Wie verträgt sich die Gründung der Glaubensgewissheit auf eine Widerspruchseinheit mit der für sie erforderlichen unbedingten Wahrhaftigkeit? Läuft das nicht auf ein credo quia absurdum hinaus?

Die Geschichte der theologischen Apologetik ist die Geschichte der Versuche, diese scheinbare Absurdität zu entschärfen oder gar zu widerlegen. Auch nichtapologetische positive denkerische Bemühungen und viele kirchenpolitische Maßnahmen dienten diesem Zweck. So haben beispielsweise die Entwicklung des frühkirchlichen Dogmas unter kaiserlicher Oberaufsicht und die hierarchische Ausgestaltung der Kirche das Kreuz zum Siegeszeichen verkehrt (wenngleich es an Erinnerungen an seine ursprüngliche Bedeutung nicht gefehlt hat).

Die Legitimation zu einer solchen Umdeutung fand man in der Auferstehung Jesu. Das erscheint auf den ersten Blick einleuchtend. Schon das Neue Testament verbindet sie ja mit seiner endgültigen Erhebung zum κύριος. Im Zeichen historischen Denkens beruft man sich in der Neuzeit bis heute gern darauf, dass die Auferstehung das bestbezeugte Ereignis der Weltgeschichte sei. Aber Jesu Auferstehung ist, das zeigt die früheste Überlieferung von den Christuserscheinungen in I. Kor 15 deutlich, ein „Ereignis", das Raum und Zeit sprengt. Es handelt sich dabei um eine Glaubensaussage über Jesu endgültige Aufnahme bei Gott. Die eindeutig späteren Legenden von der Auffindung des leeren Grabes und der zeitweiligen Wiederaufnahme eines fast „normalen" irdischen Lebens durch den Verstorbenen sind deutlich apologetisch motiviert und können nicht als historische Bezeugung von Ereignissen in Raum und Zeit gelten. Zugespitzt formuliert: Die Legende von der Auffindung des leeren Grabes taugt nicht dazu, sich des Glaubens an die Herrschaft Christi zu vergewissern. Das Kreuz wird nicht durch die Auferstehung rückgängig gemacht, und die Anfechtung durch das „Ärgernis" des Kreuzes wird nicht in ein unanfechtbares *Wissen* um die Herrschaft Christi verwandelt. Der christliche Glaube versteht sich als durch den ihm innewohnenden Geist Christi (Rm 8,9), nicht durch eigene Bemühung, geschaffene Teilhabe an seinem Gottesverhältnis, an seiner Auferstehung. Die spätere Überlieferung hat das die Ausgießung des Heiligen Geistes genannt.[73]

Damit wird das Leiden in den Heilsweg integriert, die Frage nach der Rechtfertigung Gottes durch den Menschen (exemplarisch geworden in dem Kreuzeswort Jesu: „Mein Gott, mein Gott, warum hast du mich verlassen?") in die Rechtfertigung des Menschen durch Gott gewendet. So lässt sich das Spezifikum des christlichen Glaubens näher beschreiben. Das ist freilich etwas anderes als die allgemeine Weisheit „per aspera ad astra". Diese lässt sich ja leicht durch Gegenbeispiele als nicht allgemeingültig erweisen. Die Teilhabe an Jesu Gottesverhältnis kann nur durch existenzielle Gegenzeichnung bezeugt werden: „Wir wissen, dass *denen, die Gott lieben*, alle Dinge zum Besten dienen" (Rm 8,28).[74] Das impliziert auf Seiten des Menschen nicht weniger als eine völlige *Lebenswende*. Gewissheit heißt dann, sich selbst ohne jegliche Absicherungen auf Gott hin zu verlassen und sein Leben durch ihn bestimmen zu lassen. Die Vergewisserung erfolgt hier allein durch Gott. Deshalb muss die Gewissheit des Menschen sich im Lebensvollzug stets neu bewähren. Ihr eignet ein nicht aufhebbarer *Wagnischarakter*.

Das kommt klassisch zum Ausdruck in Luthers Anfechtungen, von denen ich oben gesprochen habe. Sie entstanden innerhalb einer noch christlich bestimmten Welt

---

[73] Vgl. zu diesem Zusammenhang die immer noch wegweisenden Untersuchungen von E. Hirsch, Die Auferstehungsgeschichten und der christliche Glaube, Göttingen 1940 (mit anderen Arbeiten E. Hirschs zu den Auferstehungsberichten des Neuen Testaments neu hg. von H.M. Müller, in ders., GW 31, Waltrop 1988), sowie H. Grass, Ostergeschehen und Osterberichte, Göttingen [4]1970.

[74] Hervorhebung von mir.

durch die Infragestellung des kirchlichen Anspruchs auf Verfügung über die göttliche Offenbarung. Heute richtet sich der Fokus auf die Infragestellung der göttlichen Offenbarung selbst durch eine nicht mehr geschlossen christliche Umwelt. Schon mit dem Humanismus hatte die Selbst- und Weltgewissheit begonnen, sich allmählich von der Glaubensgewissheit zu lösen. Die Spaltung der christlichen Kirche des Abendlandes hat diesen Vorgang enorm beschleunigt, indem sie zum Türöffner für eine Vielfalt der Weltanschauungen wurde und indirekt auch den Blick für die Mannigfaltigkeit der Religionen geöffnet hat. Damit hielt der *Zweifel* als eigenverantwortetes Denken Einzug. Der Zweifel hat sich im Verlauf der Neuzeit so radikalisiert, dass Gottesgewissheit und Selbst- und Weltgewissheit auseinanderbrachen und die Gottesgewissheit ihre lebensweltliche Selbstverständlichkeit verlor. Damit zog der Zweifel unvermeidlich auch in das christliche Bewusstsein selbst ein.

Da nun Zweifel Unglaube oder jedenfalls eine Neigung zum Unglauben beinhaltet, stellt sich die Frage, ob er vom Glauben aus zu verurteilen sei.[75] Lange Zeit hindurch galt er jedenfalls – und gilt konservativen Kreisen nicht selten bis heute – als Sünde. Selbst Paul Tillich hält ihn offenbar für schuldhaft, wenn er von der Rechtfertigung des Zweiflers spricht. Emanuel Hirsch urteilt differenzierter, indem er den Zweifel in erster Linie, gemäß einer Theologie des

---

[75] Vgl. hierzu und zum Folgenden die beiden Abhandlungen von P. Tillich, Rechtfertigung und Zweifel (1924), in: GW VIII, Stuttgart 1970, 85–100 und E. Hirsch, Der Christ und die Geschichtsmacht des Zweifels, in: ders., Zweifel und Glaube, Frankfurt 1937, 10–52.

Kreuzes, als Leiden unter der Schicksalsmacht der neuzeitlichen Geschichte versteht. Dabei dürfte die Erinnerung an Luthers Anfechtungen mitspielen. Doch gegen Ende seiner Ausführungen spricht auch er von Sünde, ohne freilich die beiden Seiten seines Urteils in Einklang zu bringen. Diese Differenz zwischen beiden Autoren hängt eng damit zusammen, dass Tillich den Zweifel ganz im intellektuellen Bereich ansiedelt, während Hirsch (S. 41) feststellt, dass man kaum eine klare Grenze zwischen intellektuellem und existenziellem Zweifel ziehen kann. Ich halte diese Beobachtung für zutreffend. Doch bleibt die Schuldfrage ungeklärt.

Um diese Frage zu beantworten, ist daran zu erinnern, dass die Glaubensgewissheit ausschließlich durch die Offenbarung Gottes und nicht durch intellektuelle oder emotionale Bemühung zustande kommt. Zweifel dagegen hat eine doppelte Richtung. Zum einen ist er in der Tat in der Situation verlorener lebensweltlicher Selbstverständlichkeit des Glaubens ganz unausweichlich. Es wäre deshalb ebenso sinnlos, ihn zu verbieten wie durch kirchliche Autorität die Gemeinde vor ihm schützen zu wollen. Die Unausweichlichkeit bezeichnet den Leidensaspekt. Zum anderen ist der Zweifel aber auch eine Aktivität, die auf den Gewinn von selbsterworbener Sicherheit aus ist. Insofern diese Stoßrichtung derjenigen der Offenbarung zuwiderläuft, ist er als schuldhaft einzustufen. In diesem Sinn hat Gerhard Ebeling dem methodischen Zweifel bei Descartes, weil dieser mit dessen Hilfe die Wahrheit der angeborenen Gottesidee zu erweisen suchte, die These entgegengehalten: „Der Mensch entbehrt gerade deshalb der Gewißheit, weil er sich von Gott nicht anfechten läßt."[76] In der Lebenswirklichkeit spielen freilich der Schicksalsaspekt und der Schuldaspekt ständig ineinander hinüber. Diese Doppelheit entspricht genau der Intention der Lehre vom peccatum originale, sofern man dessen Ausbreitung nicht im Sinne einer Vererbung versteht, sondern so wie Schleiermacher als das soziale Phänomen einer Gesamtschuld der Menschheit, an welcher der einzelne Mensch teilhat und zu der er selber beiträgt.[77]

Dies alles gilt so nur für den Zweifel an der Gottesgewissheit. Anders steht es natürlich mit dem methodischen Zweifel, sofern er sich auf die Selbst- und Weltgewissheit bezieht. Hier ist er als einziges Mittel, Unwissenheit, Vorurteil und ideologische Neigungen zu überwinden, geradezu geboten. Es ist nicht zuletzt ein Verdienst der reformatorischen Unterscheidung der beiden „Reiche" für das Gebiet des Denkens, dass sich diese Einsicht durchgesetzt hat. Das gilt auch für Bibel- und Dogmenkritik, sofern es sich dabei um eine Kritik an menschlichen Irrtümern handelt. Freilich lässt sich der Zweifel gerade hier wegen der engen Verbindung der beiden Ebenen der Gewissheit nicht einzäunen, sondern er dehnt sich unvermeidlich auch auf das Gebiet der Gottesgewissheit aus. Ja, man muss es sogar als ein Gebot der Wahrhaftigkeit bezeichnen, sich den hier aufbrechenden Fragen zweifelnd zu stellen.

---

[76] G. Ebeling, Gewißheit und Zweifel. Die Situation des Glaubens zwischen Luther und Descartes, in: ders., Wort und Glaube, Bd. 2, Tübingen 1969 (138–183), 167.

[77] Vgl. F.D.E. Schleiermacher, Der christliche Glaube (wie Anm. 16), § 71.

Dieser Satz scheint mit der seinerzeit berühmt gewordenen und vielfach missverstandenen Aufforderung Rudolf Bultmann übereinzustimmen, die Theologie müsse „die philosophische Daseinsanalyse" und damit „eine Bewegung des Unglaubens" nachvollziehen; insoweit werde sie selbst „eine aus dem Glauben entspringende Bewegung des Unglaubens".[78] Sieht man jedoch genau hin, so fällt Folgendes ins Auge. Bultmann lässt die theologische Bewegung des Unglaubens *aus dem Glauben* entspringen. Dieser ist also bloß vorläufig suspendiert, und jeder philosophische *Gegensatz* zum Glauben wird ebenfalls ausgeklammert. Jene „Daseinsanalyse" – gemeint ist Martin Heideggers Philosophie – soll nämlich nur die „formalen Strukturen des Daseins" betreffen. Auf diese Weise näher bestimmt, spielt sich die „Bewegung des Unglaubens" auf neutralem Territorium ab, auf der Ebene der Selbst- und Weltgewissheit. Nun hat Bultmann zweifellos darin Recht, dass er gegen alle Widerstände auf der Notwendigkeit einer nichttheologischen Daseinsanalyse für die Theologie bestanden hat. Indessen ist es höchst fraglich, ob eine solche Analyse jemals neutral sein kann.[79] Ihr Gegenstand ist ja nicht ein Problem mathematischer Logik, sondern eine grundlegende philosophische Theorie, die immer von einem bestimmten Erkenntnisinteresse gelei-

---

[78] R. BULTMANN, Das Problem der „natürlichen Theologie" (wie Anm. 50), 312.

[79] Vgl. dazu K. LÖWITH, Grundzüge der Entwickelung der Phänomenologie zur Philosophie und ihr Verhältnis zur protestantischen Theologie (ThR NF 2/1930, 26–64); DERS., Phänomenologische Ontologie und protestantische Theologie (ZThK NF 11/1930, 365–399), sowie K. HAMMANN, Rudolf Bultmann. Eine Biographie, Tübingen [3]2012, 202–206. 311–319.

tet ist. Dieses Interesse gilt es auszuleuchten. Das gilt erst recht für solche Theorien, die aus dem Unglauben im präzisen Sinn der Negation des Glaubens hervorgehen. „Ausleuchten" ist mehr als „von außen hineinleuchten". Die Gegenposition muss von innen heraus verstanden werden – sie ist ohnehin auch im Innern des Glaubens selbst präsent („Ich glaube, Herr, hilf meinem Unglauben!" Mk 9,24). Dann wird sich zeigen, dass keine philosophische Theorie einfach übernommen werden kann, sondern kritisch rezipiert werden muss. Das hat Bultmann später auch selbst ausgesprochen.[80]

Die Bewegung des Unglaubens als echter Zweifel, in dem sich Schicksal und Schuld verketten, endet in der Aporie, dass keine objektive Instanz die Entscheidung zwischen Glaube und Unglaube treffen kann. An diesem Punkt der Aussichtslosigkeit bleibt nichts anderes übrig als die Auskunft, die Fragerichtung des Zweifels sei umzukehren. An die Stelle einer aktiven Zielsuche tritt dann das passive Sich-Gründen in der radikal transzendenten und unverfügbaren Offenbarung göttlicher Liebe, die sowohl Gewissheit von Sinnerfüllung als auch Vergebung bietet, wiewohl sie sub contrario verborgen bleibt. Herausragendes vorchristliches Zeugnis solcher Einstellung ist der Satz aus dem 73. Psalm (V. 23): „Dennoch bleibe ich stets an dir, denn du hältst mich bei meiner rechten Hand."

---

[80] Vgl. R. Bultmann, Theologische Enzyklopädie, hg. von E. Jüngel und K. W. Müller, Tübingen 1984, 89. Von Heideggers Eintreten für den Nationalsozialismus in der Rektoratsrede von 1933 hat sich Bultmann übrigens von Anfang an klar distanziert, wie er denn überhaupt mit großem Mut auch öffentlich gegen das Regime Stellung bezogen hat. Vgl. K. Hammann, R. Bultmann (wie Anm. 79), 213. 256–295.

Das Spezifikum des christlichen Glaubens gegenüber diesem Dennoch besteht darin, dass er auch das Leiden selbst als von Gott geschickt annehmen kann.

Das Wagnis dieses „*Dennoch*“ ist das Gegenteil eines heroischen Aufbegehrens gegen die angebliche Sinnlosigkeit des Daseins, wie es exemplarisch Albert Camus propagiert hat[81] und wie es von Kritikern dieser Sicht gerne hingestellt wird. Das berechtigte Moment solcher Kritik besteht darin, dass der Mensch coram Deo unvertretbar *Einzelner* ist, der Gott Rechenschaft für seine gesamte Lebensführung schuldig ist. Zugleich aber ist es das Wagnis des Vertrauens auf eine göttliche Zusage hin.

Man hat in der Geschichte aller christlichen Konfessionen dieses Sich Einlassen auf Gott oft als ein *mystisches* Gottesverhältnis vorgestellt. Das ist insofern berechtigt, als jede innerliche Frömmigkeit auch mystische Züge trägt. Das hat die Forschung z.B. an Luther längst gezeigt. Und dass solche Wendungen wie „Christus in mir“ (enstatisch) oder „in Christus“ (ekstatisch) bei Paulus (Gal. 2,20; II. Kor 5,17; 12,2) mystisch zu verstehen sind, hat jedenfalls die ältere Exegese noch gewusst.[82] Sofern freilich Mystik im engeren Sinne als der Versuch des Menschen begriffen wird, durch seine Eigenaktivität der innerlichen Versenkung, möglicherweise durch asketische Übungen

---

[81] Vgl. A. Camus, Der Mythos von Sisyphos. Ein Versuch über das Absurde (Le mythe de Sisyphe, 1942), dt. v. H.G. Brenner und W. Rasch (Rowohlts Deutsche Enzyklopädie 90), Hamburg 1950.

[82] Vgl. A. Deissmann, Paulus, Tübingen 1911, 1–4. 83–92; A. Schweitzer, Die Mystik des Apostels Paulus, Tübingen 1929. Auf die Unterschiede zwischen beiden Autoren hinsichtlich der religionsgeschichtlichen Einordnung der paulinischen Mystik kann ich hier nicht eingehen.

unterstützt, in die Nähe Gottes zu gelangen und geradezu mit ihm zu verschmelzen[83], ist die seit Albrecht Ritschl in der protestantischen Theologie geläufige Polemik gegen sie berechtigt. In genuin christlicher Mystik bleibt bei aller Unmittelbarkeit der Versenkung paradoxerweise die unendliche Distanz zwischen Gott als Grund allen Seins und dem ihm verantwortlichen Menschen erhalten.[84]

Damit ist der Übergang zu derjenigen Frömmigkeitspraxis gefunden, die der eigentliche Ort der Gewinnung oder Wiedergewinnung religiöser Gewissheit ist, zum *Gebet*. Hier wird das Gegenüber von Gott und Mensch nicht durch Kontemplation tendenziell ausgelöscht. Ebenso wenig ist es hier dem Menschen möglich, sich coram Deo durch Stützung auf andere zu entlasten. Das gilt auch für das gemeinsame Gebet in einem Gottesdienst. Gegen jeden Versuch, hier nicht ein Einzelner sein zu wollen, hat Jesus sich mit aller Deutlichkeit geäußert: „Wenn du betest, so geh in dein Kämmerlein und schließ

---

[83] Hier kann man an Sätze denken wie „Gott gebiert mich und mich als sich", vgl. MEISTER ECKHART, Predigt „Gott gebiert mich und mich als sich", in: DERS., Deutsche Predigten und Traktate, hg. von Fr. Schulze Maizier, Der Dom. Bücher deutscher Mystik, Nachdruck Frankfurt 1980, 259–266, bes. 263f.

[84] Das hat N. SÖDERBLOM gemeint, wenn er zwischen einer das ethische Engagement einschließenden Persönlichkeitsmystik der passiven Selbstauslieferung und einer Übungs- bzw. Unendlichkeitsmystik unterschied, vgl. seine Schrift Offenbarungsreligion, in: DERS., Ausgewählte Werke Bd. 1, hg. v. D. Lange, Göttingen 2011, 99–113 (Original: Uppenbarelsereligion, Stockholm [2]1930, 71–90). Die Unterscheidung bleibt erwägenswert, auch wenn sie mit ihrer Abhängigkeit von E. G. GEIJER deutlich spätromantische Züge trägt.

die Tür zu und bete zu deinem Vater, der im Verborgenen ist […]" (Mt 6,6).

Die „ungeschützte" Versenkung in die Wirklichkeit Gottes hat das Gebet also mit der Mystik gemeinsam. Doch das Gebet ist keine Verschmelzung mit der Gottheit. Dagegen steht die sprachliche Form der persönlichen Anrede. Der betende Mensch will Gottesgewissheit nicht durch die Auflösung des eigenen Selbst in Gott gewinnen, sondern durch die Wirksamkeit des von ihm radikal unterschieden bleibenden Gottes. Die Dynamik des Gebets läuft auf einen Subjektwechsel hinaus, von der Initiative des Beters hin zu der Aktivität Gottes. Sie allein kann den Beter der Gegenwart Gottes gewiss machen. Darauf weist die Bitte des Vaterunsers: „Dein Wille geschehe".[85] Solche Ergebung in Gottes Willen kann als spezifisch christlich angesprochen werden. Doch kommt sie in Ansätzen auch anderswo vor.[86] Sie wäre freilich missverstanden, wollte man sie als schwächliche Selbstaufgabe interpretieren. In einem ernsthaften und dringlichen Bittgebet ist sie vielmehr das Resultat einer intensiven Auseinandersetzung, eines Ringens mit Gott. Das bezeugen nicht nur das Buch Hiob und die Klagepsalmen im Alten Testament, sondern auch der Gebetsruf Jesu im Garten Gethsemane am Vorabend seiner Kreuzigung.

---

[85] Vgl. E. Hirsch, Der Sinn des Gebets, Göttingen ²1928; G. Ebeling, Dogmatik des christlichen Glaubens, Bd. 1, Tübingen 1979, 199–203.

[86] Vgl. dazu F. Heiler, Das Gebet. Eine religionsgeschichtliche und religionspsychologische Untersuchung, München ⁵1923, 93, über einen nichtchristlichen Indianer.

Allerdings ist der Mensch dieser Einzelne nur als ein solcher, der von anderen geprägt und für sie verantwortlich ist. Darum hat das Gebet auch einen sozialen Aspekt, die Fürbitte. Damit gewinnt selbst diese „privateste" Praxis der Frömmigkeit öffentliche Relevanz, wie besonders deutlich die kirchlichen Fürbittengebete in der Zeit des Kirchenkampfes zeigen. Der Öffentlichkeitsbezug kommt erst recht in der Verkündigung und allen anderen kirchlichen Aktivitäten zur Geltung, in denen es immer auch um die Auseinandersetzung mit dem Unglauben und damit um die stets bedrohte eigene Glaubensgewissheit geht.

Damit ist zugleich gesagt, dass Gewissheit trotz der Unvertretbarkeit des Einzelnen nicht in diesem als einem isolierten Individuum gewissermaßen aus dem Nichts entsteht. Die Vergewisserung durch Gott erfolgt nicht an der Lebenswirklichkeit der Wechselwirkung, der Selbst- und Weltgewissheit vorbei, sondern wird *intersubjektiv vermittelt.* Sie geht damit in die intersubjektive Vernetzung ein, die für alle Selbst- und Weltgewissheit konstitutiv ist.[87] Der Mensch ist ein ζῷον πολιτικόν, ein soziales Wesen. Deshalb erwächst Gewissheit, so sehr sie als solche unveräußerlich und unvertretbar dem Einzelnen zu Eigen ist, zuerst aus Kommunikation in Rede und Handeln, und sie ist ihrerseits rechenschaftspflichtig.

Solche Vermittlung geschieht auf der *Reflexionsebene* dialogisch durch gegenseitige (positive und negative) Kritik. Jedoch verbleibt sie hier in der Distanz zu Gott, die

---

[87] Vgl. dazu J. Dierken, Inter-Subjektivität. Dimensionen ethischer Theologie (ZThK 108/2011, 336–354).

ihm als dem mich unbedingt Angehenden letztlich unangemessen ist. Ich kann eines Gottes, den „es gibt" nicht gewiss werden, denn „einen Gott, den ‚es gibt', gibt es nicht."[88] Die kritische Reflexion kann lediglich sinnlose oder widersinnige Aussagen über Gott ausschließen. Zudem bleibt ein solcher Dialog schon wegen der Allgegenwart von „Alphatieren" und der Unausrottbarkeit von Vorurteilen und Machtinteressen prinzipiell unabgeschlossen. Vergewisserung ist deshalb auf dieser Ebene auf den Bereich der Selbst- und Welterfahrung beschränkt.

Letzte Gewissheit ist existenzielle Gewissheit und wird allein auf der *Ebene der Unmittelbarkeit* gewonnen. Sie wird durch Gott gewährt, ereignet sich also nicht durch Diskussion, sondern in der von ihm in Anspruch genommenen unmittelbaren Anrede der Verkündigung, sowie (reformatorisch ausgedrückt und modern ergänzt) per mutuum colloquium et consolationem fratrum sororumque und durch solidarisches Handeln, das von Gottes Liebe inspiriert ist.[89] Das setzt die Gemeinschaft von Christen voraus. Deren Glieder sind nach evangelischem Verständnis untereinander gleich, denn Gebende wie Empfangende in diesem Vermittlungsvorgang stehen der transzendenten Offenbarung in der gleichen unendlichen Offenheit und Wehrlosigkeit gegenüber. Das ermöglicht dem Einzelnen zugleich eine innere *Distanz von sich selbst*, etwa in Humor und Selbstironie.

---

[88] So der schwedische Dichter G. Tunström in seinem Roman Solveighs Vermächtnis (Orig.: Juloratoriet, dt. von H.J. Maas), Hamburg 1991, 258. Der nächste Satz lautet: „Ich glaube an ihn."

[89] Vgl. Schmalkaldische Artikel III/4 (1537), in: BSLK, Neuedition, hg. von I. Dingel, Göttingen 2014, 767,3 f.

Der intersubjektiven Vermittlung von Gottesgewissheit auf der Ebene der Unmittelbarkeit steht auf der Ebene der Reflexion eine doppelte Aufgabe gegenüber. Das ist zum einen die Vergewisserung über die historischen, sozialen und psychischen Vermittler der Offenbarung. Damit sind sowohl Personen als auch Institutionen, sowohl Einzelereignisse als auch große geschichtliche Zusammenhänge gemeint. Das betrifft die Ebene der Selbst- und Welterfahrung, deren Trägerschaft sich die göttliche Offenbarung bedient. Sie stellt die Außenseite der Glaubenserfahrung dar. Hier ist innere Distanz, ein möglichst hoher Grad an Objektivität vonnöten. Das ist allein durch intersubjektiven Diskurs möglich und kann auch so nur approximativ erreicht werden. Da die Innenseite der Glaubenserfahrung, also die Gottesbeziehung selber, nicht Gegenstand objektiver, distanzierter Vergewisserung werden kann, besteht die zweite Aufgabe auf der Ebene der Reflexion darin, genau diesen Unterschied der Ebenen denkerisch zu erfassen und das spezifisch Christliche der Glaubenserfahrung systematisch zu erheben.

Der Bereich der Reflexion ist vorrangig der Gegenstand wissenschaftlicher Theologie. Man könnte meinen, die Reflexion über die Außenseite sei den historischen Disziplinen und den empirischen Anteilen der praktischen Theologie (samt den entsprechenden Nachbarwissenschaften der Theologie) zuzuteilen, während die Aufgabe der Unterscheidung zwischen den beiden Ebenen der systematischen Theologie zufalle. Das trifft indessen lediglich für die Schwerpunkte dieser Disziplinen zu. In concreto sind die Fragestellungen so miteinander verzahnt, dass beide Aufgaben nur in interdisziplinärer Zusammenarbeit erfüllt werden können.

Die göttliche Offenbarung bedient sich der Selbst- und Weltgewissheit zur Vermittlung von Glaubensgewissheit. Dadurch sind diese beiden Ebenen untrennbar miteinander verbunden. Aber sie werden nie deckungsgleich. Darum bleibt die Glaubensgewissheit in diesem Leben *vorläufig*. Glaube, wie er im Gebet praktisch vollzogen wird, ist eine lediglich tentative Vorwegnahme des Eschaton. Seine Gewissheit nimmt also nie den Charakter eines „Wissens“ an, wie es der ursprünglichen sprachlichen Bedeutung des Wortes entspräche. Das ist heute deutlicher denn je. Es zeigt sich sowohl in dem Verlust aller scheinobjektiven Garantien für das „Wort Gottes“ als auch in dem Wettbewerb mit anderen Religionen und Weltanschauungen und dessen für menschliches Ermessen völlig offenem Ausgang. Darin kehrt in gewisser Weise die Minderheitsposition der Urchristenheit wieder, obwohl die äußeren Umstände wie z.B. Christenverfolgung heute nur in Teilen der Welt vergleichbar sind.

Die so beschriebene gegenwärtige Lage des Christentums ist einer Religion des Kreuzes weit gemäßer als die frühere Position selbstverständlicher Dominanz. Sie verlangt unter den Bedingungen der Religionsfreiheit von der Glaubensgewissheit neben der Anerkennung der eigenen Vorläufigkeit die Achtung fremder Überzeugungen. Dies leistet nur die Stärke der ab extra, aus Gott selbst, gewonnenen Gewissheit, nicht die Angst davor, etwas Eigenes zu sein. Nur solche Gewissheit, wiewohl jeweils im Innersten des Einzelnen verwurzelt, hat auch die Kraft zu öffentlicher Wirksamkeit, die zum christlichen Glauben konstitutiv dazugehört. Nur so kann das „wandernde Gottesvolk“ dem Wanderprediger Jesus nachfolgen.

Register

1. Namen

(Ohne biblische Namen)

2. Begriffe

Adjektive werden soweit möglich den zugehörigen Substantiven subsumiert, Die Umlaute ä, ö, ü werden wie a, o, u behandelt und entsprechend eingeordnet.